U0685416

重庆能源
绿色发展研究

—— 李剑波　罗军　著 ——

WUHAN UNIVERSITY PRESS

武汉大学出版社

图书在版编目(CIP)数据

重庆能源绿色发展研究/李剑波,罗军著.—武汉:武汉大学出版社,2023.11
ISBN 978-7-307-23775-9

Ⅰ.重… Ⅱ.①李… ②罗… Ⅲ.能源结构—绿色经济—经济发展—研究—重庆 Ⅳ.F426.2

中国国家版本馆 CIP 数据核字(2023)第 095403 号

责任编辑:杨晓露 责任校对:汪欣怡 版式设计:马 佳

出版发行:**武汉大学出版社** （430072 武昌 珞珈山）
（电子邮箱:cbs22@ whu.edu.cn 网址:www.wdp.com.cn）
印刷:武汉邮科印务有限公司
开本:787×1092 1/16 印张:13.75 字数:326 千字 插页:1
版次:2023 年 11 月第 1 版 2023 年 11 月第 1 次印刷
ISBN 978-7-307-23775-9 定价:55.00 元

版权所有,不得翻印;凡购买我社的图书,如有质量问题,请与当地图书销售部门联系调换。

前　言

能源是人类社会赖以生存和发展的重要物质基础，是推动经济社会发展的最基础的要素之一；然而能源生产和消费相关活动是最主要的二氧化碳排放源，当前能源活动占温室气体排放总量的70%以上，因而大力推动能源领域碳减排，促进能源系统绿色低碳发展是做好碳达峰碳中和工作，以及加快构建现代能源体系的重要举措。从国际上看，关注气候变化、探索绿色低碳发展道路已成为世界趋势和潮流。从国内来看，我国在2009年12月丹麦哥本哈根召开的联合国气候峰会上承诺，到2020年国内碳排放量降低40%~50%，减排目标实现难度甚至超过欧美发达国家。2015年中国政府进一步提出了明确的节能减排目标，并承诺到2030年，单位国内生产总值二氧化碳排放量比2005年下降60%~65%。因此党的十八大以来，各地区、各有关部门围绕能源绿色低碳发展制定了一系列政策措施。从重庆市来看，由于"贫煤、少水、无油、富气、缺风"独特的能源资源禀赋特点，要达到降低碳排放量40%~50%的发展目标，面临着能源安全与节能减排的双重压力。因此，在理论上构建能源系统模型，科学预测重庆能源消费量，优化能源消费结构，在实践上探寻重庆能源绿色低碳化发展的路子，促进经济社会持续快速健康发展，不仅有利于重庆节能降碳、构建清洁低碳、安全高效的现代能源体系，而且还可为其他省份提供示范和借鉴。

针对重庆能源供需平衡和主要影响因素、能源消费结构优化、能源绿色低碳利用等问题，作者在博士论文工作的基础上，在进一步汲取国内外已有研究成果的基础上，拟定了定性定量分析研究的目标框架和指标体系，以相关性、协调度分析为突破口，借助SPSS计算机软件、灰色系统、神经网络等模型和矩阵实验室（MATLAB）等数学工具，对重庆经济社会发展中的能源需求进行了科学预测。同时运用能源投入与经济、环境、社会等产出的数据包络分析（DEA）方法，用构建的结构方程对重庆能源需求结构方案进行优化与实证检验，并结合重庆区域发展特点，在对重庆2014年以前30年来能源利用与低碳发展水平进行DEA定量评价的基础上，提出了重庆能源绿色低碳发展的结构优化、清洁利用与科技创新、能源管理政策规制的实现路径和基本战略思路，探寻了重庆能源绿色低碳发展对策，为政府相关部门提供了决策参考。

通过较系统的研究，我们取得的主要成果如下：

（1）完善能源绿色低碳转型体制机制。在汲取国内外已有研究成果的基础上，进一步阐明了能源绿色低碳发展的内涵，在充分满足经济社会发展能源需求和确保生态安全的前提下，通过总量调控、结构优化、技术创新和制度完善等举措，力求最佳配置能源资源，最大限度地降低能源特别是含碳量较高的化石能源的消耗，不断提高能源使用效率，最大可能地减少温室气体和污染物排放，实现减缓气候变化的目标，不断提高人民生活和生态环境质量，促进人类社会可持续发展。

（2）理清重庆能源绿色低碳发展现状及影响因素，将能源投入与经济、社会产出及环境承载能力紧密相关的 22 项指标，科学分组建立相关分析系统，运用 SPSS 统计分析软件，成功构建能源与经济、人口、"三废"排放、矿难事故、城镇化率、科技研究开发与专利成果等诸多因素相关性分析体系，找出能源与众多因素间的相互依存关系。同时，运用协调度综合评价模型，揭示能源消费与经济发展、经济结构、环境承载能力与保护之间的相互耦合关系，科学地测度了能源、经济、环境各因子之间协调度变化发展状态，为相关部门决策提供科学支撑。

（3）构建绿色背景下分类能源消费需求预测理论模型，运用一元多组合非线性回归模型、灰色神经网络模型，运用层次分析法，确定了三种预测模型的权重系数，进行复合预测，产生了新的集成预测技术，从预测值与实际值比较、残差分析、相对平均误差分析，其预测模拟客观事项的拟合度明显优于其他预测手段，拟合程度好，实践证明可用于重庆能源需求量的预测。

（4）通过历史数据探索重庆能源绿色低碳发展结构优化路径，综合运用数据包络（DEA）分析法，成功构建了重庆能源多投入多产出的 DEA 分析评价体系，对重庆 2014 年以前 30 年间的能源投入与产出的绩效进行了定量评价，获取能源冗余投入的径向改进和松弛改进值、规模效应值、综合技术效率值和纯技术效率值，以及 DEA 弱有效、DEA 强有效、DEA 完全有效达到生产前沿面，规模效率递减递增，提出了重庆这 30 年间能源投入产出的效率变化发展规律等结论；同时提出了能源需求结构方程和乐观准测、等可能准则、悲观准则预测，运用能源投入与产出的 DEA 结果，探讨了重庆能源绿色低碳发展可能实现的优化方案。

（5）将工业园区能源结构优化、高效利用与低碳发展作为重庆能源领域低碳发展的重要抓手。通过重庆典型工业园区的案例，分析其能源供应与消费现状，确定综合能源消费量与强度双控目标，探讨工业领域能源低碳发展思路，进一步对生产工艺、动力、控制、电气等方面提出具体节能措施；鼓励各行业采用各项节能管理措施，包括行业能源管理体系建设、生产成本数字化管理系统建设、能源统计和能源计量器具配备和管理措施等，不断提高园区能源利用效率，促进低碳发展。

本书基础数据较早，但所构建的理论模型、揭示的能源经济系统变化规律、探索的预测方法及能源绿色低碳转型路径具有一定的理论和实践价值，已在相关政府部门得到较好应用，与当前大力推动能源领域碳减排，做好碳达峰碳中和工作非常契合。本书得到重庆科技学院"高新技术企业创新研究：社会网络视角"（CK2015B01）、"重庆科技学院转岗干部专项科研经费资助"（181901020）、"碳达峰碳中和要求下重庆市天然气高效利用途径专题研究"等项目的支持。

在本书研究过程中，我们得到了众多专家学者的帮助和指导，在此对周军平教授、姜永东教授、毛飞博士等致以最诚挚的谢意！特别感谢导师鲜学福院士对本书研究工作的长期引领、支持和指导！

由于笔者学识和水平有限，对于部分问题研究还不够深入，书中难免存在疏漏和不足，恳请各位同仁和读者批评指正，以便后续研究予以纠正和完善。

目　　录

第1章 总 论

1.1 研究背景及研究主要问题

1.1.1 研究背景

能源（Energy Source）是指能够向自然界提供能量转化的物源，包括能够直接或经转换提供人类所需的光、热、动力等任一形式的载能体资源，诸如固体燃料、液体燃料、气体燃料、水能、电能、太阳能、生物质能、风能、核能、海洋能和地热能等。能源是人类赖以生存的重要物质基础，是整个世界发展和经济增长的最基本驱动力。从人类能源利用历史进程来看，人类文明进步与能源利用交相辉映，火的使用成为人与动物的分界线，薪柴也成为第一代人类主体能源。恩格斯曾经在评价火的作用时说："摩擦生火第一次使人支配了一种自然力，从而最终把人同动物分开。"到18世纪60年代至19世纪中期，煤炭的利用使得人类开始进入蒸汽机时代，完成了手工业向机器大工业的转变；到19世纪下半叶至20世纪初，人类开始进入电气时代，并在信息革命、资讯革命中达到一个高峰；再到21世纪生物技术与航天科技的出现，人类经历了三次工业革命的波浪起伏与螺旋式上升的发展阶段，新能源替代被提上了重要议程，表明人类社会对能源的依赖由直线上升到能源低碳化要求的渐进变化过程（图1.1）。

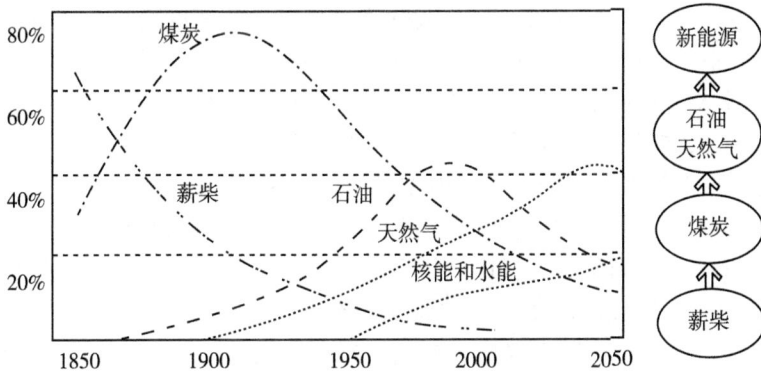

图 1.1 世界能源利用变迁趋势图

（数据资料来源于 Our World in Data 网站）

但是，随着经济社会和科学技术的发展，人口的增长和人们物质生活质量的提高，环境压力与经济社会间存在的代谢"连接"关系增强（De Bruyn，Opschoor，1997），能源短缺日益严重（张艳，2011）。环境也因化石能源的大量消耗日趋恶化，出现气候异常变化、资源枯竭和干旱、土地沙化、洪水、飓风、酸雨、雾霾等资源环境问题。这一切使人们清醒地认识到，资源环境问题已成为阻碍世界经济社会前进步伐的重要因素，已成为全球性的巨大挑战，妨碍着人们生活水平的提高，影响了人类未来发展，解决因过度开发使用化石能源造成的环境影响问题刻不容缓，努力寻找一条能源与经济、社会、环境相互协调的绿色低碳发展道路迫在眉睫。因此，推进能源绿色低碳发展就成为当前一项十分重大的理论和实践课题。

从全球发展角度来看，关注气候变化，探索绿色低碳发展道路俨然已经成为世界未来发展不可逾越的前提。目前世界大多数国家已重新审视碳排放空间的重要性，认为碳排放空间不仅是重要的"生产要素"，也是可贵的"稀缺资源"，已将低碳化发展作为未来经济社会发展的重要目标。20世纪90年代后，联合国政府间气候变化专门委员会（IPCC）就气候变化问题达成了《联合国气候变化框架公约》（UNFCC），UNFCC成为世界上第一个为全面控制CO_2等温室气体排放，以应对全球气候变暖给人类经济和社会带来不利影响的国际公约。在IPCC第三次缔约方大会上通过了以量化减排为核心的"京都议定书"，后又签署了"巴厘岛路线图"等气候国际化公约，明确了世界各国在当前经济发展中的节能减排目标及需要担当的责任，为各国绿色低碳发展指明了方向。在2009年9月21日美国纽约召开的联合国气候峰会中，有192个成员国代表出席会议，对应对世界气候问题以及推动全球行动、以推动哥本哈根气候大会的进展进行了探讨。世界发达国家陆续制定出台了相应的政策措施，按符合国情的绿色低碳发展计划来调整当期发展、规划未来发展。目前欧盟、美国、英国、日本、俄罗斯等国家和地区在促进绿色低碳发展方面均已取得了一定的成绩，一些低碳试点区域通过政策和产业结构调整、技术进步等措施升级后，提高了能源综合利用率，生态环境得到了一定的改善。

从全国发展角度看，减少碳排放的压力巨大。中国的快速发展离不开能源的贡献，而煤炭作为一次性消费的主要能源，近年来以年平均5.8%的速度增长，使得国内化石能源储量不断减少。中国在推进经济社会发展中加大节能降耗力度，取得了显著成绩，对世界能源发展贡献较大。Xue和Zhu（2013）认为，中国在2005—2010年6年间能源强度（按每百人百元GDP能耗）下降了19.1%，节省了6.3亿吨标准煤，减少了15亿吨CO_2的排放。但由于技术等因素的局限，目前中国万元GDP的CO_2排放量仍远高于欧美发达国家。在2009年12月丹麦哥本哈根峰会上，中国提出将在2020年国内降低碳排放量40%~50%作为未来发展目标，这样的减排目标实施起来并不轻松，难度超过欧美发达国家。而在2014年11月北京召开的APEC亚太经合组织会议上，中国与美国签署了联合声明，发布了《国家应对气候变化规划（2014—2020）》，提出到2020年实现单位国内生产总值CO_2排放量比2005年下降40%~45%、非化石能源占一次能源消费的比重为15%左右等目标。为了实现哥本哈根会议和2014年APEC等会议中制定的目标，调整以煤为主的中国能源消费结构，探索能源绿色低碳化发展路径尤为迫切和重要（朱柏龙，2015）。"十三五"时期是我国全面建成小康社会、实现第一个百年奋斗目标的决胜期，也是生态文明建设和环境保护取得实质性进展有重要窗口作用的机遇期。党的十八届五中全会在关于"十三五"规划的建议中，提出了"创新、协调、绿色、开放、共享"发展新理念，强调要推动建立绿色低碳循环发展产业体系，推动低碳循环发展，建设清洁低碳、安全高效的现代能源体系，实施近零碳排放区示范工程。习近平总书记在中央财经领导小组第六次会议上，就我国能源发展战略提出，推动能源消费革命，抑制不合理能源消费；推动能源供给革命，建立多元供应体系；推动能源技术革命，带动产业升级；推动能源体制革命，打通能源发展快车道；全方位加强国际合作，实现开放条件下能源安全。2016年3月，全国"两会"也将煤炭清洁高效利用、发展储能与分布式能源等列为"十三五"时期百个重大工程及项目。这些为我国能源绿色低碳发展指明了方向。

从全市发展角度看，重庆地处三峡库区腹心地带，是长江上游生态屏障的最后一道关口。重庆生态环境好不好，关系全国35%的淡水资源涵养和长江中下游3亿多人的饮水安全（彭劲松，2019）。习近平总书记高度重视重庆生态环境，在重庆视察时强调，"长江拥有独特的生态系统，是我国重要的生态宝库。当前和今后相当长一个时期，要把修复长江生态环境摆在压倒性位置，共抓大保护，不搞大开发"，"加快建设山清水秀美丽之地"，"在推进长江经济带绿色发展中发挥示范作用"，"要深入抓好生态文明建设，坚持上中下游协同，加强生态保护与修复，筑牢长江上游重要生态屏障"（习近平，2020）。这些重要历史使命，对重庆经济社会发展特别是能源绿色低碳发展提出了更高要求。但是，重庆集大城市、大农村、大库区、大山区于一体，城乡、区域之间差距大，总体上仍处于欠发达阶段、仍属于欠发达地区，加快发展的任务很重。发展是第一要务，但发展必须是协调的、可持续的、包容的发展，不能只顾发展速度的加快和经济总量的增加，却出现污染严重、雾霾笼罩、水不能喝、人们身心健康和生存安全得不到保障、生态环境恶化等问题。良好的生态环境是可持续发展的重要基础，依靠能源资源高投入高消耗、以牺牲生态环境为代价的发展方式，既得不偿失，又不可持续。因此，推动能源绿色低碳发展，促进全市经济社会与生态环境保护协调发展，不仅是重庆科学发展的内在要求，更是关乎国家生态安全和可持续发展的全局。

应当看到，作为全国首批国家低碳试点城市，重庆近年来在节能减排等方面取得可喜成绩。2014年重庆亿元GDP能耗为0.54万吨标准煤，相比历史上1988年的单位GDP能耗5.6万吨标准煤，年均降低99.63%，比1998年的单位GDP能耗1.323万吨标准煤年均降低96.96%，比2008年的单位GDP能耗0.812万吨标准煤年均降低83.34%。但目前重庆节能减排压力仍然较重，2014年重庆单位GDP能耗比北京高0.191万吨标准煤，比发达国家日本和美国高2~3倍，离"2020年国内降低碳排放量40%~50%"的目标任务仍然距离较远。在重大技术创新成功来临之前，如何保证重庆经济社会较快增长的同时，有效降低能源消耗和碳排放量，仍然是重庆推进产业结构和能源消费结构优化升级面临的重大课题。

推动能源绿色低碳发展，改善全市生态环境，破除资源环境瓶颈约束，是积极主动适应经济发展的新常态，全面落实中央提出的"五位一体"总体布局和"四个全面"战略布局，深入贯彻落实习近平总书记视察重庆时的重要讲话精神，如期实现全面建成小康社会、开启社会主义现代化建设新征程的迫切要求。重庆市委、市政府指出，要牢固树立保护生态环境就是保护生产力、改善生态环境就是发展生产力的理念，牢牢把握决不能以牺牲生态环境为代价追求一时的经济增长，决不能以牺牲绿水青山为代价换取所谓的金山银山，决不能以影响未来发展为代价谋取当期增长和眼前利益，决不能以破坏人与自然关系为代价获得表面繁荣，决不能对环保突出问题束手无策、无所作为，对苗头性问题疏忽大意、无动于衷的"五个决不能"底线，按照经济社会发展全市一体化、区域发展差异化、资源利用最优化和整体功能最大化的要求，着力树立生态观念、完善生态制度、优化生态环境、维护生态安全，实现遵循经济规律的科学发展、遵循自然规律的可持续发展、遵循社会规律的包容性发展（中共重庆市委重庆市人民政府，2014）。特别强调要推动全市绿色低碳发展，把重庆建成绿水青山、绿色低碳、人文厚重、和谐宜居的生态文明城市，重点要加快调整能源结构，构建低碳能源体系；因地制宜发展水电、风电、生物质发电等可再生能源，争取国家布局新能源项目，推进气候资源开发、利用，扩大地热能等可再生能源建筑应用规模，逐步提高非化石能源消费比重；鼓励发展分布式能源，推广使用清洁能源；加强页岩气开采中的环境保护；探索建立监测和管控机制，控制工业生产过程等领域温室气体排放；强化生态资源森林经营，增加森林蓄积量和碳汇量；完善低碳发展支撑体系建设，开展低碳城市、绿色低碳小城镇、低碳社区、低碳产业园区等试点示范等。

当前时期是重庆全面建成小康社会的关键时期，也是重庆能源绿色低碳发展的重要时期。重庆市委四届七次全会报告中特别强调，要坚持绿色发展，建设生态文明，强调要着力发展绿色低碳循环经济，加快推动生产方式绿色化，大力发展节能环保产业，加快发展绿色能源，推动农业发展方式转变，推进低碳城市试点。重庆市委提出，要统筹全市电力结构调整，提高能效，降低排放，合理确定水火比、内外比。因地制宜发展可再生能源和清洁能源，加快常规天然气和页岩气开发利用，推进传统能源与新兴能源互补融合。完善能源供应输配体系，提升能源自给水平。构建与周边省市互联互通的能源战略通道，推动能源输入输出多元化、多极化，优化能源供给应急储备机制。加快能源体制机制改革创新，深化电力、油气等重点领域和能源价格改革，降低用能成本（中共重庆市委，2015）。这些要求，为重庆能源绿色低碳发展指明了方向、提供了遵循。

1.1.2　研究的主要问题

1）重庆能源供需平衡问题

近年来，重庆经济增长较快，"十二五"期间，全市 GDP 从 2010 年的 7925.58 亿元，增长到 2015 年的 1.57 万亿元，平均增速达到 12.8%。同时，重庆能源需求也保持了较快的增长，2010 年能源消费 5810.82 万吨标准煤，增长到 2014 年的 7693.96 万吨标准煤，年平均增长 7.27%。全市能源净缺口达 3697.28 万吨标准煤，占全市能源消费总量的 48.05%[①]，其中，煤炭、油料、天然气、电力分别净调入 1684.67 万吨标准煤、1085.7 万吨标准煤、308.97 万吨标准煤、617.95 万吨标准煤。"十三五"时期是重庆全面建成小康社会的关键时期，保证重庆能源供应，实现能源供需总量基本平衡，对保持重庆经济增长、全面建成小康社会，具有至关重要的作用。因此，按照重庆目前的经济增长和能源

---

① 根据《中国能源统计年鉴 2014 年》数据进行整理测算得到。

需求增长速度，通过对重庆能源消费的历史数据进行分析，借鉴国内外已有的研究成果（Lapillonne，Chateau，1981；Ozturk et al.，2005），建立相关数学模型，科学分析、准确预测重庆能源在未来五年的需求问题，即未来五年重庆能源需求规模有多大，需求缺口是多大，显现重要而紧迫。

2）重庆能源供需主要影响因素问题

要搞清楚未来重庆能源的需求，必须找出影响重庆未来能源需求的主要因素。从目前看，影响能源消费的因素，主要有经济增长特别是工业增长、环境保护和科技进步、城镇人口比重等方面的因素。围绕这些因素，我们将建立相关指标体系，并对这些指标进行相关性分析，找到全市能源消费和全市经济发展、环境安全和社会科技进步等因素之间的关联度和协调度，这对于准确预测重庆未来能源需求具有重要基础作用。

3）重庆能源结构优化问题

在研究重庆能源需求平衡的基础上，需进一步分析重庆能源的结构问题。从直辖以来重庆能源投入产出效率分析着眼，探究重庆能源耗费结构存在的主要问题，并通过数据包络分析（DEA），揭示出能源投入和经济社会产出规模效率是递增还是递减，还是规模效率不变，找出 DEA 弱有效、强有效的松弛改进与径向改进有多大数量关系，即能源有多大幅度的冗余投入，探寻重庆未来能源需求结构优化方案，为重庆能源高效率利用与节能减排找准努力方向。

4）重庆能源绿色低碳利用问题

全面建成小康社会，既要实现经济又好又快地发展，确保能"科学发展、富民兴渝"，又要努力维护能源安全，发展低碳经济，避免形成"把资源拿走、把废物留下，把好处拿走、把困难留下"的杀鸡取卵的发展模式，要走集约高效利用能源、确保青山绿水、保护生态平衡的协调发展路径。如何解决这些问题，需要从政策制度、机制体制及技术手段创新等方面去努力。

1.1.3 研究范围及关系界定

发展（development），是事物从出生开始，由小到大、由简单到复杂、由低级到高级的一个进步变化过程，既包含了量的变化，又有质的变化；既有总量的扩张，又有结构的优化；既有正向的变化，也有负向变化。作为中央提出的五大新的发展理念之一，绿色发展是以效率、和谐、持续为目标的经济增长和社会发展方式，是在传统发展基础上的一种模式创新，是建立在生态环境容量和资源承载力的约束条件下，将环境保护作为实现可持续发展重要支柱的一种新型发展模式。狭义上来看，绿色发展就是要发展环境友好型产业，降低能耗和物耗，保护和修复生态环境，发展循环经济和低碳技术，使经济社会发展与自然相协调；广义上来看，绿色发展涵盖了节约、低碳、循环、生态环保、安全、人与自然和谐等可持续发展理念，也包含了绿色政治生态、绿色经济发展、绿色文化发展、绿色社会发展等理念。低碳发展就是以低碳排放为特征的发展，主要是通过节约能源提高能效，发展可再生能源和清洁能源，增加森林碳汇，降低能耗强度和碳强度，实质是解决能源可持续问题和能源消费引起的气候变化等环境问题。可以看出，绿色发展的内涵和外延比低碳发展要大些，但在很多领域又相互交叉、相互包含，特别是在推进能源发展方面高度统一，都是指节能降耗减排、促进人与自然的和谐发展。因此，我们认为，所谓能源绿色低碳发展，是指在充分满足经济社会发展能源需求和确保生态安全的前提下，通过总量调控、结构优化、技术创新和制度完善等举措，最佳配置能源资源，最大限度降低能源特别是含碳量较高的化石能源的消耗，不断提高能源使用效率，最大可能减少温室气体和污染物排放，实现减缓气候变化的目标，不断提高人民生活和生态环境质量，促进人类可持续发展。

重庆圆满完成"十二五"收官，"十三五"建设时期，深刻把握重庆能源绿色低碳发展的基本规律，深入研究能源绿色低碳发展过程中存在的突出问题，科学谋划好重庆"十三五"能源绿色低碳发展，对重庆未来五年乃至很长一个时期的经济社会发展起着至关重要的作用。由于能源需求受多种不可控因素影响，预测时限越长，精确性就越差。因此，为提高能源预测的针对性、准确性和现实价值，笔者着重对"十三五"时期这个特定历史时段的重庆能源绿色低碳发展进行预测和结构优化等研究，而没有对"十四五"乃至更长时期重庆能源绿色低碳发展进行预测和结构优化研究。

由于能源供应主要受消费需求所引致，地方能源供应主要受国家宏观能源政策、产业布局、供需调控和国内外能源市场波动等因素影响较大，考虑在国家宏观经济政策调整和经济转型发展过程中能源需求不可确定性因素，为确保笔者的系统性、完整性，又照顾谋篇布局的脉络清晰、思路明了，笔者运用灰色神经网络等分析手段，重点对重庆能源绿色低碳发展中能源需求作科学预测研究，以增强研究结果运用的针对性、精准性和可操作性。

同时，鉴于重庆能源资源禀赋条件，太阳能、风能、生物质能、核能和地热能等绿色低碳能源在重庆能源消耗中占比较小，且相关统计资料收集难度极大，考虑到问题研究的视角和资料收集的可行性，故笔者所指的能源研究对象也主要集中在煤炭、石油、天然气（包括页岩气和煤层气）和电力这四大类，对太阳能、风能、生物质能、核能和地热能等新型绿色低碳能源研究不作重点介绍，而且也不涉及机械制造、水泥、钢材等其他具体的某个生产行业能源需求和碳排放问题的研究。

能源绿色低碳发展工程技术层面的问题，是推动重庆能源绿色低碳发展极为关键性的因素，但限于篇幅问题，我们不作过多研究，只在现状和对策建议中涉及，作为以后进一步深入研究的重要内容。

1.2　研究的目的和意义

1.2.1　研究的目的

我们以重庆能源绿色低碳发展为研究对象，以低碳经济等理论为支撑，借助灰色系统、神经网络、数据包络等模型和矩阵实验室（MATLAB）等数学手段，对建立的重庆能源主要包括煤、石油、天然气（煤层气、页岩气）、电力和经济、环境、社会、科技进步等方面因素构成的系统评价体系进行深入的研究，揭示能源与重庆经济社会发展和生态环境变化之间的数量关系，对重庆未来发展中对能源的需求进行科学预测，并通过结构方程和数据包络分析（DEA），对重庆能源需求结构方案进行优化验证，为重庆能源绿色低碳利用和可持续发展提供决策参考。笔者主要从以下三个层面进行展开：

从宏观层面看，在总量上准确预测未来重庆能源需求，是确保重庆能源总量平衡，促进全市经济社会持续健康发展的重要条件。笔者根据直辖以来特别是"十二五"期间，重庆能源发展基本走势，深入分析能源与经济、社会、人口增长、科技发展、环境容忍"三废"排放之间的内在逻辑关系，通过多种数学方法和手段，对重庆能源的需求数量进行预测，找到未来五年重庆能源发展的总供给和总需求之间的数量平衡点，科学地谋划"十三五"重庆能源消费需求量。

从中观层面看，促进能源消费结构进一步优化，实现经济科技社会全方位协调发展和人民物质文化生活质量的提高，降低 CO_2、SO_2、氨氮、粉尘等废水废气排放对环境的污染，是地方党政和人民迫切关心的重大问题，也是适应经济社会绿色发展、低碳发展、集约发展的必然趋势。笔者将数理统计与计算机手段结合起来，通过分析重庆能源的消费结构，以及能源消费与经济社会发展、环境保护之间的依存关系，深入研究重庆现实技术条件下能源投入产出效率变化状况，探寻能源投入产出的效率变化规律，煤炭、油料、天然气和电力能源消费结构变化发展内在规律性，既能推动能源绿色低碳高效利用，满足人民生产生活的需要，又能探寻降低 CO_2 等废气物排放的实现路径，为保护和改善环境提供支持，实现能源绿色低碳高效可持续发展。

从微观层面看，实现能源绿色低碳发展，必须依靠科学技术的支撑，加大高碳产业技术改造攻关，加快能源绿色低碳化制备技术研发，推广节能新技术和提高能源利用效率，用新能源替代高碳化石能源，找到能源发展的最优方式。一方面，从煤、石油、天然气等具体能源消耗角度，来探寻能源资源生产利用的低碳化发展路径。比如，洁净煤技术（CCT），旨在减少煤炭开发利用过程中污染排放和提高资源利用效率，从而减少火电生产过程中 CO_2 排放强度来达到低碳化的目的；另一方面，对 CO_2 的捕集和储存技术（CCS），采取吸附、吸收、低温及膜系统等工艺技术将废气中 CO_2 捕集下来，进行长期或永久性的储存。对于捕集下来的 CO_2，当前可行的储存方式有地下储存、海洋储存以及森林生态储存；还有采用化学工艺吸收 CO_2 做成新产品、变废为宝，由此处理好化石能源绿色低碳化利用代际之间的关系。

此外，还要通过产业、环保、财税等政策的调整，推动高碳产业通过自主技术创新实现低碳化路径的制度保障。通过完善政策规制，进一步强制淘汰高耗高碳产业的落后产能，以技术进步带动整个产业升级，鼓励企业引进先进的节能减排技术，增强对化石能源低碳技术的开发和利用，推进政府节能减排的目标实现。

1.2.2 研究的意义

（1）有利于促进经济社会平稳较快增长。能源是生产力形成的基本要素，是国民经济和社会发展的物质基础。如果没有充足的能源保障，重庆经济发展和人们生产生活就成了无源之水、无本之木。只有推进经济持续健康平稳增长，才能解决重庆经济社会发展过程中面临的各种困难和问题，实现"科学发展、富民兴渝"的宏伟目标。虽然近年来，重庆经济增速相对较快，但重庆大城市、大农村、大山区、大库区和欠发达阶段、欠发达地区的"双欠"特征并没有改变。经济总量仍然不大、结构不合理、整体实力还不强，2014 年 GDP 总量处于全国第 21 位；城镇化、工业化率还不高，城乡居民生活水平不高，全市脱贫攻坚的任务还很重，迫切需要加强能源保障，以实现全市经济社会平稳健康发展。也只有进一步弄清重庆能源投入产出效率的发展变化规律，按照经济发展规律和能源发展规律给予指导、推动全市经济社会发展，否则就是盲人骑瞎马，对经济发展和能源发展造成损害。

（2）有利于促进经济结构调整与转型升级。重庆正处于加快转变发展方式的关键节点，经济总量不大，产业结构转换升级压力较大，高新技术产业、战略性新兴产业、现代服务业发展相对滞后，创新驱动能力不强，资源环境约束趋紧等问题仍然存在。一直以来全市能源结构以煤为主，具有"贫煤、无油、缺风、少光、富气"的能源供给特征，一些高碳产业仍然是支撑全市国民经济发展的主导产业，受资源禀赋条件的约束，使得低碳能源资源的选择有限。依靠能源资源高投入、高消耗、低效率，以牺牲生态环境为代价的粗放发展方式，是得不偿失和不可持续的。以低能耗、低排放、低污染、高增长为重要特征，代表着低碳发展、低碳产业、低碳生活等一类新兴的经济形态和方式，几乎可以涵盖所有产业领域，是当今世界引领经济新一轮发展的主要方向，具有巨大潜力和广阔前景，也最适应重庆现阶段的发展方式。要看到，无论是降低生产领域的 CO_2 排放量，还是降低 CO_2 的排放强度，都是调整和优化产业结构的明确要求，而产业结构状况是决定单位 GDP 排放 CO_2 强度的关键因素，实现能源高效利用和减排技术创新是发展低碳经济的核心。坚持转方式、调结构，大力发展低碳经济，引进先进节能减排技术，加强高碳产业技术攻关，强制淘汰落后产能，实现高碳产业"低碳化"，有利于能源绿色低碳可持续发展和以技术进步带动整个产业升级，有利于加快形成电矿联产材料产业、高效节能电机生产业、页岩气产业转化基地，着力培育发展一批十亿级、百亿级企业集团，促进全市经济结构转型升级与生态环境保护协同推进，努力走出一条与生态文明建设要求相适应的创新发展、科学发展、绿色发展之路。

（3）有利于保护和改善生态环境。研究表明，煤炭、石油、天然气包括页岩气、煤层气等主要化石能源在开采、供应、消耗过程中，会一定程度地损坏土地资源，渗透污染地下水资源，过度排放 CO_2、SO_2、氮氧化物等废气物，会产生严重酸雨，破坏生态植被，导致地质变迁。如果监管措施不到位，极容易发生灾害事故，导致人员伤亡和经济损失等问题。因此，降低化石能源生产、供应、投入产出过程中对国土、地下水、植被等生态资源的破坏程度，降低各种废气物的排放，促进完善政策规制，通过各种补偿机制，有利于增强对国土、地下水、森林植被等生态资源的保护和修复工程，有利于推进重庆能源绿色低碳高效利用，构建长江上游重要生态屏障，确保三峡库区生态环境安全。

（4）有利于保障全市能源消费安全。能源安全的根本内涵是在一定的价格水平范围内能源可靠的、安全的和稳定的供应，以满足国民经济的需求。能源安全既要通过稳定供给、合理价格和运输安全实现，同时也必须依靠能源高效利用和节能来保障，才能实现能源的科学供给和利用，满足合理的能源需求。对于重庆这种常住人口 3000 万的大城市，一旦能源供应得不到可靠的保障，那将是非常危险的事情。因此，一方面要"开源"，在谋求增加对能源市场的影响与控制能力的同时，在能源生产中寻找更为有效、稳定的能源供应源；另一方面要"节流"，通过设计、生产、贸易、运输及消费等各个环节控制能源消费总规模，通过推广节能和提高能源利用效率，切实调整重庆能源供应和消费结构，甩掉经济发展模式上的"高碳"标签，提升重庆能源自给水平和供给保障能力。

（5）有利于完成节能减排目标任务。发展低碳经济，对国内来讲是转变发展方式、调整产业结构、提高能源资源效率和保护生态环境的需要，对国际来讲还是缓解在全球温室气体排放等问题上所面临的压力的需要。目前，重庆化石能源约占整体能源结构的90%，其中具有高碳排放的煤炭又占了58.59%，而石油占14.11%，以煤为主的高碳能源结构特征，使经济社会可持续发展面临着严峻挑战。而重庆低碳技术的研究与技术储备不足，阻碍经济由"高碳"向"低碳"转变。因此，推动重庆能源绿色低碳发展，减少能源消耗的高碳结构，降低生产生活对煤炭等化石能源的过分依赖压力，才能保证重庆节能减排目标任务的实现，为生态文明绿色发展减少碳排放承诺做出积极贡献。

1.3 国内外文献综述

1.3.1 在能源绿色低碳发展供需平衡方面的相关研究

对于能源供需平衡领域的研究，学者们重点集中在能源安全研究、能源需求的预测等方面。杨维新（2006）提出，能源安全是国家经济安全体系的重要组成部分，国家安全与否，最终会在经济等领域有所体现。在全面建成小康社会的过程中，中国经济社会发展对能源的依赖度较大，提高能源效率虽潜力较大但艰巨性明显，能源安全尤其是石油安全问题日益凸显。李建武和陈其慎（2010）提出，能源安全与减少碳排放是当今世界各国能源政策的两个主要目标。提高能源效率、发展新型能源、开发应用新技术等措施有助于两个目标的实现。常军乾（2010）提出，能源是人类生存、社会进步、经济发展必不可少的基础，随着我国经济快速发展、城镇化速度加快，能源短缺和能源安全问题将会更加凸显。科学评价我国能源安全状况，提出切实有效的能源安全保障对策，关乎我国经济健康快速发展和全面建成小康社会的现实问题。孔锐（2012）认为，能源需求不断上涨，油气资源供给成为世界各国首要解决的问题之一。世界不安定的根源就在于获得资源，中国在经济快速发展时期不可避免遇到油气资源供给安全问题。中国的石油资源供给平衡表现在石油资源储备量的增长速度跟不上生产需求的增长速度，而生产量的增长速度又赶不上消费需求量的增长速度。石油依赖进口来达到平衡是一个长期的问题。

在对能源需求预测研究方面，近年来学者的研究主要集中在运用各种数学方法建立相关数据模型，来定性或定量地预测能源需求的问题。比如，李秋香（2014）运用时间序列、多元回归、灰色系统、人工神经网络等几种常用预测方法，对四川省天然气的需求量进行了预测，取得了较好效果。其中的人工神经网络方法中的 BP 网络法的预测精度高、误差小。又把常用预测方法进行组合，重点研究了组合预测、组合人工神经网络、组合灰色人工神经网络等各种方法对天然气需求进行组合预测，取得了很好的预测结果。孙国文（2005）对重庆煤炭资源的勘探、特点、利用现状等进行了研究，建立了重庆煤炭资源消费需求 GM（1，1）灰色预测模型，预测模型可信度较高，提出了重庆煤炭资源可供性的保障措施。张娟娟等（2008）采用资料完整性、开采潜力、回灌量、平均水压下降速率、地面沉降速率、水温、水质、地热井布局 8 项指标，构建了天津地热可持续开发能力评价指标体系；运用层次分析法确定了各项指标的权重，建立起评价因素集和评语集，给出了归一化数值；建立了天津地热可持续开发能力的 BP 神经网络模型，以层次分析法得出的结果作为样本，对 BP 网络进行了训练和测试，实例评价结果表明了 AHP 和 BP 神经网络方法的可行性，为地热资源可持续开发能力评价提供了新的评价方法。徐君等（2005）在分析煤炭企业可持续发展评价方法的基础上，建立了煤炭企业可持续发展评价指标体系，构建了基于误差反向传播算法（BP 算法）的多层前向神经网络模型，验证了运用 BP 神经网络评价煤炭企业可持续发展的有效性和准确性。张根明等（2006）构建了可持续发展的评价指标体系，运用人工神经网络的理论和方法，对中部六省的可持续发展水平进行了评价。胡雪棉（2008）阐述了 BP 神经网络的基本原理，针对传统 BP 网络结构和算法的不足，提出 BP 神经网络模型的改进方法，给出基于 BP 神经网络的煤炭需求预测模型，计算出未来煤炭需求量，为煤炭需求的研究提供了一种新的工具。曾孟佳和程兆麟（2007）提出了基于改进遗传算法神经网络的可持续发展水平评估模型。该模型利用遗传算法辅助网络训练，克服评价结果缺乏公允等缺陷，建立了适合我国国情的可持续发展评价指标体系，并在此基础上利用样本数据对该模型的评分效果进行了实证研究。刘金连和张建宁（2011）在构建油田开发经济可持续发展能力评价指标体系的基础上，提出了基于三层前馈神经网络的评价方法，评价了指标和评价结果之间的非线性映射关系，用 BP 算法优化神经网络权值完成网络训练，并以中国 2001—2005 年的油田经济可持续发展评价为例，验证了方法的有效性和可行性。朱明峰等（2005）以 BP 神经网络为模型，对某资源型城市的国民经济和可持续发展指标进行了分析预测，为资源型城市发展模式的选择提供依据。周丽（2002）提出，水资源可持续利用关系到人口、资源、环境、社会的协调发展，建立了区域水资源优化配置模型。在遗传算法（GA）改进方法研究的基础上，提出了基于 GA 的水资源优化配置模型求解方法，并以济源市为例，运用神经网络预测、灰色预测等方法对需水量预测和水资源优化配置进行了研究。刘思峰（2004）论述了灰色系统理论产生的科学背景，介绍了灰色系统理论的主要内容，对灰色系统理论与概率统计、模糊数学等不确定性理论的异同作了比较，及其在工业、农业、经济、能源、交通等众多领域的成功应用。彭建良等（1998）基于我国 1978—1994 年能源消费量的实际数据，采用人工神经网络方法对影响能源消费量的主要因素进行了模拟和分析，采用相关因素预测法和组合预测法预测了我国 1995—2000 年的能源消费量，结果表明组合预测法的预测精度较高。张艳秋和张抗（2010）分析指出，到 2020 年，我国能源构成将有很大改善，在节能情景、低碳情景、强化低碳情景条件下，煤炭占比分别为 58.1%、53.8%、52.2%，对石油的需求分别为 23.4%、20.1%、20% 左右，对天然气需求分别达 6.1%、7.4%、7.5%。煤炭仍居首要能源地位，压低煤炭需求量是实现低碳化的重要措施，但过分压低煤炭比例难以做到。付加锋等（2006）利用我国能源消费的历史数据，采用灰色预测 GM（1，1）、无偏 GM（1，1）和 PGM（1，1）等三种模型与人工神经网络进行优化组合，建立了灰色神经网络能源消费组合预测模型，实证分析结果获得了更为精确的预测效果，可以作为能源消费预测的有效工具。灰色-神经网络组合模型综合了灰色系统理论三种模型的优点，把灰色预测的误差有机组合到神经网络中，利用神经网络函数逼近特性，实现了预测值与观察值的最佳拟合。这种预测为我们运用灰色神经网络模型来预测重庆能源的未来需求情况提供了宝贵的借鉴。

1.3.2 在影响能源绿色低碳发展供需因素方面的相关研究

影响能源绿色低碳发展的相关因素是较多的，但学者们主要是在能源消费、经济增长和碳排放的关系方面开展研究。

韩玥（2012）提出，能源消费是现代经济发展的重要源动力，能源消费越多碳排放就越多，温室效应越明显。能源消费、经济增长与碳排放之间的协调发展已成为世界面临的重要问题之一。他通过 1978—2010 年对我国碳排放量与能源消费和实际经济进行 Granger 因果关系检验发现，能源消费和经济增长互为因果关系，在 1% 显著水平下，能源消费每增加 1%，相应带动实际经济增加 1.66%；能源消费是引起碳排放增长的原因，能源消费每增加 1% 相应地将带动碳排放增加 1.03%。能源消费、碳排放与经济增长相互影响，我国能源消费每增加 1%，则相应的我国碳排放量会增加 0.78%。杨子晖（2011）采用"有向无环图"技术方法，对中国经济增长、能源消费与二氧化碳排放三者之间的动态关系展开研究，结合递归分析方法，考察"增长—能源—排放"关系随时间演变轨迹，提出在粗放型增长方式的影响下，随着经济的发展，CO_2 排放也将显著增加，使得中国面临着更为严峻的生态环境问题。王光林（2012）从能源结构、经济结构入手，着重研究了二者的相互关系，构建了经济增长的"双结构模型"，并指出能源结构、经济结构的研究与经济增长也存在着某种相关性，来破解能源快速消耗与经济必然发展之间的困境，从而实现高效快速发展，达到提高经济增长速度的目的。作者从经济结构、能源结构的相互适应性的角度来研究能源与经济的关系，对笔者在优化能源结构方面研究启发较大。曹广喜和杨灵娟（2012）利用 1995—2007 年的中国投入产出表，测算了中国细分行业的间接碳排放量，运用面板协整和面板误差修正模型，实证分析了中国经济增长、能源消耗与碳排放三者之间存在长期均衡关系；经济增长和碳排放之间存在正向的短期因果关系；能源消耗对碳排放具有负向短期影响。江泽民（2008）重点研究了中国能源发展的战略思路，提出走中国特色新型能源发展道路，要坚持节约高效、多元发展、清洁环保、科技先行、国际合作，努力建设一个利用效率高、技术水平先进、污染排放低、生态环境影响小、供给稳定安全的能源生产流通消费体系。吴明明（2011）以能源消费与经济增长间的关系为主题、能源与经济协调发展为目的，对能源消费对经济增长的推动作用、能源消费效率的提高以及经济增长过程中能源消费所产生的环境问题进行了实证分析。认为能源为经济增长提供必要动力，经济增长又提高了人类开发利用能源资源的技术水平，从而提高了能源利用效率、优化了能源消费结构，能源消耗带来的环境问题反过来又成为制约经济进一步增长的严重阻碍。张跃军和魏一鸣（2010）认为，化石能源消费是碳排放的主要来源之一，能源市场变动是国际碳交易市场价格形成机制的关键方面。基于状态空间模型、VAR 模型等数理统计方法研究发现，化石能源价格与碳价之间存在显著的长期均衡比例不断变化的协整关系。在煤、石油、天然气三种化石能源价格中，油价冲击对碳交易价格影响最显著，其次是天然气和煤炭，但天然气对碳交易价格波动的影响持续时间最长。周凯（2013）采用 PVAR 方法对发达国家和发展中国家 1990—2009 年经济增长和能源消费的关系进行对比和定量描述，使用脉冲响应函数和方差分解分析方法，研究了能源消费总量和各种化石能源消费量与经济发展动态影响的异同。研究表明，发达国家经济增长对能源消费有正向促进作用，影响显著；能源消费对经济增长也有促进作用，但是影响很小。发展中国家的能源消费对经济增长促进作用较大，而经济增长对能源消费有很小的负向影响效应，发展中国家经济和能源发展不协调，能源消费的进一步提高依赖于经济发展的大环境，随着经济的进一步发展，能源对经济增长的限制会越来越大。Yu 和 Jin（1992）采用协整检验来确定能源消费是否有长期均衡关系的收入和就业水平，发现不存在长期均衡关系。

　　一些学者还从能源—经济—环境（3E）协调性方面进行了深入的研究。张军委（2010）通过对重庆能源消费、碳排放量和经济增长之间关系的研究发现，三者间存在稳定协整关系。其中，经济增长与碳排放量呈负相关，碳排放量增加 1%，将导致经济增长下降 4.27%；与能源消费量成正相关，能源消费量每提高 1%，GDP 将增长 3.37%。重庆市环境库兹涅茨和能源库兹涅茨倒 "U" 形曲线均成立，但若以 2008 年为基年，按照人均 GDP 年增长 10% 的速度计算，碳排放量达到拐点要 65 年，能源消费达到拐点要 71 年。钱利英（2013）提出，3E 系统协调度评价模型作为国家能源、经济与环境系统评价与规划的重要工具有着广泛的应用前景，并选取 3E 系统协调度评价目前最常用的三类模型，对湖南省 3E 系统的协调度进行测算评价。范凤岩和雷涯邻（2013）在参阅国内外相关文献的基础上，就 3E 系统方面有代表性的研究进行了梳理和总结，并对国内外学者在该领域的内生经济增长模型、MARKAL（market allocation）模型、可计算一般均衡（CGE）模型、投入产出模型等研究进行了评述，为进一步开展相关问题的研究提供参考。曹瑞瑞和蒋震（2015）提出，能源系统与经济系统、环境系统存在着相互影响、相互制约的关系，三者协调发展是 3E 系统发展的最终目标，并通过研究系统协调的概念与内涵，以解决社会复杂系统的协调发展问题为主要目标，从系统发展速度的角度重新给出了系统协调度的数量表达式，建立了 3E 系统协调度评价模型。苏静等（2013）对 2004—2010 年我国 30 个省域 3E 系统协调度进行了研究，利用空间计量方法分析了我国 3E 系统协调度的地理空间分布特征，采用非参数核密度分布对各空间集聚区 3E 系统协调度的动态演进趋势进行了评估，认为我国 3E 系统协调水平总体上不容乐观，依然面临能源消费、经济增长与环境保护协调发展的巨大压力。Zhang 等（2014）运用指数分解法和对数线性回归方法，以吉林省为例对经济发展与能源消费间的协调性进行了研究，认为经济增长和能源消费的关系十分密切，这种影响是积极的和长期的。能源消耗强度的变化影响工业结构的变化，促进工业经济与能源消耗协调发展的主要方式是优化产业结构、提高三产比例、降低能源消耗、提高能源利用效率。张慧敏（2014）通过结构化分析方法，借助 3E 模型和情景分析法对环境约束下吉林省能源经济协调发展进行了研究，提出能源可持续发展的对策建议，提出改善能源供应结构、完善能源安全储备制度、推动能源价格市场化、制定环境保护对策以及实施能源资产化管理、加强能源的调查评价、加强能源进口多元化战略实施等措施。Liddle（2014）认为，城市人口、年龄结构、家庭规模和城市化率，会影响碳排放和能源消耗。特别是家庭规模与道路能耗、总碳排放呈负相关关系，城市化与能源消费、碳排放呈正相关关系。Yudken 和 Bassi（2009）提出，通过单一制订提高化石能源价格的气候变化法案，虽然能减少国家经济活动产生的温室气体排放，但又会影响能源密集型制造产业的国家竞争力。Ekins 和 Barker（2001）基于资源回收利用和税收相互的影响理论，分析了碳税和碳排放许可，增加了财政收入，减少了扭曲的税收成本，环境排放税有效性评估普遍看好，更多国家将引入碳排放税和排放许可。Spash 和 Lo（2012）提出，澳大利亚政府提出了增收二氧化碳等温室气体税提案，该计划希望刺激私人投资者，以到 2020 年可增长 12% 的再生能源发电。Hossain（2012）以日本 1960—2009 年时间序列数据分析，短期单向因果关系表现为从能源消费到 CO_2 排放贸易开放，又从贸易开放回到能源消耗，整体上看 CO_2 排放与经济增长、贸易开放密切相关，如此循环提高。测试结果符合约翰森协整测试，更高的能源消耗在日本产生更多的 CO_2 排放导致环境污染会更多，但对经济增长、贸易开放和城市化的环境质量影响长期发现是正常向好的。

1.3.3 在能源绿色低碳发展结构优化方面的相关研究

对于能源结构优化研究，学者们主要集中在能源结构优化的重要性紧迫性，能源结构和经济结构的关系，以及通过一些数学方法和手段来推进能源消费结构优化的问题等方面。郝新东（2013）认为，能源消费结构关系经济增长的速度和质量、人类生活质量和生态环境建设。他以能源消费结构为比较对象，广泛收集和消化相关资料，分别从中美能源消费绝对量结构和相对量结构的演进、中美各能源品种的逐一比较分析、能源消费结构的经济、产业和行业效益等视角展开论述，并借助实证分析方法探寻中美能源消费结构的异同及原因。赵永杰（2016）从低碳环境下我国一次能源消费结构演化视角进行研究，对能源消费结构进行了研究，提出提高能源的相对价格有多种手段可供选择，其中最为重要的就是对能源及能源密集型产品征税、对能耗少的替代性工艺和产品进行补贴，以及针对能源消费大户的有限量排污权许可交易。聂洪光（2013）研究了中国能源消费增长的问题，分析我国能源结构与经济增长方式间的关系，并基于数据分析研究了能源结构对能源效率、能源消费和污染物排放的影响，证实了我国能源结构对于经济增长方式确实具有显著的影响，最后对影响能源结构的因素进行了分析。刘亦文（2013）提出，我国能源消费与经济增长之间存在非线性关系，并采用非参数回归模型来测度我国经济增长与环境质量多拐点型库兹涅茨曲线。研究表明，不同的地区存在不同的环境拟合曲线排放及碳排放强度的变化，能源结构的变化对碳排放增长表现为微弱的负效应，能源效率变化对我国该阶段碳排放的贡献率表现出明显的负效应。马岩（2012）基于绿色矿业新理念的煤炭产业发展模式研究，对我国煤炭产业的市场结构、市场行为、市场绩效现状进行了全面系统的实证分析，分析我国煤炭产业虽然集中度有所提高，但环境问题、竞争力仍然偏低，科技创新投入不足，人才匮乏，企业管理水平落后，安全绩效水平低下等问题，提出运用绿色发展新理念来促进煤炭产业的新发展。Zhu（2013）分析了高碳排放部门中的节能减排问题，减少污染排放的交易计划，确定潜在创造排放配额项目，帮助建立排放信用操作模式，可大幅度提高能源效率。Kralikova，Andrejiova 和 Wessely（2015）对节能技术与战略进行研究，提出系统化的理论、技术与实践，支持了节能低碳经济的发展。

在运用数据包络分析对能源结构优化和效率提升研究方面，一些学者的研究主要体现在如下方面：李眶煜（2008）从最佳要素投入的角度给出了全要素能源效率的定义及相应的测算方法，选取除西藏、台湾之外的全国 30 个省、自治区、直辖市 2005 年的数据为例，运用数据包络分析法（DEA）测算了其各自的全要素能源效率、资本效率以及劳动力效率。黄德春等（2012）提出，能源短缺、能源低效、环境恶化已经成为制约我国经济发展的重要环节，并运用三阶段 DEA 模型，对中国 29 个省市 2009 年的能源效率进行了分析。文中将技术效率分为纯技术效率和规模效率，并利用其数值来分析能源效率，同时，加入环境变量来分析完善上述计算结果。结果表明，在剔除外部因素和环境变量以前，规模效率被高估，纯技术效率被低估。从区域上来看则是东部地区的能源效率最高，中部次之，西部最低。重庆作为西部省市之一，能源利用效率提升空间较大，进一步优化重庆能源结构显得重要，对笔者的研究借鉴意义较大。马占新（2013）指出，数据包络分析（DEA）是一种崭新的优点很多的效率评价方法，特别适用于具有多输入多输出的复杂系统。一是 DEA 以决策单元各输入输出的权重为变量，从最有利于决策单元的角度进行评价，避免了确定各指标在优先意义下的权重；二是假定每个输入都关联到一个或多个输出，且输出输入之间确实存在某种关系，使用 DEA 方法则不必确定这种关系的显示表达式。同时，DEA 是一种新的非参数统计方法，优于回归分析等方法，尤其是在经济学生产函数的确定方面更为突出。DEA 方法还是纯技术性方法，与市场（价格）无关。这对我们优化分析化石能源结构启发很大。魏楚和沈满洪（2007）指出，能源生产率和能源效率有着巨大差异，通过对传统能源效率的各种指标进行梳理，认为这些传统指标并没有刻画出"效率"的本质，存在着诸多缺陷。为了同能源生产率相区分，他基于 DEA 方法构建了一个能够反映内在技术效率变化的能源效率指标，结果表明，基于 DEA 的能源效率，可以在全要素生产框架下全面综合各种要素进行评价，更具可信度。李国璋等（2010）指出，能源效率与环境污染之间存在着密切的联系，利用 DEA 方法和环境污染治理成本法，分别测算了我国 1989—2007 年全要素能源效率和环境污染经济损失，在初步评判两者关系的基础上，进一步通过协整和 ECM 模型研究发现，我国全要素能源效率与环境污染、经济损失之间存在长期均衡关系，前者是后者的 Granger 原因；同时，全要素能源效率的短期波动对于降低环境污染经济损失作用明显，这种作用大于长期波动的影响。这意味着全要素能源效率的提高，对减少环境污染具有重要作用，节能减排目标的实现离不开能源效率的作用。徐国泉（2008）应用对数平均权重 Divisia 分解法，对全国能源强度进行因素分解，揭示了效率因素是推动中国能源强度下降的决定因素，结构因素未起积极作用；基于 DEA 构建的全要素能源相对效率指数，对 1998—2005 年全国区域能源效率的实证分析证明，中国区域能源效率基本呈现出由东南向西北逐步下降趋势。Wilson（2008）介绍了一个计算投入产出效率满足生产前沿面的模型的软件包，它的命令为引导计算机提供了一种新的稳健估计效率值等。

1.3.4　在推动能源绿色低碳发展理论方面的相关研究

推动能源绿色低碳发展理论方面的研究涉及方方面面，主要有低碳经济发展、生态文明建设、能源可持续发展研究等方面，学者们从不同角度来阐述能源绿色低碳发展的内涵、实现方式和途径选择等。

　　一是从低碳经济角度。"低碳经济"最早出现在 2003 年 2 月英国首相布莱尔《我们未来的能源——创建低碳经济》的白皮书中，是指在不影响经济发展的前提下，通过技术创新和制度创新降低能源和资源的消耗，尽可能最大限度地减少温室气体和污染物的排放，实现减缓气候变化的目标，促进人类可持续发展。2009 年中国环境与发展国际合作委员会发布的《中国发展低碳经济途径研究》将"低碳经济"界定为："一个新的经济、技术和社会体系，与传统经济体系相比在生产和消费中能够节省能源，减少温室气体排放，同时还能保持经济和社会发展势头。"低碳经济是一种全新的经济增长模式，其核心是能源技术和减排技术创新、产业结构优化和制度创新。发展低碳经济，一方面是积极承担环境保护责任，完成国家节能降耗指标的要求；另一方面是调整经济结构，提高能源利用效益，发展新兴工业，建设生态文明的必要条件。曲剑午（2012）通过对未来十年中国经济发展形势、能源需求规模、能源消费结构演变、碳减排目标检验、煤炭进口能力的分析，从消费端、供给端和替代能源端对煤炭总量控制实施路径进行了分析。他运用马尔可夫链模型，对中国未来能源消费结构进行了拟合分析，提出我国一次能源消费结构已经处于相对稳定状态，整体稳定性在 97% 以上，其中煤炭稳定性在 99% 以上，不同能源间的自然转化率较低。如果再不对煤炭消费总量实行有效控制，我国碳减排将面临严峻挑战。这启发我们减少煤炭的比重需要从宏观层面去研究能源的供求关系。丛威（2013）分析了我国煤炭产能过快增长带来的问题，提出政府应建立煤炭产能调控机制，以保持煤炭供需总体平衡，实现煤炭工业与国民经济、资源环境协调发展。他认为，供需差距存在是产能快速扩大的根本原因，构建了煤炭产能调控体系，分析了煤炭产能调控政策动力来源及动力机制，建立了煤炭产能调控的 SD 模型，提出了转型发展、结构优化、科技驱动和提高效能四种调控模式，建立了煤炭产能调控政策效果评价指标体系，并提出了政策效果评价方法。这对本研究着眼于能源绿色低碳高效利用的相关指标体系，优化能源结构有着借鉴意义。李维明（2010）对煤炭开发利用中面临的资源、环境与安全方面挑战进行了研究，提出了煤炭供应侧资源开发利用策略，提出了涉及矿业权、财税、价格形成机制、洁净煤技术、环保及综合利用等方面的政策建议，对笔者从宏观政策、供需关系和科技层面研究能源绿色低碳利用问题启发较大。孙艳艳（2012）提出，经济增长、产业结构、能源结构、城市化水平和外贸依存度等因素对降低碳强度具有阻碍作用，能源效率对降低碳强度具有促进作用，我国应该大力发展能源技术，提高能源效率，加快调整优化产业结构和能源结构，深化能源价格体制改革，努力构建能源节约、污染排放少的经济发展模式。这对我们探索如何降低碳排放启发较大。杨玉含（2011）认为，全球变暖与人类的碳排放有联系，人类活动导致的地球系统碳循环变化是全球变暖的原因，化石燃料燃烧产生的碳约占大气碳排放总量的 73.79%，是目前大气中碳增加最重要的原因。刘再起和陈春（2010）研究了低碳经济与产业结构调整关系，实现低碳生活、加大能源替代、发展低碳能源和无碳能源控制经济体的碳排放弹性三大关键要素，以及经济性、技术性两个重要特征，提出应提高能源利用效率、促进经济结构特别是工业结构优化升级、推广低碳理念、发展低碳经济、完善法律法规等政策措施，以有效解决经济发展与环境保护问题。潘文砚（2014）对中国低碳经济发展水平的多维评价及实证，提出低碳经济是以低能耗、低污染、低排放为特征的经济发展形态，是人与自然和谐发展的必然趋势；构建了低碳经济评价指标体系，运用模糊层次分析法（F-AHP）对低碳经济的发展水平进行量化评价研究，并提出我国在低碳经济发展进程中应转变经济发展模式、加大科技投入、调整能源消费结构、优化产业结构、开发碳汇潜力等政策建议。杨颖（2012）研究了中国低碳经济发展模式及政策支撑体系，提出经工业革命后而确立的传统经济发展模式，存在着资源浪费太大、碳化气体排放严重、环境代价过高等一些严重问题，已不适应当前社会经济发展需要了。推进传统经济发展模式向低碳经济发展模式转变，必须加快观念转变、建立新经济理论和转变经济增长方式，必须进行清洁生产，发展生态工业，实行循环经济，倡导生态文明，走新型工业化道路。戴东宝（2011）分析了中国高碳能源低碳化问题，提出我国碳排放总量呈现逐年上升趋势，如何减少单位 GDP 能耗、降低能源碳排放强度、提高能源利用率，确保低碳经济的经济发展方向，需要完善、制定相应的法律法规，为发展低碳经济提供明确的导向和规范。刘春蓉（2014）在广东低碳经济发展定量评价及路径研究中提出，从经济总量、经济结构、外向度以及省内区域经济发展协调度四个方面总结归纳广东经济发展现状，并以生态系统为研究对象，按广义的碳排放核算思路，对1996—2012 年广东全省的碳排放量进行估算，从生产、生活和生态三方面碳排放影响因素分解模型中归纳引申出影响低碳经济发展的主要因素有能源结构、能源强度、产业结构、国际贸易分工、国内生产总值、生活能源消费量、人口规模、碳排放密度、土地利用结构及土地面积。Peterson, Stephens 和 Wilson（2015）认为在西方民主国家，公众的认知和参与能源鼓励创新，同时减缓部署低碳能源技术（LCETs）的压力，要使创新机制过渡到低碳能源系统，取决于基本技术的变化和政策制度的完善。Tiwari（2011）静态和动态地检查一次能源消费之间的因果关系，通过印度国内生产总值（GDP）和 CO_2 排放（1970—2007 年），使用格兰杰测试变量之间的因果关系检验的方法（在 VAR 框架）及Dolado 和 Lütkepohl 的方法，测试存在单位根和协整变量纳入内生决定结构性突变的数据。Spash 和 Lo（2012）提出，澳大利亚政府提出了一项有差别 CO_2 排放税提案，这是个短期碳排放交易计划，允许碳排放在短期内有一定的增长，以鼓励纳税人将用于购买煤炭或其他污染所要花费的数十亿美元来投资建设，以实现到 2020 年，可再生能源发电增长率达12%的目标。Olah 和 Prakash（2007）提出，通过 CO_2 制甲醇，将 CO_2 通过电化学法还原成甲酸、甲醛或甲醇混合物，可有效转化化石燃料、工业废气和大气中的碳氧化物。Ekins 和 Barker（2001）在查阅研究碳税和碳排放许可的文献和案例基础上，探讨了财政收入循环和税收的相互影响，这项政策工具的实施在增加财政收入的同时，会带来税收的扭曲。早期环境碳排放税的影响是积极的，随着气候变化的影响，将有越来越多的国家加入实行碳税和碳交易制度的行列。Yudken 和 Bassi（2009）认为，气候变化法案会促进国家经济行为，减少温室气体排放，但也会带来化石能源价格上涨，从而影响能源消费者和能源密集型产业。Salas（2013）概述一些节能模型来研究电力行业的发展，强调不确定性机制的技术变革，如气候政策、能源投资、自然资源可用性、社会和政治变革等，对温室气体排放产生影响，应创造适当政策助推低碳能源技术发展。

二是从生态文明建设角度。邓荟和刘敏岚（2016）认为，生态文明是人类为保护和建设美好生态环境而取得的物质成果、精神成果和制度成果的总和，是贯穿于经济建设、政治建设、文化建设、社会建设全过程和各方面的系统工程，反映了一个社会的文明进步状态。张青兰（2010）认为，马克思主义的生态文明观，是指人同自然界的关系直接包含着人与人之间的关系，而人与人之间的关系直接就是人同自然界的关系，根据这种关系就可以判断出人类的整个文明程度。因此，生态文明内在地包含了人与自然关系的文明、人与人关系的文明。俞可平（2005）认为，生态文明是"人类在改造自然以造福自身的过程中为实现人与自然之间的和谐所作的全部努力和所取得的全部成果，它表征着人与自然相互关系的进步状态，也表征着人与人之间关系的进步状态"。毛明芳（2010）提出，生态文明的特征可以归纳为人与自然和谐相处的生态文明理念、有利于实现经济社会可持续发展的生态经济模式、有利于地球生态系统稳定的生态消费方式以及公正合理的生态制度等。生态文明在中国特色社会主义文明体系中的地位，一些人认为生态文明是比物质文明、精神文明和政治文明更高一级的概念，是其他三种文明的总称；一些人认为生态文明是与其他三种文明相并列的概念；还有一些人认为生态文明与其他三种文明既是并列概念，又是更高一级的概念。于妍（2014）从生态文明建设的角度，深入探讨了绿色发展的理论内涵。她认为，绿色发展是一条创新跨越式的新型发展道路，绿色改革创新是其重要保障，绿色技术创新是其强大驱动力，绿色市场是其巨大需求。全面推进绿色发展，企业应提高绿色技术创新能力，为绿色发展提供技术支撑；应以政府为主导实行绿色改革和制度创新，营造公平、有序的外部环境；还应提高公众绿色发展意识，使公众积极参与绿色发展的实践。解秋凤（2010）认为，马克思主义的生态文明思想，是以人与自然的辩证关系为中心内容，实践和历史唯物主义的观点为逻辑起点的科学体系，揭示了自然与人、自然与社会、自然与历史之间的相互依存、相互作用的辩证关系，是解决人类生态问题的重要哲学依据。张明（2014）提出，中国共产党生态文明理论是党在带领全国人民进行中国特色社会主义建设过程中，为了实现人与自然和谐发展所取得的有益的精神成果，这种理论是"本土"与"舶来"因素在"实践"中的融合的结果，是完善于"高能"与"低碳"目标在"发展"中的兼得，是在"全面"与"重点"中关注"民生"，在聚焦"微观"现实中展现理论的未来走向。中国共产党生态文明理论的完善发展，是对中国共产党执政实践的总结和提炼，是对中国共产党执政理念的彰显，也将影响中国共产党执政实践的未来。方毅（2010）用深绿色生态文明的概念替代浅绿色生态文明的概念，进一步用深绿色生态文明的理念来引领我国生态文明建设的理论和实践。分别对马克思主义的生态文明思想和相关理论和现代西方国家特别是美国的生态文明理论进行对比分析，并对美国、欧盟、澳大利亚和日本等国家的生态文明实践进行了定量分析和定性的分析；从《易经》《道德经》等中国古代经典著作以及中国儒家的"天人合一"等理论对中国古代生态文明思想和理论进行了定性的比较分析。李春秋和王彩霞（2008）把生态文明与物质文明建设、精神文明和政治文明建设看作社会主义整体文明建设的系统工程，建设生态文明是生态学理论在人类文明发展道路探索中的具体运用，是马克思恩格斯生态文明思想在新历史条件下的继承和弘扬，是对我国古代思想家生态文明智慧的汲取和升华，是反思人类传统发展观念与时俱进的理性选择。胡洪彬和吴玲玲（2010）指出，生态文明理论是对人类已有先进生态理论的继承和创新，有利于巩固党的执政地位，化解生态危机，推进全面小康的实现。当前，我国有利于生态文明建设的经济发展模式尚未完全形成，必须加强生态道德教育、转变发展模式、完善政府治理结构和相关法制、加强国际合作，需要加强比较研究、实证调研和多视角多学科的综合研究。赵建军（2012）提出，中国特色生态文明理论是体现时代精神的马克思主义中国化的最新成果之一，深化了人类对社会主义基本价值和社会主义本质的认识，有着鲜明的时代特色、实践和创新价值，是对国际生态文明理论的积极贡献。是丽娜和王国聘（2008）提出，生态文明是现代文明的高级形态，生态文明的提出意味着人与自然的关系上升到了更高的文明程度。孙凡（2011）从生态文明在重庆的实践方面，通过对生态文明的基本内涵、建设生态文明是科学发展观的必然要求的阐述，论述了森林城市建设是重庆市建设生态文明的具体体现，是重庆市弘扬生态文化、提升"精气神"的具体措施。易红等（2014）基于生态文明理念，采用案例分析、层次分析法、风玫瑰分析法，对重庆宜居城市建设现状进行了评价，发现虽然重庆经济发展与基础设施建设良好，但生态宜居性总体水平仍然较差，在文化教育、生态环境、社会保障等方面存在明显短板。应积极追寻"新常态"下高效率、低成本、可持续的宜居城市建设之路，按照中央赋予重庆发展战略定位延续其组团式的城市空间格局，通过发展生态产业、完善城市公共服务体系、强化科教文卫事业投入等办法，构建山水城市、宜居城市。邵蕾等（2013）以重庆开县为例，强调工业化、城镇化和农业现代化协调发展中的生态文明建设，为三峡库区走可持续发展的道路树立良好的典范。胡晓（2013）提出，生态文明建设既为重庆的农业现代化提出了紧迫任务，也为重庆的农业现代之路提供了科学合理的选择。

三是从能源可持续发展角度。世界环境和发展委员会曾在《我们共同的未来》中表述："可持续发展是既满足当代人的需要，又对后代人满足其需要的能力不构成危害的发展。"王炳（2011）认为，其核心思想就是谋求经济、社会与自然环境的协调发展，维持新的平衡，制衡出现的环境恶化和环境污染，控制重大自然灾害的发生。可持续发展与环境保护既有联系，又不等同。环境保护是可持续发展的重要方面；可持续发展的核心是发展，但是是在保持人口合理增长、提高人口素质和保护生态环境、促进资源永续利用的前提下进行的经济和社会发展。我们推进能源绿色低碳发展，根本的要义是我们当代人要提高对能源的合理利用、保护环境，实现资源的最佳配置。杨小健（2007）提出，城市可持续发展是一个多因素相互作用的过程，其中又有很多不确定因素，因此必须采用可以解决不确定性与多因素的方法。他采用模糊判断方法解决不确定性，采用人工神经网络解决多因素的问题，并验证了上述方法对于评价城市可持续发展的有效性和准确性，对笔者解决化石能源低碳高效利用启发极大。周妍（2007）采用灰色系统理论与数学方法，构建了2020年东北三省石油产量预测模型、石油消费预测模型，提出到2020年东北三省油气资源供求失衡的尖锐矛盾和东北三省可持续发展面临的油气资源瓶颈问题，对笔者有较大借鉴意义。黎永亮（2006）基于可持续发展理论，对能源资源价值的基础理论、价值构成、代内核算、代际配置以及可持续的价格体系设计进行了研究，分析了耗竭性自然资源在价值主体、价值源泉、价值决定、价值分配等五个方面不同于传统经济学意义上的特征，分析了三种关于耗竭性自然资源的可持续价值模型并做出了相应的评价，在分析我国能源资源价格扭曲的制度因素的基础上，提出了可持续价格机制构建的原则，并通过具体煤矿实例印证这些原则。张尚坤（2006）从"能源-经济-环境-社会"大系统出发，研究了山东油气资源开发利用现状，对山东近期及中长期油气资源需求、供应和资源保障程度进行了预测，论述了因油气资源供需不平衡对地区可持续发展带来的负面影响。并运用数学模型和标准图板计算了山东省非传统油气资源的资源储量，对非传统油气资源的开发潜力做了评价，论述了对地方经济社会可持续发展可能产生的影响，提出了山东省促进非传统油气资源开发的政策措施。张晓慧（2008）以我国石油工业发展现状为切入点，通过对油气资源与社会经济系统协调发展内涵的探讨，提出了实现我国油气资源和社会经济系统协调发展整体思路，为我国油气资源和社会经济系统的协调评价奠定研究基础。李宝林（2008）以化石能源对中国经济可持续发展的约束为研究视角，从化石能源的经济学属性入手，分析化石能源对中国经济增长的双重影响。他从化石能源的供给、需求和价格形成影响因素三方面，阐释了化石能源对中国经济可持续发展的影响；从我国国家安全、对外关系和气候生态环境等方面，研究化石能源生产和消费的影响。张丽峰（2006）综合运用各种预测方法，对我国能源供给量和需求量进行了中长期预测，对能源供需缺口进行了分析，着重对能源替代问题进行了定量分析，提出了替代方案，提出了我国中长期能源发展对策。杨晓龙（2006）提出，资源可持续发展是可持续发展的重要内容，油气资源可持续发展的问题已成为影响中国经济社会持续稳定健康发展的重大问题。何芳（2011）对重庆地区煤炭资源开发生态补偿机制进行了研究，提出"旧账政府负责，新账企业负责"的煤炭资源开发生态补偿模式，构思了重庆市煤炭资源开发生态补偿机制的工作流程。矿山生态补偿标准与矿山开采规模的大小没有直接关系，而是由矿山开采对生态环境的影响程度直接决定的。陆海波（2004）采用系统动力学方法建模研究3E系统，模型将绝大部分参数作为系统内生变量，只有极少数参数（如人口）作为系统的外生变量，力图让系统自己来调节各个子系统的平衡并达到可持续发展的目的。苗韧等（2013）以我国能源系统各环节特点为基础，综合考虑了经济社会、资源环境、技术进步、政策影响等因素，提出了有针对性的能源可持续发展的情景分析和量化评价方法，并对2000—2020年中国能源发展可持续的历程和趋势进行了评价。马强（2012）提出，矿产资源型城市是依托自身地理范围内的矿产资源而兴起的城市，是以开采和初级加工矿产资源来达到经济发展的目的，这种发展模式必然导致资源总量大幅减少、环境日益恶化、发展模式单一等众多问题，对这类城市实现可持续发展的理论研究和具体实施就显得尤为重要。

1.3.5　在推动能源绿色低碳发展技术方面的相关研究

能源绿色低碳发展技术方面的研究，主要涉及能源的生命周期评价、高碳能源特别是煤炭的低碳化利用和对 CO_2 捕捉、封存及利用等方面。

利用生命周期评价方法，丁宁（2015）建立了我国化石能源的生命周期清单模型，计算了原煤、原油、天然气等初级能源及汽油、焦炭等几类主要次级能源的生命周期清单，揭示了我国能源生产的环境负荷，为工业系统分析和材料、产品的生命周期评价提供基础数据。袁宝荣等（2006）提出，化石能源生产的生命周期清单不仅是开展化工产业及其产品生命周期分析的基础，也能阐明化石能源生产的基本环境行为。通过计算得到了2002年我国原煤、原油和天然气开采过程中直接相关的能源消耗和污染物排放，主要包括液态污染物、固体废弃物和 CO_2、SO_2、NO_x、CO、CH_4、烟尘等气态排放物。

在推进高碳能源绿色低碳化技术方面，王建国和赵晓红（2012）认为，我国探明煤炭储量中一半以上为低阶煤，但目前其利用方式（直接燃烧或气化）效率低、污染物和碳排放量大，提出了低阶煤清洁高效梯级利用的解决方案，即以高效热解为先导，提取煤中业已存在的油气资源，剩余半焦燃烧发电、或经气化定向转化为液体燃料和化学品，形成了"热解-油气提质-半焦燃烧-发电""热解-气化-合成"和"热解-气化-费托合成-油品共处理"三条技术路线。陈宏刚和李凡（1997）认为，中国的洁净煤技术应贯穿于煤炭开发利用的全过程，主要包括煤炭加工、煤炭高效洁净燃烧、煤炭转化和污染控制四个领域，提出实施优质煤工程、煤化工程、高效洁净燃烧工程和洁净矿区工程。吴爱坪（2012）利用标准曲线法研究煤在不同条件下热解其固体产物中自由基的变化趋势，比较不同产地的中低阶煤热解过程中的自由基变化规律、不同气氛对煤热解过程中自由基的影响、不同供氢试剂（水，四氢萘）对煤进行预处理后其热解行为有何变化，从而为中低阶煤热解过程工艺调控提供理论依据，初步建立煤热解产物中的液体产物中自由基的定性定量分析。高宝等（2012）在能源煤化工基地工业系统分析的基础上，提出延伸产业链，拓宽生态位，及加强产业链耦合等产业链优化技术途径，并选取宁东能源煤化工基地进行典型案例分析。利用企业间关联度和废弃物资源化率两项指标对宁东能源煤化工基地的食物链（网）进行分析评价，表明基地内固体废物及废水资源均未得到充分利用，据此提出开展重点技术研发，发展补链型产业，建立企业联盟等宁东能源煤化工基地产业链优化对策。申宝宏和赵路正（2010）围绕发电、工业锅炉、煤化工三大用煤领域阐述了煤炭提质加工技术、高效燃煤发电技术、工业锅炉洁净燃煤技术以及新型煤化工技术等低碳化途径的碳减排潜力和发展态势，为煤炭领域如何依托洁净煤技术实现高碳能源绿色低碳化利用提供方向。金涌等（2012）提出，在高附加值煤化工产品方面，应该大力发展三烯、三苯、天然气、乙炔等产品替代石油化工，尽可能减少对石油进口的依赖，并降低单位GDP 煤化工的碳排放强度；为此必须加强相关关键工艺技术以及煤炭组分定向剪裁和转化等新技术的研发。李红星（2014）认为新型煤化工是以先进的煤气化技术为龙头的能源化工产业体系，主要包括煤炭制油、烯烃、天然气、乙二醇、芳烃以及 IGCC（整体煤气化联合循环）发电等新技术，主要产品有汽油、柴油、乙烯、丙烯、天然气、乙二醇、PTA 等，产品附加值高，可补充石化产品不足。李好管（2009）分析了我国 Shell 煤气化、GSP 干煤粉加压、康菲石油公司 E-GasTM、多喷嘴对置式、两段式干煤粉和航天气化炉（HT-L）等煤气化技术进展及产业化应用，提出中国发展以煤炭制油、天然气、烯烃、醇醚为主要产品特征的新型现代煤化工，具有较好的前景。刘音颂（2014）分离并鉴定了 8 株长链烷烃降解菌，深入地分析了高效烃降解菌吸附、摄取和降解烃的机理，提出了生物移动床处理煤制气废水中长链烷烃类化合物效能过低的问题，采用投加外源长链烷烃降解菌的 MBBR 强化工艺用于处理煤制气废水二沉池出水，提高长链烷烃和 COD 的降解率，从而减少混凝沉淀池的投药量，降低反应处理运行成本，为难降解有机物的深度处理技术奠定基础。

对于 CO_2 的捕捉、封存和利用，吴倩（2014）认为，在当前能源发展形势下，合理协调产业发展与 CO_2 排放控制之间的矛盾，已经成为我国煤化工产业急需解决的重要课题。他分析了我国煤化工产业的 CO_2 排放现状以及所面临的问题，对现有碳捕集封存系统

（CCS）的技术发展现状进行了归纳与总结，并指出目前在我国煤化工行业实施应用的碳捕集封存系统（CCS），在技术、成本、安全与环境影响、法律与法规等方面所面临的障碍。Olah，Goeppert（2009）和 Surya Prakash（2009）将化石能源燃烧产生的 CO_2 通过化学制备技术转化成甲酸、使用甲酸作为碳源以及氢生产甲醇、二甲醚和其他产品。这种变废为宝的利用对环境非常有益。Beyer（2011）指出，化工和能源工业企业提倡利用 CO_2 反应及催化再生能源利用技术把可再生能源技术和 CO_2 的回收利用结合在一起，实现 CO_2 的工业化应用，在这一项目中，氢和新型电解设备的研发具有非常关键的作用。

1.3.6 对文献研究的基本评价

通过对国内外专家学者的相关文献进行梳理可以看出，对一个国家或地区能源发展的研究可以是多方面多角度的，但围绕能源绿色低碳发展方面的研究，则首先要从能源发展的战略层面去解决问题，即要解决能源的供给安全和供需平衡的问题。因为，能源需求是刚性的，一个国家和一个地区一旦出现能源短缺，就会出现重大危机，因此，有的学者将能源供给上升到国家战略，有的则将能源安全与全面建成小康社会相联系。对于如何保障能源安全要科学地预判，近年来学者们依靠时间序列法、多元回归法、灰色系统法、人工神经网络法等数学手段的做法较为集中，充分说明这些办法在预测方面的有效性，但各种办法有自己的特点和优势。相比较而言，时间序列法、多元回归法等较为简单，且简便好用，对于数据连续性强、影响因子较少等事物发展的预测可行，但对于稍微复杂的问题，解决起来难度就较大；相反，灰色系统理论、神经网络理论等数学手段在解决复杂、非连续以及影响因子多的预测问题方面就显得从容管用。不仅如此，对同一事物的预测，仅用一种办法来预测，结果是否经得起检验难于判断，因此，综合多种办法对同一事物的发展变化来进行预测，就显得较为科学，这对笔者利用灰色神经网络理论以及相关手段的组合预测启发很大。

实现能源绿色低碳发展愿望是美好的，但在实践中往往很难实现。因为，一个地区既要实现以最少投入获得经济最有效增长，又要尽量地减少能源消耗，还要保证自然生态环境不被污染，最终实现人与自然、人与社会的协调发展，平衡难度较大。影响能源供需平衡的因素是多方面的。当前学者们围绕能源消费、经济增长和碳排放等方面进行了科学的探讨，多从总量关系、指标体系和整体相互影响上去研究的做法值得参考，但很少从经济发展、能源需求和环境影响各个数量的相互之间去深入分析。更为重要的是，在研究能源绿色低碳发展的各种矛盾运动关系中，必须既要考虑能源供给端的因素，又要着眼于能源需求端方面，去求得供需之间的平衡点，比如一些学者着眼于能源-经济-环境（3E）协调性的研究，以推动能源实现有效供给，注重了能源-经济-环境总体平衡和相互之间的平衡，非常值得借鉴。这启示我们，需要从能源消费总量和煤炭、石油、天然气、电力投入，与经济发展、环境保护、社会进步等相关因素之间的数量相关关系，去寻找答案。

提高能源绿色低碳发展水平，不仅应从供求总量以及影响能源供求相关因素等外部情况去分析，还需要从影响能源需求内部结构去探讨，以不断提高利用能源的效率问题。值得高兴的是，国内外一些学者深入能源的内部结构去发现问题，通过数据包络分析法

（DEA）等一些较为前沿的数学手段，去优化能源发展模式和实现路径。比如，有的学者从中美能源消费绝对量结构和相对量结构的演进、中美各能源品种的逐一比较分析、能源消费结构的经济、产业和行业效益等视角展开论述；有的学者从价格机制的角度，对能源消费结构进行了研究；有的学者采用非参数回归模型来测度我国经济增长与环境质量多拐点型库兹涅茨曲线，去探讨如何优化能源结构等问题。更多的是，通过数据包络分析（DEA）来优化能源结构，分析能源纯技术效率和规模效率等问题，或者进一步分析探讨全要素能源效率与环境污染经济损失之间存在的长期均衡关系，对笔者如何提高能源绿色低碳发展的效率问题，启发甚大。

国内外对推动能源绿色低碳发展研究，既有理论层面的问题，更是实践方面的重大课题。在理论层面，一些学者从绿色低碳经济理论、生态文明理论、能源可持续发展理论等方面去探讨。从事低碳经济理论研究的学者主要认为，近 200 年来人类消耗的能源主要是化石能源，推动经济快速发展的同时，也带来了一系列的环境问题，主要是化石能源消耗过程中产生大量的 CO_2 等温室气体，造成了全球气候变暖和大气污染，需要减少化石能源的使用，降低经济发展过程的碳排放水平，促进环境的改善。一些学者认为，生态文明是一个文化观，是绿色发展的重要内容，以一种独特视角深刻揭示了人与人、人与社会、人与自然之间的利益关系和道德评价，甚至提出马克思主义生态文明思想是解决人类生态问题的重要哲学依据。另外一些学者将能源可持续发展理论建立在可持续发展理论基础之上，认为能源可持续是"能源-经济-环境-社会"大系统可持续发展中的重要内容，包括能源资源价值的基础理论、价值构成、路径选择、代内核算、代际配置以及可持续的价格体系设计的研究。这些理论为笔者的研究奠定了基础。同时，还有一些学者从技术层面和实践方面，去研究能源绿色低碳利用发展问题，能源的开采运输和使用如何实现减少 CO_2 的排放，以及如何推进 CO_2 的捕捉与封存等问题，这些问题对我们进一步提高能源绿色低碳发展的质量和水平都有较大的启示。

1.4　研究的思路、方法和特色

1.4.1　研究的思路和方法

在世界能源发展总体趋势和我国能源"富煤、缺油、少气"的总体格局大背景下，本研究从重庆在国家区域发展战略中的地位、区位优势、能源资源禀赋、可持续发展规划、低碳发展现状等因素出发，以能源绿色低碳发展为主线，研究重庆能源绿色低碳发展供需总量平衡、影响供需平衡的主要因素、结构优化以及绿色低碳发展等问题，以期达到能源供需与经济社会协调可持续发展。这些问题的研究，涉及方方面面，是一个复杂的系统科学问题，对"十三五"重庆能源绿色低碳发展具有重要的指导意义。为了实现这些目的，笔者的研究采取定量与定性相结合的研究方法，主要从两个方面着手进行研究：一是用重庆直辖以来 1997—2014 年的统计资料对重庆能源利用与经济和社会的可持续发展关系的现状与规律进行定性定量分析；二是用数量经济学的方法研究重庆能源绿色低碳发展不同类别能源与经济和社会可持续发展的相关度问题，进一步将能源结构优化与碳排放协同起来，更有利于促进能源绿色低碳转型。

本书的主要章节安排：第 1 章，总论。主要阐述本书的研究背景、研究的主要问题、国内外研究现状、研究的思路方法和特色等内容。第 2 章，重庆能源绿色低碳发展现状及影响因素分析。对重庆能源发展外部环境和基本现状进行深入分析，探寻了影响能源供应的相关因素，进一步分析了重庆各区域发展能源消费情况，找准推进能源绿色低碳发展存在的突出矛盾和问题，为重庆能源绿色低碳发展奠定了实践基础。第 3 章，重庆能源绿色低碳发展与经济社会可持续发展相关性分析。主要阐述了能源绿色低碳发展相关指标体系的建立，以及能源与经济发展、环境保护和社会进步等相关指标的相关性程度和协调度问题，为做好重庆能源需求预测和结构优化做好铺垫。第 4 章，重庆能源绿色低碳发展的需求量预测研究。主要在利用一元组合非线性回归预测理论、灰色理论、灰色神经网络理论，对重庆"十三五"能源需求进行预测分析的基础上，应用 AHP 法将三种方法复合预测，科学预测了重庆 2016 年到 2020 年的能源需求数量，进行了实证研究。第 5 章，重庆能源绿色低碳发展结构优化数据包络分析研究。主要通过数据包络理论及其技术工具等手段，建立起重庆能源投入与经济环境社会等产出的评价系统，对重庆 1985—2014 年 30 年间的能源投入与产出的绩效进行定量评价，找出能源冗余投入的径向改进与松弛改进值，规模效应值、综合技术效率、纯技术效率值、DEA 弱有效、DEA 强有效、DEA 完全有效达到生产前沿面，规模效率递减递增，提示重庆近 30 年间能源投入产出的效率变化发展规律等，同时建造结构方程，进行重庆"十三五"能源消费结构优化分析实证研究，为重庆能源绿色低碳发展找到了努力方向。第 6 章，重庆典型工业园区能源资源高效利用及节能研究。笔者以省级开发区 KG 工业园区为对象，运用前文理论研究的成果，基于双控要求对园区综合能源消费量与强度目标进行分析，进一步提出园区节能措施及能源低碳发展策略。第 7 章，探讨了"十三五"重庆能源绿色低碳发展的政策建议。主要从能源消费结构优化、化石能源清洁利用技术创新和加强能源政策管理规制三大侧面提出对策与建议。第 8 章，为全文总结。总结了本书的主要结论与创新点，并指出了进一步深化研究的相关问题和需要努力的方向。

我们研究的最终目标，一是揭示能源与重庆经济社会发展和生态环境变化之间的数量关系，探索重庆能源发展规律和不同类别能源与社会经济可持续发展相关度；二是探索解决重庆能源绿色低碳发展的能源供需平衡问题，特别是在重庆能源高度的对外依赖性情境下，科学预测能源绿色低碳发展需求量，在此基础上进一步对不同能源结构进行优化。由于这些问题精准研究的影响因素复杂多变，往往具有模糊和不确定性的性质。对此，笔者在总结了相关研究成果的基础上，提出用一元组合非线性回归预测、灰色系统预测、灰色神经网络预测以及三种方法 AHP 组合，来分别预测低碳发展重庆能源消费的需求量，并在比较研究各种预测方法的优势中，根据层次分析法确定各种预测模型权重系数，进行系统的集成复合预测，以提高预测的精准度和适用性。能源绿色低碳发展的结构优化是一个多投入多产出的问题，笔者灵活运用了数据包络（DEA）分析法，并成功构建了低碳发展重庆能源多投入多产出的 DEA 分析体系，获得了规模效率不变、规模效率可变化和可减少消耗的比例改进和松弛改进数量，揭示重庆 2014 年以前近 30 年间能源投入产出的效率变化发展规律，对优化能源消耗比和消费结构提供了技术支撑。

具体的研究思路和技术路线，如图 1.2 所示：

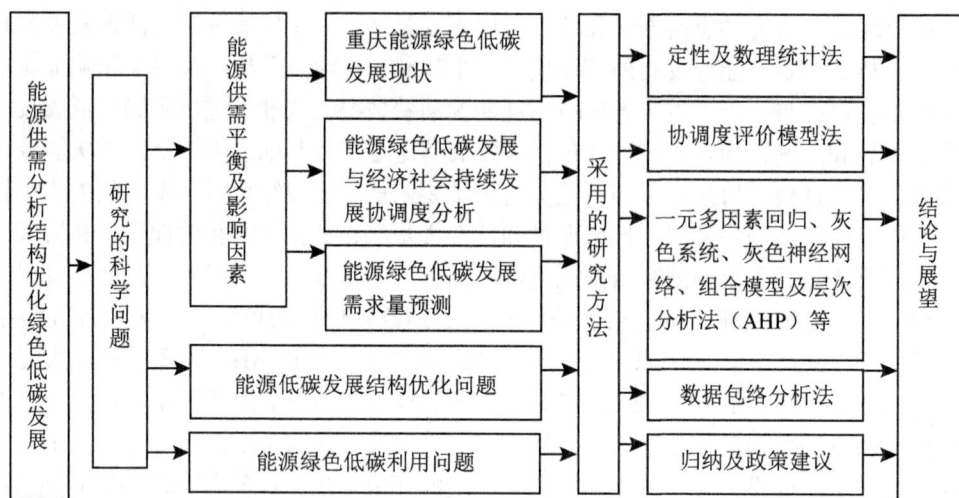

图 1.2　研究思路和技术路线图

1.4.2　主要特色

笔者在借鉴现有研究成果的基础上，以能源绿色低碳高效利用与可持续发展的系统理论为支撑，以国家公布的统计年鉴数据为基础，结合抽样调查、典型调查研究、现场观测的数据，科学应用统计学、运筹学、灰色系统理论、神经网络技术、数据包络分析技术构建了重庆市能源多种预测模型和投入产出相关性分析、效率提升及结构优化的数理分析模型，将这些技术方法和分析手段运用在具体问题的分析之中，解决重庆能源绿色低碳利用和可持续发展的问题。笔者在研究过程中，力图做到四个结合：

一是借鉴与创新相结合。在借鉴前人研究成果的基础上，充分运用定性和定量分析方法，对能源经济理论与应用方面进行创新，不断丰富和完善能源经济理论。如在运用一元多因素组合理论对全市能源需求预测的基础上，尝试利用灰色理论、灰色神经网络理论，以及同时运用三种理论的组合预测，对重庆能源需求状况进行预测，提高了预测精度。

二是规范和实证相结合。规范研究是从理论到实践的逻辑过程，实证研究则是从实践到理论的逻辑过程。能源经济关系的运动，总是按照自身固有规律由简单到复杂、从低级向高级发展，规范研究就是依据对规律性的认识，从简单上升到复杂，也就是由抽象上升到具体。本书对重庆能源历年实际统计资料进行综合分析和考察，从重庆的实际出发，对低碳经济、生态文明和可持续发展等理论进行了丰富和完善。

三是定量与定性相结合。本书在对重庆能源需求预测、能源供应因素分析、能源结构优化和能源效率等方面，通过运用定量分析方法，分析了能源需求相关要素与经济发展、环境保护、城镇化率、技术进步等要素之间的相互影响问题。但能源绿色低碳发展系统较为复杂，涉及层次因素众多、关系复杂，完全采用定量分析难度很大，所以笔者也采用了定性分析方法，对能源供求影响因素、能源政策分析等其他方面进行了分析。

　　四是归纳和演绎相结合。本书对重庆直辖以来主要能源的历年数据进行收集整理，通过数学方法去发现能源需求运动变化的规律，并归纳总结上升到理论认识；又从低碳经济、生态文明、可持续发展等一般理论出发，对重庆能源利用的实际情况进行推演分析，并通过技术手段去优化其结构。

第2章　重庆能源绿色低碳发展现状及影响因素分析

为深入了解重庆能源绿色低碳发展的现实状况，存在的问题及影响的因素，更好地探寻重庆能源绿色低碳发展的路径，笔者进一步从重庆能源绿色低碳发展外部环境、能源供给、能源消费和各区县发展战略布局的视角，分析重庆能源绿色低碳发展的现实状况，为重庆"十三五"能源需求预测研究，能源结构优化的数据包络分析方案研究，探寻进一步完善能源绿色低碳发展路径，提出能源绿色低碳发展政策建议奠定基础。

2.1　重庆能源绿色低碳发展的外部环境

随着重庆对外开放程度的提高和经济全球化进程的加快，重庆经济社会发展与外部的联系将越来越紧密，重庆能源绿色低碳发展自然离不开全国及全球的经济发展特别是能源发展大环境。因此，研究重庆能源绿色低碳发展首先需要对国际和全国能源绿色低碳发展形势做必要的分析和判断。

2.1.1　重庆能源绿色低碳发展的国际环境

从能源需求方面看，世界主要国家经济仍处于低迷状态。根据联合国发布的《世界能源发展报告》，2015年和2016年世界经济增速预计将分别为3.1%和3.3%，经济的低速增长无疑会使得能源需求增速放缓。国家信息中心经济预测部有关能源消费统计分析表明，世界上能源消费结构及其发展趋势，1973—2014年石油、天然气、煤炭所占比重均有所下降，其中石油占比的降幅最大，由46.1%下降到34%。新能源所占比重增大，其中核能占比由0.9%上升到6.8%，增长速度最快；天然气占比由16%上升到21.7%。21世纪世界能源的需求量仍将继续增长，IEA《2009年能源展望》预计2007—2030年，全球一次能源需求将以每年1.5%的平均速度增长，一段时期内传统的矿物燃料仍将是世界能源生产消费的主体。

同时可以看到，能源开发使用对大气、土壤和水带来严重污染，以及对三者的占用和破坏加上其他的污染若超过生态的自我恢复能力，环境无法再生和调节，生态将遭受破坏，进而影响经济发展、社会的进步和能源的安全使用，环境的恶化及人类对环境问题的重视将危及能源安全。科学观测表明，地球大气中CO_2的浓度已从工业革命前的280ppmv上升到了目前的370ppmv。随之而来的是温室效应增强，全球变暖问题凸显。据IPCC2007年的第四次评估报告，全球大气的平均温度在过去的100年中上升了约0.74℃，并且在未来几十年内人为增暖率将保持在每10年增加0.11~0.12℃的幅度。在应对气候变化和能源安全的大背景下，低碳化日益成为未来国际经济体系变化的支撑，发达国家和发展中国家都在推动低碳化发展道路，低碳化为人类的能源合作带来了一线曙光，低碳经济已经成为国际经济的增长热点。低碳是世界各国转变经济结构的重要方面，能源低碳化是确保经济社会可持续发展的必由之路。欧洲某些国家、美国和日本在综合高效环保地推动化石能源低碳化发展的同时，因地制宜大力开发核能、水力、风能、生物能源等清洁能源，一些发展中国家需要共同推动能源生产和消费革命，加快能源科技创新，转变能源发展方式，早日实现能源转型。低碳化需要改善能源消费结构，以科技领先促进新能源发展，发展天然气，压低煤炭需求量、煤炭清洁化利用和低 CO_2 排放是实现能源低碳化发展的重要举措，已被国际社会普遍接纳达成共识。从 2011 年和 2014 年世界部分国家一次能源消费结构对比看，低碳能源占比普遍逐步提高（见表 2.1）。

表 2.1　　　　　　2011 年和 2014 年世界部分国家一次能源消费结构

（单位：百万吨油当量（Mtoe））

	原油(%)		天然气(%)		原煤(%)		核能(%)		水电(%)		再生能源(%)		总计	
年份	2011	2014	2011	2014	2011	2014	2011	2014	2011	2014	2011	2014	2011	2014
世界	33.1	32.6	23.7	23.7	30.3	30.0	4.9	4.4	6.4	6.8	1.6	2.5	12274.6	12928.4
美国	36.7	36.4	27.6	30.2	22.1	19.7	8.3	8.3	3.3	2.6	2.0	2.8	2269.3	2298.7
法国	34.1	32.4	14.9	13.6	3.7	3.8	41.2	41.5	4.2	6.0	1.8	2.7	242.9	237.5
英国	36.1	36.9	36.4	31.9	15.5	15.7	7.9	7.7	0.7	0.7	3.3	7.0	198.2	187.9
日本	42.2	43.1	19.9	22.2	24.6	27.7	7.7	—	4.0	4.3	1.5	2.5	477.6	456.1
德国	36.4	35.9	21.3	20.5	25.3	24.9	8.0	7.1	1.4	1.5	7.6	10.2	306.4	311.0
韩国	40.3	39.5	15.9	15.7	30.2	31.0	12.9	13.0	0.5	0.3	0.2	0.4	263.0	273.2
印度	29.0	28.3	9.8	7.1	52.9	56.5	1.3	1.2	5.3	4.6	1.6	2.2	559.1	637.8
俄罗斯	19.8	21.7	55.7	54.0	13.3	12.5	5.7	6.0	5.4	5.8	0.0	—	685.6	681.9

资料来源：根据英国石油公司（BP）2015 年 *Statistical Review of World Energy* 数据整理。

世界各国支持补贴新能源发展的政策力度加大，新能源产业发展增长趋势不变。据全球可再生能源相关团体 REN21 （Renewable Energy Policy Network for the 21st Century） 2014 年白皮书，目前全球有 164 个国家制定了可再生能源补贴政策。据 REN21 统计，2014 年可再生能源设置量约为 135GW，累计设置达到 1712GW。2014 年全球对可再生能源（除输出功率超过 50MW 水电外）的新投资同比增长 17%，达到 2702 亿美元。据统计，2015 年，全球风电产业新增装机 63013MW，同比增长 22%，到 2015 年年底，全球风电累计装机容量达到 432419MW，累计同比增长 17%。比如，在挪威买电动车可免销售税和 25% 的增值税，以及降低每年的执照费，在挪威进口电动车会免除进口关税。日本实施"绿色税制"，对购买纯电动汽车、混合动力车、清洁柴油车，可免除 100% 的重量税和取得税，个别车辆还有 50% 自动车税的减免。美国试图利用新能源稳固霸主地位，把对未来的战略产业设想纳入宏观规划，把目标重点锁定在以新能源为核心的战略性新兴产业上，2008

年在全球新能源领域的资金投入就高达 1200 亿美元。虽然对新能源构想的核心部分是核能，而太阳能、风能、生物质能、地热能、海洋能等开发仍将保持着持续快速发展势头（郝彦菲，2010）。奥巴马政府推出的"美国复兴与再投资计划"，计划 3 年内实现美国可再生能源产量倍增目标；2015 年新增 100 万辆混合动力汽车；2025 年风能和太阳能发电量达 25%。

2.1.2　重庆能源绿色低碳发展的国内环境

1. 国内能源的供应环境

一是我国煤炭储藏供应状况。煤炭作为我国基础能源和工业生产原料，国内煤炭资源较为丰富，根据原国土资源部《中国矿产资源报告》（2016）显示，截至 2015 年年底，中国煤炭查明资源储量 15663.1 亿吨，仅次于美国和俄罗斯，我国的能源资源禀赋决定了煤炭资源在能源结构中的主体地位短期内无以替代。煤炭资源分布呈现"北多南少，西多东少"的特点，煤炭资源的分布和消费区分布极不协调。煤炭主要分布在华北和西北地区，南部地区相对较少，新疆、内蒙古分别占 34.4% 和 26%，煤炭以低质烟煤为主，低质煤占 42.25%，贫煤和无烟煤占 17.28%。根据我国煤炭业发展受资源丰蕴程度、地质开采条件、自然灾害、生态环境、水资源和经济运输等方面的因素制约，未来一段时期，我国煤炭每年科学产能规模按保守估计将在 38 亿吨左右。

二是我国石油储藏供应状况。根据原国土资源部公开发布的 2013 年全国油气资源动态评价成果，全国常规石油地质资源量 1085 亿吨、可采资源量 268 亿吨，与 2007 年的评价结果相比，地质资源和可开采量分别增加了 320 亿吨、56 亿吨，分别增长了 42% 和 26%；已累计探明 360 亿吨，探明程度 33%，处于勘探中期。截至 2014 年年底，全国石油累计采出 62 亿吨，剩余可采资源量分别为 206 亿吨。我国石油储量仅占世界储量的 2%，石油储采比仅为 14.9。随着经济的发展，国内石油供应矛盾日益突出。自我国 1993 年成为石油纯进口国以来，进口量逐年增加（见表 2.2）。《世界能源中国展望（2015—2016）》预计，由于我国经济的高速增长和交通发展的拉动，我国原油需求年增长率为 3%，石油消费增量主要依靠进口来满足，预计 2030 年石油进口占整个石油需求量的份额将从 2001 年的 34% 增加到 82%。

表 2.2　　　　　　　　　**我国 2002—2013 年石油净进口量**　　　　（单位：万吨）

年份	2002	2003	2004	2005	2006	2007	2008	2009	2010	2011	2012	2013
生产量	16700.0	16960.0	17587.3	18135.3	18476.6	18631.8	19044.0	18949.0	20301.4	20287.6	20747.8	20991.9
净进口	8130.1	10648.8	15050.7	14275.1	16826.8	18475.1	20069.9	21725.8	25358.2	27476.7	29204.5	30088.1

资料来源：中国能源统计年鉴。

三是我国天然气储藏供应状况。全国常规天然气地质资源量为 68 万亿 m^3，可采资源量 40 万亿 m^3，与 2007 年评价结果相比，分别增加了 33 万亿 m^3、18 万亿 m^3，分别增长了94%和82%；已累计探明12万亿 m^3 ，探明程度18%，处于勘探早期。截至2014年年底，我国天然气累计采出1.5亿 m^3 ，剩余可采资源量为38.5万亿 m^3 。我国天然气主要集中在西部，约占全国总量的6%，目前天然气储采比49.3。

四是我国煤层气和页岩气储藏供应状况。原国土资源部2016年6月发布的《2015年全国油气资源动态评价成果》显示，我国埋深2000米以浅的煤层气地质资源量约为36.8万亿 m^3 ，居世界第三位。全国大约有41个含气盆地，鄂尔多斯盆地、沁水盆地、吐哈盆地等为煤层气资源储量前十位的含气盆地，占总资源量的86%，排名前八位的盆地煤层气资源量都在1万亿 m^3 以上，鄂尔多斯盆地煤层气资源量高达10.8万亿 m^3 。但由于我国地质构造复杂，储层渗透率普遍较低，给煤层气勘探开发带来了很大困难，据统计，2009年我国煤层气开采总量为12.5亿 m^3 ；2014年煤层气产量为36.97亿 m^3 ，同比增长26.3%。我国页岩地层在各地质时期发育十分充分，形成了海相、陆相及海陆交互相多种类型富有机质页岩层系。我国海相沉积分布面积多达300万 km^2 ，海陆交互相沉积面积200多万 km^2 ，陆上海相沉积面积约280万 km^2 ；据美国能源部估计，我国主要盆地和地区页岩气可采资源量约为31.4万亿 m^3 ，高于美国储量（张大伟，2011）。《页岩气发展规划（2016—2020年）》数据显示，2012年，中国首次页岩气产量为2500万 m^3 ，2013年的产量为2亿 m^3 ，2014年页岩气产量12.5亿 m^3 ，同比增长530%。根据国家能源"十二五"规划，到2015年，中国页岩气产量应达到65亿 m^3 ，到2020年增至500亿 m^3 。

五是我国电力资源和供应状况。中国水电资源储量居世界首位，在1万kW及以上河流上的水力资源理论蕴藏量年发电量为6.08万亿 $kW \cdot h$ ，平均功率为6.94亿kW，技术可开发年发电量为2.47万亿 $kW \cdot h$ ，全国水力发电已开发量占技术开发总量的70%左右；全国水力资源集中分布在大江大河干流，便于建立水电基地实行战略性集中开发，水电资源时间分布不均需要建立水库进行调节，区位分布不均需要西电东输。经济相对落后的云、贵、川、渝、陕、甘、宁、青、新、藏、桂、蒙等12省市水利资源约占全国总量的81.46%，西南的云、贵、川、渝、藏就占66.7%，中部的黑、吉、晋、豫、鄂、湘、皖、赣等8省占13.66%，其余东部11个省市占4.88%。水利资源技术可开发量居全国前三位的四川、西藏、云南三省（自治区），其技术可开发量装机容量分别为12004万kW、11000.4万kW、10939.9万kW，分别占全国技术可开发量的22%、20%、19%。

中国风电资源根据全国900多个气象站将陆地上离地10m高度资料进行估算，全国平均风功率密度为100 W/m^2 ，风能资源总储量约32.26亿kW，其中可开发和利用的陆地上风能储量为2.53亿kW，近海可开发和利用的风能储量为7.5亿kW，共计约10亿kW。2015年中国风电新增装机容量达30500MW，累计装机容量超越欧盟的141.6GW，达到145.1GW。

我国属太阳能资源丰富的国家之一，全国总面积2/3以上地区年日照时数大于2000小时，年辐射量在5000 MJ/m^2 以上。据统计资料分析，中国陆地面积每年接收的太阳辐射总量为 $3.3 \times 10^3 \sim 8.4 \times 10^3 MJ/m^2$ ，相当于 2.4×10^4 亿吨标准煤的储量。到2015年年底，我国光伏发电累计装机容量4318万kW，排全球第一，年发电量392亿 $kW \cdot h$ 。

核电是比较清洁的能源，是中国能源供给侧结构性改革的重要选择。据中国核能行业协会的数据显示，2012年中国已在运行的核电站总共1280万kW，每年需天然铀2500t。

国内天然铀矿提供 850t，进口用量 1650t，到 2015 年，中国核电总装机达 4300 万 kW，每年需天然铀 6000~7200t。初步估算到 2020 年发展到 7500 万 kW，每年需天然铀 13000t 左右。如果每年进口铀 1.2 万 t，减去已消耗的铀，总共还有 10.5 万 t 铀的储备，可供 2020 年后运行 10 年。

2. 国内能源消费结构状况

在 2012 年 APEC 工商领导人会议上，中国海洋石油总公司能源经济研究院首席能源研究员陈卫东讲到，中国化石能源比例约占 92%，在一次能源消费中煤的比例高达 70% 左右。在电力结构中，2010 年燃煤发电量占发电总量的 80.8%，在 2010 年化工产品结构中，化工产品原料 60% 以上是煤炭资源。我国煤炭利用效率低，有 85% 的煤炭产量直接燃烧掉，通过煤化工等技术加工后清洁利用的较少；以煤为主的能源结构效率更低，通常比以油气为主的能源效率低 8%~10%，化石能源在使用的同时，会带来严重的污染。早在 2005 年原国家环保总局通报大气污染防治情况显示，我国 SO_2 排放量居世界第一位，酸雨的覆盖面积已达国土面积的 40%。改变以化石能源，特别是以高碳排放的煤为主的能源结构和以能耗大、污染重、消耗降幅慢的重化工业为主的产业结构在相当长时期是我们必须面临解决的难题。我国正处在能源供给侧结构性改革的关键时期，在社会经济发展的过程中，如果我们想要减少碳排放，应该优化人类生产和提高能源效率。所以能源绿色低碳发展，不仅是高碳能源低碳化，还要优化能源消费结构，提高能源效率等，这样才能在满足人类生产生活需要的前提下，尽量减少能源消费对环境的污染，做到人类与环境高度协调发展。

3. 国内能源绿色低碳利用的技术环境

能源绿色低碳利用技术涉及的方面和内容较多，这里主要对煤炭低碳利用和碳回收利用方面的技术作基本介绍。

一是燃煤清洁加工技术。燃煤的清洁加工技术主要包括煤炭洗选技术、型煤技术和水煤浆技术等。在煤炭洗选技术方面，由我国自行研制开发的洗选设备已满足年处理能力 400 万 t 及以下选煤厂建设的需要，不同厂型、不同煤质、不同选煤工艺的跳汰机、重介质分选机、无压入料重介质旋流器、浮选机等许多设备已形成系列，接近或达到国际先进水平。在型煤技术方面，我国的民用型煤技术已达到国际先进水平，拥有机械化加工生产线。在水浆煤技术方面，我国在煤炭成浆性研究及评价、难制浆低价煤的制浆技术、级配技术、制水煤浆专用磨机、磨矿过程的模拟预测及优化、添加剂技术等研制方面处于国际前沿水平。

二是煤炭洁净燃烧技术。这种技术主要包括流化床燃烧技术（CFBC）和气化联合循环一体化技术（IGCC）。我国循环流化床燃烧技术（CFBC）的研究开发基础较强，采用自有技术开发，已具备设计制造 410 t/h 以下等级循环流化床锅炉的能力，占据国内大部分 75t/h 等级以下的循环流化床锅炉市场。天津气化联合循环一体化技术（IGCC）是我国第一个、世界第六个 IGCC 电站。工程采用华能自主研发的具有自主知识产权的2000t/d 级两段式干煤粉气化炉，全厂装机容量 265MW，全年可为社会提供约 12 亿 kW·h 的洁净电能。

三是煤洁净高效转化技术。也即现代煤化工技术，它是以煤热解、气化为基础，以一碳化学为主线，以单元过程优化集成为途径，生产如天然气、合成油、甲醇、二甲醚、烯烃、精细化学品等各种替代燃料和化工产品。这种技术的原理主要基于煤既是高碳能源又是碳氢资源。如，利用气化煤气中的 CO_2 和焦炉煤气中富含的甲烷，在特定条件下的重整反应制取合成气，进而生产醇醚燃料和电力。按照这一思路，对煤炭从开采洗选，通过焦化、气化、液化等组成的化工产品链，与发电、供热、污水处理、建材等集成优化，就可形成循环经济型的煤炭资源化工，最终达到全面清洁高效利用煤炭资源的目的。目前，煤制烯烃项目因可以获得高产品附加值和高回报的化工产品，引起不少企业兴趣，它以煤为原料，经过煤气化、合成气净化、甲醇合成、甲醇制烯烃等过程，最终生产聚烯烃或烯烃衍生物。国内技术主要有西北化工研究院多元料浆加压气化技术、华东理工大学兖矿国拓多喷嘴对置式水煤浆气化技术、清华大学的分级气化技术、航天科技装备工程技术公司的 HT-L 气化技术、西安热工研究院的两段干煤加压气化等。神华集团 60 万 t/a 的煤质烯烃项目还获得了自主知识产权。

四是烟气净化技术。烟气净化技术指对煤炭燃烧产生的粉尘、SO_2、NO_x 及 CO_2 等有害物质的治理或减排技术，国内烟气脱硫技术主要有干法、半干法和湿法三种，其中我国90%以上的烟气脱硫工程采用的是石灰石-石膏湿法脱硫工艺，该方法具有技术成熟、脱硫率高（可达95%以上）、烟气处理量大、煤种适应性强、吸收剂利用率高（≥90%）等的优点；对氮氧化物排放的控制措施主要是采用低氮氧化物的燃烧技术与尾部烟气脱硝处理相结合的方式，尽可能最大化地去除其中的氮氧化物；而对 CO_2 的治理措施是通过捕获、埋存技术（CCS）收集液态 CO_2，然后进一步综合利用，未来最具发展前景的技术是利用 CO_2 提高石油采收率（EOR），目前正处于工程示范阶段。

五是煤层气利用技术。煤层气是吸附在煤层中以甲烷为主要成分的非常规天然气，主要成分是甲烷，开采煤层气对于优化能源结构、保护环境、促进煤矿安全生产等方面均有重大意义。我国煤层气主要用于发电、煤层气化工和煤层气液化，民用和工业燃气占80%。我国民用煤层气有两类供应系统，一类是低压一级供应系统，煤层气压力维持2000Pa 以上；另一类为中、低压供应系统，煤层气压力介于中压和低压之间，其中中压为 35000Pa，低压为 2000Pa。煤层气发电主要有燃气轮机发电、汽轮机发电、燃气发动机发电和联合循环系统发电，以及热电冷联供煤层气发电。煤层气化工主要以高浓度煤层气为原料生产炭黑、甲醛、甲醇和化肥等化工产品。煤层气液化可用于液化天然气燃料（LNG），体积只有同量气态煤层气的 1/625。我国煤层多为低渗透储层，开发难度较大，涉及开发井网技术、煤层气井高效完井技术和煤层气高效增产技术。

六是碳捕集与封存技术（Carbon Capture and Storage, CCS）。该技术是指通过碳捕捉技术，将工业和有关能源产业所生产的二氧化碳分离出来，再通过碳储存手段将二氧化碳储存起来。二氧化碳捕集、利用与封存技术（Carbon Capture, Utilization and Storage, CCUS），是 CCS 技术的新发展趋势，即把生产过程中排放的二氧化碳进行提纯，继而投入新的生产过程可以循环再利用，而不是简单地封存。根据工程技术手段的不同，可分为 CO_2 地质利用、CO_2 化工利用和 CO_2 生物利用等。其中，CO_2 地质利用是将 CO_2 注入地下，进而实现强化能源生产、促进资源开采的过程，如提高石油、天然气采收率，开采地热、深部咸（卤）水、铀矿等多种类型资源。

4. 能源发展国内政策环境

早在 20 世纪 80 年代初，国家就提出了"开发与节约并举，把节约放在首位"的发展方针。2006 年，中国政府出台《关于加强节能工作的决定》。2007 年，出台《节能减排综合性工作方案》，实施"十大节能工程"，推进工业、建筑、交通等重点领域节能，推动燃煤工业锅炉（窑炉）改造、余热余压利用、电机系统节能、建筑节能、绿色照明、政府机构节能。2011 年，中国发布了《"十二五"节能减排综合性工作方案》，把降低能源强度、减少主要污染物排放总量、合理控制能源消费总量工作有机结合起来，形成"倒逼机制"，推动经济结构战略性调整，全面建设资源节约型和环境友好型社会。

2012 年《中国的能源政策》白皮书提出，中国能源必须走科技含量高、资源消耗低、环境污染少、经济效益好、安全有保障的发展道路，实现节约发展、清洁发展和安全发展，必须坚持节约优先、立足国内、多元发展、保护环境、科技创新、深化改革、国际合作、改善民生的原则。提出到 2015 年，中国非化石能源占一次能源消费比重达到 11.4%，单位国内生产总值能源消耗比 2010 年降低 16%，单位国内生产总值 CO_2 排放比 2010 年降低 17%；承诺到 2020 年非化石能源占一次能源消费比重将达到 15%，单位 GDP 的 CO_2 排放比 2005 年下降 40%~45%。提出全面推进能源节约、大力发展新能源和可再生能源、推动化石能源清洁发展、提高能源普遍服务水平、加快推进能源科技进步、深化能源体制改革、加强能源国际合作等一系列能源发展政策措施。

国家能源局《2014 年能源工作指导意见》（以下简称《意见》）指出，围绕确保国家能源战略安全、转变能源消费方式、优化能源布局结构、创新能源体制机制等四项基本任务，着力转方式、调结构、促改革、强监管、保供给、惠民生，以改革红利激发市场动力活力，打造中国能源"升级版"，为经济社会发展提供坚实的能源保障。《意见》提出，要提高能源效率，2014 年单位 GDP 能耗为 0.71 吨标准煤/万元，比 2010 年下降 12%；优化能源结构，2014 年，非化石能源消费比重提高到 10.7%。

《意见》有针对性地提出一系列政策措施。如，在能源消费方面，要转变能源消费方式，推行"一挂双控"措施，将能源消费与经济增长挂钩，坚持能源消费总量和能耗强度双控考核，对高耗能产业和过剩产业实行能源消费总量控制强约束，控制能源消费过快增长。在优化能源结构方面，降低煤炭消费比重，严格控制京津冀、长三角、珠三角等区域煤电项目，有序实施"煤改气"；加快推进油品质量升级，确保 2015 年底前京津冀、长三角、珠三角等区域内重点城市供应国五标准的车用汽、柴油，2017 年底前全国供应国五标准的车用汽、柴油；提高天然气供气保障能力；停止核准新建低于 30 万 t/a 的煤矿和低于 90 万 t/a 的煤与瓦斯突出矿井；逐步淘汰 9 万 t/a 及以下煤矿，加快关闭其中煤与瓦斯突出等灾害隐患严重的煤矿，继续推进煤矿企业兼并重组。在发展清洁能源促进能源绿色发展方面，坚持集中式与分布式并重、集中送出与就地消纳结合，稳步推进水电、风电、太阳能、生物质能、地热能等可再生能源发展，安全高效发展核电。在优化能源布局方面，按照"安全、绿色、集约、高效"的原则，推进煤炭煤电大基地和大通道建设，重点建设 14 个大型煤炭基地、9 个大型煤电基地、12 条 "西电东送" 输电通道，优化能源发展空间布局，提高能源资源配置效率。在提高能源绿色低碳化技术方面，坚持以重大项目为载体，以政府为主导、以企业为主体，建立政、产、学、研、用相结合的自主创新体制机制，大力推进能源科技创新，推动能源装备国产化，打造能源科技装备 "升级版"。在推进能源体制机制改革方面，鼓励和引导民间资本进一步扩大能源领域投资；积极推进电能直接交易和售电侧改革，推动探索有利于能效管理和分布式能源发展的灵活电价机制，推进输配电价改革，提出单独核定输配电价的实施方案；稳步推进石油天然气改革，认真研究油气管网投资体制改革方案，促进油气管网尤其是天然气管网设施公平接入和开放，推动完善的油气价格机制，理顺天然气与可替代能源的比价关系；加快煤炭改革，以清费立税为主线，清理整顿涉煤收费基金，加快推进煤炭资源税从价计征改革等。

2.2 重庆能源供应情况分析

总体来看，重庆能源 "贫煤、少水、有气、无油"，属一次能源匮乏地区，自有能源的开发潜力有限，这和西南周边其他省份反差较大。

2.2.1 重庆煤炭生产及其供应

长期以来，煤炭在重庆能源消费结构中占据较大比重。"十一五" 期间，重庆煤炭基本实现自给自足，保障了重庆社会经济发展对煤炭的需求。"十一五" 后期到 "十二五" 时期，重庆煤炭产需已处于临界平衡状态。

重庆是煤炭资源贫乏地区，截至 2012 年年底，重庆市累计探明煤炭储量 49.8 亿 t，保有资源储量 32.56 亿 t，现有矿井占用保有资源储量 21.86 亿 t，其中重庆能源投资集团公司下属的五大矿业公司共占用保有资源储量 14.52 亿 t，其余小型矿井共占用保有资源储量 7.34 亿 t。其中最低可采厚度为 0.2m，0.3m 以下的资源储量约 1 亿 t，主要分布在渝东北三峡库区城镇群和渝东南武陵山区城镇群。

重庆地处四川盆地东部，煤系地层构造复杂，断层、褶皱发育，开采技术条件较差，瓦斯、自然发火、煤尘、水害和顶板等灾害较严重，是全国七个煤矿灾害治理重点地区之一，特别是瓦斯灾害治理难度堪称全国之首。与近水平煤层开采相比，倾斜与急倾斜煤层的开采，机械化采煤的难度更大，顶板事故多发。稳定型煤层极少，绝大多数为较稳定、不稳定煤层，不能有效布置正规工作面连续开采。重庆辖区内的含煤地层，虽然分布较广，有 29 个区县生产煤炭，煤矿煤层赋存条件差，主要体现在煤层薄、煤质差且煤层瓦斯含量大，自然条件严重制约着矿井的生产规模提升和安全生产条件改善。五大国有矿业公司所属煤矿开采的煤层中，有一半是中厚煤层 (1.3~3.5m) 外，其他所有乡镇小煤矿和地方国有煤矿，基本上开采的是薄煤层 (小于 1.3m) 和极薄煤层 (小于 0.6m)，全市 70% 的小煤矿开采 0.6m 以下的极薄煤层，这是导致重庆地区煤矿生产规模小的主要原因。

为有效保障重庆市的煤炭供应，市政府 2004 年组建了重庆煤炭集团，整合市内国有煤炭生产企业，对市内未开发的煤炭资源新建煤矿 (先后开工建设张狮坝 55 万 t/a、兴隆煤矿 45 万 t/a、盐井一矿 55 万 t/a、梨园坝煤矿 55 万 t/a、丰盛一矿 55 万 t/a、盐井二矿 55 万 t/a、小鱼沱煤矿 60 万 t/a 等七对矿井），对生产矿井进行技改扩能，将煤炭产量由组建煤炭集团当年的 953 万 t 增加到 2013 年的 1464 万 t，净增 511 万 t，增长 54%。重庆煤炭集团（2008 年后的重庆能源集团）按照市政府要求，进入贵州、云南和新疆占领一定煤炭资源，目前在贵州黔北占有动力煤资源 4 亿 t，在贵州毕节占有动力煤资源 8 亿 t；在云南曲靖占有炼焦煤资源 6 亿 t；在新疆哈密占有优质动力煤资源 19 亿 t，为今后的市外煤炭进入重庆奠定了基础和条件。

随着重庆经济的高速增长，为进一步保障重庆能源供应，市政府 2006 年年底将原建设投资公司和燃气集团整合为重庆能源投资集团，2007 年年底将重庆煤炭集团并入重庆能源投资集团，从煤炭、电力、燃气等方面整体保障重庆能源供应。2011 年，市政府面对严峻的电煤保障形势，组建了重庆能源集团全资的重庆电煤储运集团，要求建立市级储煤基地，常态储煤 100 万 t，市财政每年安排一定额度的预算，对电厂使用市外调入煤炭和市级储煤进行补贴，确保了电煤紧张时重庆不拉闸限电，有效地支撑了重庆经济社会的协调发展。

但近年来全市煤炭供需矛盾仍然较为突出。按照国家的统一布置，重庆关闭小煤矿，推进煤矿企业兼并重组工作取得较大进展。截至 2014 年年底，重庆有煤矿 617 个，煤矿数量位居全国第 6 位（前 5 位依次为云南、黑龙江、湖南、贵州、四川）。全市煤矿产量近 3200 万 t，占全国的 0.80%。在 617 个煤矿中开采倾斜煤层和急倾斜煤层的有近 500 个，占全市煤矿总量的 80% 以上。全市现有煤矿平均产能 7.8 万 t/a，远低于全国 30 万 t/a 的平均水平。剔除乡镇小煤矿和地方国有煤矿，全市市属国有煤矿合计核定产能 1705 万 t/a，每个矿平均产能仅有 40.6 万 t/a。随着关闭小煤矿力度加大，预计 2015 年底全市有煤矿 509 个，其中 6 万 t 及以下的 352 个，9 万 t 的 80 个，9 万 t 以上的 77 个（其中 30 万 t 以上的 38 个）。

由于资源接续不足和资源枯竭煤矿的关闭，煤炭生产能力呈逐年下降。全市煤炭年产量基本保持在 4000 万 t 左右（表 2.3），但需求逐年递增，每年以 500 万 t 增量增加。2010 年煤炭产量约 4550 万 t，需求量 5000 万 t，缺口 450 万；2012 年全市煤炭消耗约 5500 万 t，净缺口 1700 万 t；2013 年全市煤炭消耗约 7100 万 t，净缺口 3000 万 t 左右；到 2015 年煤炭产量 4055 万 t，需求量 7300 万 t，缺口达 3300 万 t 左右，有赖于国家安排市外省区调运煤炭入渝，才能保障重庆市"十二五"时期社会经济高速发展对煤炭的需求。

表 2.3　　　　　　　　　重庆市 2004—2013 年煤炭产量统计表　　　　　　（单位：万 t）

年份	总产量	其中：重庆能投公司		其中：区、县（自治县）	
		产量	占总量（%）	产量	占总量（%）
2004	3423	953	27.8	2470	72.2
2005	3313	1020	30.8	2293	69.2
2006	3818	1066	27.9	2752	72.1

续表

年份	总产量	其中：重庆能投公司		其中：区、县（自治县）	
		产量	占总量（%）	产量	占总量（%）
2007	4182	1144	27.3	3038	72.7
2008	4207	1244	29.6	2963	70.4
2009	4280	1291	30.16	2989	69.84
2010	4547	1312	28.85	3235	71.15
2011	4465	1366	30.59	3099	69.41
2012	4420	1407	31.83	3013	68.17
2013	4300	1464	34.05	2836	65.95

资料来源：重庆市能源投资集团有限公司。

2.2.2 重庆油料生产及其供应

（1）油料生产。重庆是一个贫油地区，历年来生产的原油非常少，一次性石油产量几乎为零，对于重庆油料的供应没有任何作用。另外，根据油藏资源的调查分析，到目前为止没有在重庆地区发现储量丰富、具有开采价值的油藏区块。因此，"十三五"期间，重庆本地原油生产量对于重庆油料供应所起作用为零。

（2）油料的外部供应。从油料消费看，重庆每年从外部市场渠道（主要从中石油、中石化公司）获得的油料不断增长。成品油供应量 2005 年为 251 万 t，2009 年到 2011 年间，重庆从外部供应的油料增长了 66.09%，达到 638.43 万 t。2013 年成品油供应量达到 640 万 t。

（3）石油管道供应。第一，中国石化重庆-綦江成品油管道。管道全长 144km，从遵义中间分输泵站出站后经松坎镇，在酒店村到达贵州边界。在重庆綦江华嘴村进入重庆，途经羊角—早渡—兴隆场—扶欢场—盖石洞—三江—北渡—新场—杜市场—一品场。管线向东穿越长江后，到达位于长江东岸边的唐家沱油库，即管道终点重庆末站。该管道设计输量 400 万 t/a（2018 年），全线采用密闭顺序输送工艺，顺序输送 93#、97#汽油和 0#柴油，更好地满足重庆地区成品油市场供应。第二，中缅石油管道项目。我国政府为了保障能源安全，通过与缅甸政府协商，从缅甸胶漂铺设石油管道，途经我国的云南、贵州等省市，最后终点直达重庆长寿，全长 7600 多千米。中缅原油管道设计能力为 2200 万 t/a，云南省安宁市草铺镇 1000 万 t/a 炼油项目是中缅原油管道的配套工程，项目建成后重庆长寿将获得 1200 万 t/a 炼油项目，为重庆未来油料供应提供有力保障。目前，重庆境内成品油管道里程达 450 千米，下载能力达到 650 万 t/a。

（4）油库建设。为了保障能源安全，2011 年 7 月重庆推出了"战略性石油储备计划"，补贴各储油单位储油 40 万 t，可保障 30 天正常需求。其中，中石油重庆销售公司、中石化重庆分公司、国家储备局在渝相关单位和重庆城投公司分别储备 9 万 t、6 万 t、15

万 t、10 万 t。另外，政府也在鼓励民营加油站储备油料，2011 年 4 月，重庆涪陵区石油成品油协会曾召集 60 家民营加油站（含 30 家周边地区加油站），联合建设了一个储量为 10 万 t 的成品油油库。此外，东银壳牌在渝北洛碛规划了 1.5 万 m³ 的储备油库，其成品油年周转量可达 10 万 t，如果该油库将来扩容，预计 5 年内周转量可达 20 万~30 万 t。

（5）加油站建设。截至 2015 年年底，我市有成品油批发企业 38 家；成品油仓储企业 8 家；油库 27 座；加油站 1522 座（加油站 1456 座、加油点 32 座、水上加油站 34 座），其中中石油加油站 532 座，中石化加油站 279 座，其他国有加油站 78 座，民营加油站 591 座，中外合资加油站 42 座。2015 年成品油消费量 772.9 万 t，其中汽油消费量 308.9 万 t，占 40%，柴油消费量 388.9 万 t，占 50.3%，煤油消费量 75.1 万 t，占 9.7%。

"十二五"时期重庆获得成品油输供给量达到 800 万 t，供给能力比 2010 年提高了 73.91%，预计未来远景供应可达 2000 万 t 以上（表 2.4）。

表 2.4　　　　　"十二五"时期规划及未来重庆成品油可能获得的供应量　　　（单位：万 t）

公司或项目	"十二五"时期规划供应量	未来远景供应量
中石油、中石化	600~800	1000
重庆-綦江成品油管道	300	400
东银壳牌	20~30	30
陕西延长石油集团	35	
中缅石油管道（中亚管道）	—	500~8000
民营	5~10	10
合计	1500~1750	2000~2300
储备	100	200
总计	1600~1850	2200~2500

2.2.3　重庆天然气生产及其供应

重庆是我国陆上天然气资源最为丰富的地区之一，从 20 世纪 60 年代就开始天然气的勘探、开发和利用。目前，中国石油西南油气田分公司（下称中石油西油公司）和中国石化江汉油田分公司（下称中石化江汉公司）在重庆从事天然气资源的勘探、开发和集输。重庆作为天然气利用较早的地区，城市燃气和工业企业对天然气依存度都非常高。城市居民中天然气用户数超过 400 万户，城镇天然气气化率达到 74% 左右，处于全国较高水平；依托天然气资源，重庆布局了一大批以天然气为基础原料的化工产业，80% 的工业企业生产与天然气有关，其用气量占工业总用气量的 60% 以上；重庆推广 CNG 作为车用燃料已经有十多年时间，目前主城区 95% 以上的公交车和 90% 以上的出租车都使用天然气作为燃料。

（1）重庆天然气的开采。2004 年以来，重庆气矿的天然气产量从 50 亿 m³ 跃上 60

亿 m^3，再迅速突破 70 亿 m^3 大关，2007 年天然气产量突破 76.45 亿 m^3。但是，天然气老气井产量衰减较快，而新气井的开采和新增产量只基本填补了衰减量，因此，2010 年，重庆气矿生产量仅为 60 多亿 m^3。另外，根据 2010 年调查统计，重庆天然气储量较为丰富。重庆天然气主要分布在梁平县、垫江县、万州区、长寿区等一带，储量较为丰富，总面积超过 3 万 km^2，累计探明可开发储量 3200 亿 m^3，未来探明储量将达到 6000 亿 m^3，年产量将达到 100 亿 m^3。

（2）天然气的供应。重庆已与中石油和中石化建立战略合作增强全市天然气供应的保障，建成中石化"川气东送"重庆支线引入中石化气源，建成中石油中卫至贵阳天然气管道（重庆段）引入中亚和缅甸天然气，实现南北互通、双气源保障。根据对重庆天然气生产量的分配，目前产量中约有一半供给重庆，2010 年中石油、中石化全年供给重庆市天然气约 58 亿 m^3，其他供应量来自外部的市场供应。全市 39 个区县（含万盛经济开发区）均使用上了天然气。重庆市从本地生产和外部市场获得的天然气供给量如表 2.5 所示。

表 2.5　　　　　　　　　　　　重庆市近年天然气供给量　　　　　　　（单位：亿 m^3）

年份	2007	2008	2009	2010	2011	2012	2013	2014
天然气	43.53	48.75	49.46	56.42	61.64	70.76	71.79	81.63

资料来源：根据重庆市统计年鉴 2011 年数据分析获得，0.1 亿 m^3 = 1.33 万吨标准煤。

（3）天然气输配项目。近年来，重庆实施了一系列天然气输配工程项目建设，为保障天然气供应奠定了基础。一是"县县通"工程。该项目总投资 80 亿元，按照规划到"十二五"期末，将建成覆盖全市 38 个区县的天然气管道，实现"气源管输化，终端用户管网化"；同时对已通气区域天然气管网进行完善，进一步提升全市天然气调峰和供气保障能力，建成后预计重庆天然气年供应量将达 50 亿 m^3。二是忠武线工程。该管线是重庆至武汉的输气管线，2004 年以来重庆所产天然气除重庆本地使用外，还外输到云、贵、川、湘、鄂等省。但是 2008 年开始，由于自产气量下降，需求量大幅上升，产气量无法满足需求。从 2012 年开始，中石油停止了川渝地区向湘、鄂地区供气，反而利用忠武线把中亚天然气向川渝反向输气，但由于输气能力有限，仍然无法根本解决重庆供气不足的矛盾。三是中贵输气管线工程。该管线北起宁夏中卫首站，经甘肃、陕西、四川、重庆至贵阳末站，线路全长 1613 千米，输气能力 150 亿 m^3/a。中贵输气管线进入重庆后，重庆市铜梁、江津区分别与西油公司大口径输气干管北外环、北干线、北内环和南干线连接，同时，通过各区县预留分输口及相国寺地下储气库，与现有终端管网连接，可以为沿途用户提供稳定气源。2012 年 7 月，中贵输气管线完成全部验收，正式开始向外供气，最大输气量可以达 1200 万 m^3/d。中贵线输气能力是忠武线的 3~5 倍，可以将中石油西油公司的供气总量提高 30%~50%，能较长时间内满足重庆天然气需求。四是川维支线工程。该管道的气源来自普光气田，俗称"川维支线"，并分支到南川和涪陵区。不过，普光气田原计划年产气 130 亿 m^3，但实际产能远低于这一数字。因此此前中石化计划在 2010 年输往重庆 20 亿 m³ 的天然气的供气计划也随之缩减，变为 10 亿 m³。

（4）天然气储备。重庆建成西南首座天然气地下储气库——相国寺地下储气库，作为西气东输二线、宁夏的中卫到贵州省的贵阳联络线（简称：中贵输气管线），是中缅管道形成的国家环形管网的重要配套工程，由中国石油（CNPC）投资修建，总库容达 40.5 亿 m³，该工程位于渝北区和北碚区境内，其全部建成之后将承担中贵线季节调峰、事故应急、战略应急供气及川渝地区季节调峰、事故应急供气。目前已注入 33.6 亿 m³，实现第二周期采气调峰。

根据上述分析，预计未来，重庆市的天然气供应能力达 150 亿 m³ 以上（见表 2.6）。

表 2.6　　　　　　　　　**未来重庆天然气供给量能力**　　　　　　　　　（单位：亿 m³）

公司或项目	"十二五"期间供应量	未来远景供应量
中石油、中石化等	60	60
"县县通"工程项目	50（不计入供应量）	50（不计入供应量）
忠武线	20	50
中贵输气管线	50～100	50～100
川维支线	10	20
合计	140～180	170～220
储备	20	20
总计	160～200	190～240

注：中石油、中石化等主要指供应天然气的重庆销售公司。

2.2.4　重庆新兴油气生产及其供应

1. 页岩气的开发

页岩气作为一种清洁、高效的新能源，市场需求潜力大。2006 年年初，中国石油勘探开发研究院组织专家在四川盆地西南地区进行了页岩气资源调查研究。据体积法估算，中国页岩气资源量为 15 万亿~30 万亿 m³，与常规天然气相当，中国松辽、鄂尔多斯、吐哈、准噶尔等陆相沉积盆地的页岩地层，也有页岩气富集的基础和条件。专家认为，重庆市渝南、东南地区多为下寒武、下志留、中二叠三套地层，有形成大规模页岩气的可能，綦江、南川、武隆、彭水、酉阳、秀山和巫溪等区县是页岩气资源最有利的成矿区带。

重庆页岩气资源得天独厚。根据全国页岩气资源战略选区及评价工作预测，重庆页岩气分布面积约 7.6 万 km²，页岩气地质资源量约 12.75 万亿 m³，预计可采资源量达 2.05 万亿 m³，两项均列全国第三位，具有大规模开发利用的有利条件。优势区域集中在以綦江为起点，经万盛、南川、武隆、彭水、黔江、酉阳、秀山一线（图 2.1）。

按照有利页岩气发育的地层出露状况，同时适当考虑重庆市的行政区划，重庆页岩气

图 2.1　重庆页岩气开发路线图

资源分布可以划分为中部、渝东南、渝东北、渝西 4 个区，如图 2.2 所示。主要页岩气目标层系有 6 套：下震旦统陡山沱组、下寒武统牛蹄塘组/水井沱组、下志留统龙马溪组 + 上奥陶统五峰组、下侏罗统自流井组、上三叠统须家河组、上二叠统龙潭组（吴家坪组）。

　　一是中部（主要为涪陵、綦江、南川地区）。主要目标层系为下侏罗统自流井组、上三叠统须家河组，上二叠统龙潭组（吴家坪组）、兼顾下志留统龙马溪组 + 上奥陶统五峰组、下寒武统牛蹄塘组。二是渝东南（主要为彭水、秀山、酉阳、黔江）。目标层系为下寒武统牛蹄塘组、下志留统龙马溪组 + 上奥陶统五峰组。三是渝东北（主要为梁平、城口、巫溪、忠县、丰都）。主要目标层系为下寒武统水井沱组、下志留统龙马溪组 + 上奥陶统五峰组，兼顾下震旦统陡山沱组。四是渝西（主要为荣昌、永川、潼南、大足、璧山）。与中部类似，主要目标层系为下侏罗统自流井组、上三叠统须家河组，上二叠统龙潭组（吴家坪组）、兼顾下志留统龙马溪组 + 上奥陶统五峰组、下寒武统牛蹄塘组。

　　重庆市綦江区地理位置和资源优势独特，它处于云贵高原到四川盆地过渡区域，沉积地层齐全、页岩气埋藏浅，深度在 200～700m 之间，有利于开发。因此，原国土资源部 2009 年 10 月在綦江区启动了中国首个页岩气资源勘查项目。2010 年 6 月市国土房管局专门成立油气管理处，10 月国内首家国家油气资源与探测重点实验室与地方政府合作成立的页岩气研究中心——重庆页岩气研究中心挂牌成立。2011 年重庆地质矿产研究院和河南省煤层气开发利用有限责任公司合作，成立重庆豫顺新能源开发利用有限公司，对渝黔湘片区约 5000 亿 m³ 页岩气进行勘探并开发。2011 年 5 月，重庆与全球最大油气服务商——

图 2.2   重庆页岩气资源分布区划图

斯伦贝谢公司，签署了页岩气战略技术合作框架协议，打通了核心技术引进渠道，为页岩气开采开发提供了可具操作性的路径。2012 年 3 月 20 日，壳牌公司已经与中国石油签署了一份产品分成合同，将在四川盆地的富顺—永川区块进行页岩气勘探、开发及生产。2012 年 6 月，市政府与国家开发投资公司签署战略合作框架协议，国投重庆页岩气开发利用有限公司正式揭牌，国开投计划投资 300 亿元，依托重庆丰富的页岩气资源，在勘探、开发、利用等方面和重庆开展广泛深入合作，同时探索成立重庆市页岩气开发专项基金等。

从 2009 年至 2012 年 8 月，彭水、梁平、酉阳、黔江等地打出 7 口井。此后，我国页岩气勘探开发利用工作开始提速，到 2011 年年底，已先后打出 15 口页岩气试验井，其中有 9 口井已经出气。目前重庆页岩气年产能已突破 7 亿 m^3，成为全国页岩气开发的"主战场"，并被国家能源局确定为国家级页岩气示范区。中石化涪陵焦石坝取得了突破，2013 年已形成产能 5 亿 m^3，2014—2015 年，计划钻井 235 口，2015 年末形成产能 50 亿 m^3，产量 30 亿 m^3 规模。华能集团控股的重庆气矿产品开发公司，已完成酉阳区块的资质调查工作，今年计划实施一口试验井，摸清酉阳龙马溪和牛蹄塘两个层位的页岩气赋存情况。重庆能源集团页岩气投资公司，今年将投资 3 亿元，分别在黔江和酉阳境内实施1 口试验井，进一步了解页岩气在龙马溪组层位的赋存情况。根据未来页岩气的开发，其供应量在 13 亿~15 亿 m^3/a。"十二五"期间，重庆天然气产量达到 85 亿 m^3，已实现自给有余。

2. 煤层气的开发

煤层气（又称"煤层瓦斯"）是储存在煤层微孔隙和裂隙中的、基本上未运移出生气源岩煤体的煤成气，属典型的自生自储式非常规天然气藏。煤层气的主要成分是气态 CH_4，常温下热值为 $34\sim37MJ/m^3$，是一种高效洁净的气体燃料和重要的化工原料。

重庆煤层气资源储量十分丰富（陈飞等，2011）。据初步预测的 12 个含气块段，矿山垂深 600m 内煤层气资源为 $1.8806\times10^{10}\,m^3$（均为纯量），按垂深 1500m 预测，煤层气远景资源量为 $2.006\times10^{11}\,m^3$，资源总量达 $2.194\times10^{11}\,m^3$。重庆含煤地层时代较多，主要含煤地层为二叠系上统龙潭组、吴家坪组和三叠系上统须家河组，含煤地层受构造控制，呈明显的带状分布。煤层气分布主要集中在南桐、松藻、天府、中梁山和永荣 5 大矿区，预测储量为 588.16 亿 m^3（见表 2.7）。

表 2.7　　　　　　　　　　国有重点煤矿区煤层气资源预测储量

矿区名称	松藻	天府	南桐	永荣	中梁山	合计
煤层气资源预测储量（亿 m^3）	383.23	90.44	57.29	31.16	26.04	588.16

资料来源：重庆市能源投资集团有限公司。

在煤矿开采过程中，随着开采深度的加深，煤层中瓦斯含量急剧增加，煤矿瓦斯灾害就越加突出，南桐、天府、松藻、中梁山以及部分区县开采二叠系煤层的煤矿均为煤与瓦斯突出的高瓦斯矿井。为解决煤矿安全生产问题，从 20 世纪 60 年代初开始，先后建立了瓦斯抽放系统，进行边抽放边开采，年度瓦斯抽放量和利用量一直走在全国前列。截至 2010 年 9 月，4 个矿区年抽放量总计达 $5.21566\times10^9\,m^3$，2009 年抽放率为 37.65%～71.21%。但近两年随着国家煤层气产业的发展，井下抽采技术进步较快，重庆地区的抽采技术已相对落后，主要表现在中梁山煤田煤层气抽采量不够，南桐、永荣抽采煤层气浓度较低，南桐、松藻煤层气利用率较低等方面问题（见表 2.8）。大量没有被利用的煤层气均随矿井废气排放到大气中，直接造成大气污染。煤层气中的 CH_4、CO_2、SO_2 等气体是造成大气温室效应和污染的有害源，严重影响生态环境，同时煤层气还是煤矿井下开采的灾害诱因。

重庆各类煤矿近 1000 家，各矿井抽采的瓦斯，基本是以生产矿井所在地为中心点，供给矿井周围的居民和商业用户作燃料及用于发电。五大国有重点煤矿按矿井所在地分为 15 个片区，用户数共计 75818 户，其中民用 75305 户、商用 482 户、公共事业用 31 户。每年需供气量 10996 万 m^3，每日 30.18 万 m^3，峰值每日 31.02 万 m^3。

表 2.8　　　　　　　　　　重庆能源集团各矿区煤层气抽采利用情况

矿　井	2008—2010 年排空瓦斯量（$10^8\,m^3$）	2009 年抽放率（%）	2009 年利用率（%）
南桐公司	1.661055	37.65	82.68
天府公司	1.153017	51.28	90.19
松藻公司	7.299788	58.02	66.57
永荣公司	1.346508	36.31	96.78

矿　井	2008—2010 年排空瓦斯量（$10^8 m^3$）	2009 年抽放率（%）	2009 年利用率（%）
中梁山公司	0.849004	71.21	100.00
合　计	12.309372	54.45	87.24

资料来源：重庆市能源投资集团有限公司。

重庆市能源投资集团有限公司（简称"重庆能源集团"）在 2009—2012 年重点开展了 15 个煤层气综合利用项目建设。其中，煤层气净化提纯项目 2 个，年净化煤层气逐步达到 $2.5×10^8 m^3$；风排瓦斯综合治理项目 5 个，年处理 $1.314×10^{10} m^3$ 的风排瓦斯；瓦斯发电项目 6 个，建设瓦斯发电站 9 座，总装机为 34MW；煤层气设施、设备改造更新项目 2 个。重庆地区低浓度煤层气（6%~25%）已得到利用，但超低浓度的煤层气，如矿井乏风含有的煤层气浓度小于 1%，由于无法利用都直接排向了大气。

从上述来看，当前煤层气的供应量在 2.5 亿 m^3，如果按照重庆《关于煤层气（煤矿瓦斯）开发利用的实施意见》，重庆市煤层气抽采量达到 3 亿 m^3，利用率达到 90% 以上，则未来重庆市煤层气将新增供应量 0.5 亿 m^3。

2.2.5　重庆电力生产及其供应

重庆水力资源理论蕴藏量 2300 万 kW，占全国的 3.3%，其中可开发量为 820 万 kW，占全国的 2%。2013 年年底，重庆电网直调装机容量为 1116.275 万 kW，总装机规模达 1514 万 kW。其中火电 654.6 万 kW，占总装机容量的 58.64%（图 2.3），水电 441.85 万 kW，占总装机容量的 39.58%，风电 9.625 万 kW，占总装机容量的 0.86%，其他 10.2 万 kW，占总装机容量的 0.91%。2013 年，重庆统调电网最大负荷 1405 万 kW，同比增长 18.07%。统调用电量 666.16 亿 kW·h，同比增长 17.51%，市外购电 256.03 亿 kW·h。

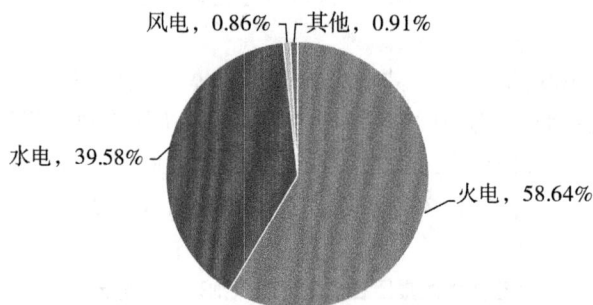

图 2.3　2013 年重庆市全市电力统调电厂装机情况

"十二五"期末，全市电力装机规模达到 2108.86 万 kW，比 2010 年增长 80.71%，其中水电 675.46 万 kW、火电 1410.40 万 kW。"千万千瓦"电源项目有序推进，合川电厂二期、石柱电厂、万州电厂、渝黔合作"点对网"习水二郎电厂一期等陆续建成投产。

重庆加快了实施农村电网改造升级。"十二五"期间改造 35kV 农村电网线路 1718 千米,改造率达到 20%;改造 10kV 农村电网线路 17085km,改造率达到 22%,农村电网供电可靠率达到 99.92%,国网供区农网改造率达到 100%。农村人均居民生活用电量达到 287kW·h,比 2010 年增长了 90%。城市电网升级改造同步推进,"十二五"期间电网从 220kV 向 500kV 过渡,建成 500kV "日"字形双环网,完成 5756.4km 110~500kV 线路建设,占总量的 30%。完成了 1469 个弃管小区电力设施改造。

2.3 重庆能源供应影响因素的分析

影响地区能源保障的因素非常多,从投资与生产、输送、炼化(净化)、再输送、市场销售等各环节都有很多因素影响,但是经过分析,当前对于重庆市而言,影响其能源保障的主要因素包括:投资、开采、市场供应、制度与节能技术等因素。这里着重以石油和天然气供应的相关影响因素为例进行分析。

2.3.1 投资因素

能源投资是实现能源可持续发展的基础。油气行业是重资本投入行业,不仅产业初期需要大量的资本投入,而且输配、运营环节也需要大量资金投入。特别是各地油气田地理条件、资源储藏、开采难易不同,不同的油气项目成本存在较大的差异。一般来说在投资的全部费用中,勘探费用占 10%~20%,开发费用占 40%~60%,生产费用占 20%~50%。然而,即使综合开发成本较低的项目,都需要巨大的资金投资,如勘探开发阶段,一般需要至少上千万元的资金量,因为一口钻井少则几百万元、多则几千万元甚至上亿元的投资。开发后,还需要大量资金建设输配管网及净化厂。如重庆初期开发的页岩气,尽管成功出气了,但是由于没有资金投资输送管道,部分气井只能作为零散气,没有办法集中输送到净化厂,快速到达消费市场。对这些零散气的常规处理方式主要是点火炬燃烧或放空,这不仅浪费资源,而且还增加碳排放和环境污染。特别是非常规油气开发技术难、周期长、风险大,收回投资的周期比常规油气资源更长,这不仅需要前期投入大量资金,另外还需要大量的资金抵御不可预测的市场风险。因此,投资因素是影响整体油气供应保障的关键因素之一。

2.3.2 技术因素

尽管中国油气开采技术经过半个多世纪发展,已经取得长足进步,但是同西方先进国家相比,总体上还存在 5 至 10 年的差距,国外公司的采油率一般在 30% 左右,而我国的采油率一般在 20% 左右。因此,提升油气开发技术,将提升油气产量,增加供给量。如 2009 年,重庆气矿所辖老气田产量在逐渐递减,而新井产能接替滞后,使天然气的高产稳产受到了一定影响,为了弥补天然气产量递减的损失,加快技术攻关和技术革新,推进重点项目施工,让新井和新设施快建快投,同时针对近 200 口老井,积极采用增压等相关措施进行强化开采。重庆气矿所属的各单位也利用新的采气工程软件,加强对气井、对井筒压力和临界携液量的计算分析,对生产异常气井及时提出改进措施,让 11 口老井恢复了生产，增加产量 1700 万 m³。2009 年年底，重庆气矿总增产天然气量达 1.35 亿 m³，其中一半以上供应给重庆，有效地保证了重庆天然气的供给安全。

2.3.3　市场因素

长期以来，我国油气供应主要是以中石油与中石化公司为主，且各自有主要销售区域，一定程度形成了寡头垄断市场。在加入 WTO 后，随着我国对外开放力度加大，油气产品市场结构发生了改变，形成了以国有或国有控股大石油石化公司为主导、几家欧美大跨国石油公司参加、部分民营企业参与的竞争格局。但是，现行的成品油价格机制存在"机制透明"与"调价滞后"的矛盾，导致不能完全通过市场来调节供给量，容易在需求旺季时，造成成品油供应紧张。

目前，重庆油气市场主要是中石油、中石化、龙禹、民生燃气等公司，而成品油的供应主要是中石油、中石化、龙禹三家公司，因此要保证重庆成品油市场的供应量，需要这三家公司针对不同的市场需求来供应。但是，由于资源具有垄断性质，往往难以通过市场保障成品油的供应。如，2005 年重庆市成品油市场供应偏紧，主要是受国际原油价格高位震荡和国内成品油资源短缺等因素影响。同时，重庆市石油经营企业普遍存在国内油价继续上调的心理预期，出现批发、零售以及消费等环节的惜售或囤积油料现象，影响了石油经营企业货源的正常组织、调运和储存，进而影响市场供应。另外，重庆市成品油供应合同执行较差，当成品油资源充足时，民营加油站绝大多数采取多渠道进货方式，不积极履行供应合同；同时，批发单位为了促销，均采取 1∶1.2～1∶1.5，甚至更高的柴汽配售，致使民营加油站难以兑现供应合同。当成品油供应偏紧时，民营加油站在无法从其他渠道进油时，便纷纷要求三大石油公司严格执行供应协议，而三大石油公司只按供应协议的平均兑现率供油，造成社会加油站限供或脱销。

在成品油市场，除了上述三家企业外，陕西延长、东银壳牌等公司进入重庆成品油市场，使成品油市场呈现竞争激烈化的状态，对此可以通过市场自身的调节来基本保障成品油的供应。

2.3.4　能效因素

2007 年重庆开始了《重庆市单位 GDP 能耗统计指标体系实施方案》和《重庆市单位 GDP 能耗监测体系实施方案》的建设和起草工作，它标志着重庆能源统计"三体系"建设的正式启动和实施。2008 年 6 月《重庆市人民政府关于批转重庆市单位 GDP 能耗统计指标体系实施方案和重庆市单位 GDP 能耗监测体系实施方案的通知》，从此确定了重庆市能源统计的总体框架，从能源生产、供应和消费等环节逐步建立健全了以全面调查、抽样调查和重点调查等相结合的、覆盖全社会的能源统计调查体系和实施全面的监测，客观、公正和科学地评价节能降耗工作进展，全面、真实地反映全市、各行业、各区县以及重点能耗企业的节能降耗进展情况和取得的成效。随后《重庆市部门能源统计报表制度》《重庆市能源统计数据部门联审机制》和《重庆市工业集团公司产业活动单位能源在地统计实施方案》等的制定，也极大地畅通了能源统计数据的调查和收集渠道，提高了能源统计数据的科学性与准确性，能源统计工作得到了有效整合，服务节能降耗的能力明显增强。

随着工业化、城镇化进程的加快推进，城乡统筹直辖市的加速推进，重庆经济、社会发展水平有了突飞猛进的提高，能源消费总量也随之大幅攀升，单位 GDP 能耗不断下降，能源利用效率稳固提升。重庆高度重视节能降耗，不断调整优化产业结构，即使在经济高速增长的情况下，"十一五"期间节能降耗工作也取得较大进展，成绩显著。全市单位 GDP 能耗一直保持下降态势，且降幅不断增大，2005 年单位 GDP 能耗为 1.42 吨标准煤；2006 年、2007 年、2008 年 GDP 能耗连续下降，分别为 1.37 吨标准煤、1.33 吨标准煤和 1.27 吨标准煤。2006 年比 2005 年下降 3.41%，2007 年比 2006 年下降 4.46%，2008 年同比下降 4.97%，综合对比，2008 年重庆市单位 GDP 能耗较 2005 年下降 10.8%，单位 GDP 能耗持续下降的良好势头进一步巩固。数据显示，2011 年，重庆万元 GDP 能耗在"十一五"期间下降 20.95% 的基础上，比 2010 年又下降 3.81%，降低至 0.953 吨标准煤；工业固废综合利用率 81.25%，达到全国领先水平。从 2006 年以来，全市累计组织实施重点节能工程 596 项，投资 134 亿元，实现节能量 350 万吨标准煤。一批如"水泥窑纯低温余热发电技术""变频器调速节能技术""冷却塔水动风机技术"等节能技术得到了推广应用，重点耗能行业的主要产品能耗下降幅度较大，能效整体水平得到提高。

2.3.5 制度因素

在现行能源供应体制下，政府是能源供应保障中的重要力量，主要包括制定管理制度、市场协调与节能管理。

第一，制定管理制度。为了保障能源供应及有效能源管理，重庆市政府制定了许多管理制度，如《重庆市天然气管理条例》《重庆市成品油市场管理暂行办法》《重庆市节约能源条例》《重庆市合同能源管理项目财政奖励资金管理实施细则》等众多法律法规。其中，《重庆市成品油市场管理暂行办法》重点是加强成品油市场监督管理，规范成品油市场秩序，维护经营者、消费者的合法权益；《重庆市节约能源条例》是为了推进全社会节约能源，提高能源利用效率和经济效益，保护环境，促进国民经济可持续发展；《重庆市合同能源管理项目财政奖励资金管理实施细则》是为加强合同能源管理项目财政奖励资金管理，促进节能服务产业发展。

第二，市场协调。政府与石油销售公司协调，保证了成品油的供应量，如 2005 年重庆市 93# 汽油脱销、"油荒"出现，重庆市商委紧急与中石油、中石化和龙禹三大石油公司的负责人协调，要求保障重庆市成品油的供应，随后三大石油公司表示将确保重庆市的成品油市场供应，做到不脱销、不断档、不超价；对加盟的社会加油站，严格按协议供应；对未签约的社会加油站，尽快签订供应合同，酌情调剂和安排年内后期的市场供应。同时，严肃销售纪律，禁止大单销售，有效缓解了成品油供应紧张的局面。2011 年重庆市政府油气办与中石油等 5 家相关单位签署《成品油应急储备协议》，10 月重庆柴油每天的需求量突然陡增，随后重庆市油气办紧急召开新闻发布会，声明每天从政府储备中调拨 1500t 柴油供应市场，有效地缓解了"油荒"局面。

第三，节能管理。2007 年，重庆市政府成立了重庆市节能减排工作领导小组，以全面贯彻落实科学发展观，加快建设资源节约型、环境友好型社会，扎实做好节能降耗和污染减排工作，确保完成节能减排约束性指标，推动经济社会又好又快发展。市节能减排工作领导小组下设办公室（简称市节能办），负责全市节约能源的日常工作；市统计局成立了能源资源统计处，围绕节能降耗工作目标，在提高能源统计数据质量、加强能源统计基层基础工作、建立能源统计指标监测与考核体系等方面开展大量的工作，为全市节能降耗工作的顺利开展做出强有力的保障性工作和基础性工作。市政府制定、颁布了一系列节能管理的法规，如 2008 年 6 月颁发的《重庆市人民政府关于批转重庆市单位 GDP 能耗统计指标体系实施方案和重庆市单位 GDP 能耗监测体系实施方案的通知》，确定了重庆市能源统计的总体框架。随后颁发的《重庆市部门能源统计报表制度》《重庆市能源统计数据部门联审机制》和《重庆市工业集团公司产业活动单位能源在地统计实施方案》等的制定，极大地畅通了能源统计数据的调查和收集渠道，提高了能源统计数据的科学性与准确性，能源统计工作得到了有效整合，服务节能降耗的能力明显增强。《重庆市建筑节能管理条例》等，则有效地促进了重庆市建筑的节能。2006 年比 2005 年下降 3.41%，2007 年比 2006 年下降 4.46%，2008 年同比下降 4.97%，综合对比，2008 年重庆市单位 GDP 能耗较 2005 年下降 10.8%，单位 GDP 能耗持续下降的良好势头进一步巩固（图 2.5）。重庆还采取了提高重点行业准入门槛、严格限制高耗能行业过快增长、强力淘汰落后产能、大力推进重点工业企业节能管理和技术改造、严格实施目标责任考核等一系列节能措施，工业节能降耗工作取得了显著实效。

另外，除了政府在能源保障中发挥重要作用外，能源管理制度也更好地发挥了有效保障能源安全的作用。能源管理制度主要包括能源市场规制法律制度和能源宏观调控法律制度两大类，前者包括能源市场准入制度，能源反垄断制度和能源效率标准、标识和认证制度；后者包括能源战略与规划制度、能源财税制度、能源金融制度、能源价格制度、能源储备制度和节约能源制度。

2.4　重庆能源消费情况分析

2.4.1　重庆能源消费现状的分析

重庆市直辖以来，全市能源工业取到了长足的发展，辖区内能源资源开发利用能力得到了很大提高，与周边省份的能源战略合作进一步加强，以电力为中心、煤炭为基础、天然气为补充的能源保障体系初步形成。然而，重庆能源输入受制因素多，能源价格洼地、能源市场配置机制以及经济承受能力等结构性矛盾长期存在。"十二五"时期重庆新增能源的需求大部分需从市外调入，能源对外依存度将接近 50%。

随着重庆经济的增长，从 1993 年起成品油需求平均每年增长 10% 以上，天然气平均每年增长 8% 以上，近年来存在较大的缺口，需要从市外购入。根据《重庆市统计年鉴 2015》数据测算，2014 年，重庆市生产总值达到 14262.6 亿元，能源消费总量为 7693.96 万吨标准煤，市外调入能源达 4261.88 万吨标准煤，市外调入量占能源消费总量的 55.39%，供需压力凸显。能源消费总量中，煤炭占 4508.09 万吨标准煤（58.59%），油料消耗 1085.68 万吨标准煤（14.11%），天然气消费 1034.39 万吨标准煤（13.44%），电力消耗 1065.8 万吨标准煤（13.85%）。2014 年重庆能耗强度为 0.659 吨标准煤/万元 GDP，CO_2 排放量约 6618 万吨。根据重庆市发展改革委员会数据显示，到"十二五"期末，全市能源消费总量达 8936.44 万吨标准煤，单位地区生产总值能耗 0.618 吨标准煤/万元，比 2010 年下降了 23.51%。非化石能源消费比重达到 13.5%，提高 3.65 个百分点。其中，煤炭消费比重降低到 61.79%，下降 7.41 个百分点；天然气消费比重提高到 11.55%，提高 1.16 个百分点。非化石能源消费占一次能源消费总量比重和水电装机容量比重均高于全国平均水平。可再生能源加快发展，风电装机 23 万 kW、生物质发电 15.4 万 kW，占全市装机容量的 1.82%，比 2010 年提高了 1.19 个百分点。

为便于研究，下面以重庆统计年鉴为基础，就重庆 1993—2014 年能源消费总量，煤炭、油料、天然气类化石能源消费总量，生产总值和能耗强度数据进行分析（GDP 数据按照 2000 年可比价转换而来）。1993—2014 年能源消费总量，由 1993 年的 1644.85 万吨标准煤，增长到 2014 年的 7693.96 万吨标准煤，年均增长率达到 7.26%（图 2.4）。能源消费与经济总量的总体变化趋势表明，随着重庆经济的高速发展，能源消费总量仍将保持一定的增长趋势，但增速减慢。在国家节能减排任务压力下、重庆产业结构升级，低碳、环保技术运用，能耗强度将会继续下降，但是近年来下降幅度有限。在能源消费总量（煤炭、油料、天然气和电力）中，煤炭、油料和天然气类化石能源消耗占绝大部分（图 2.4），因此，加强化石能源的可持续有效利用是降低能耗强度的重要途径之一。

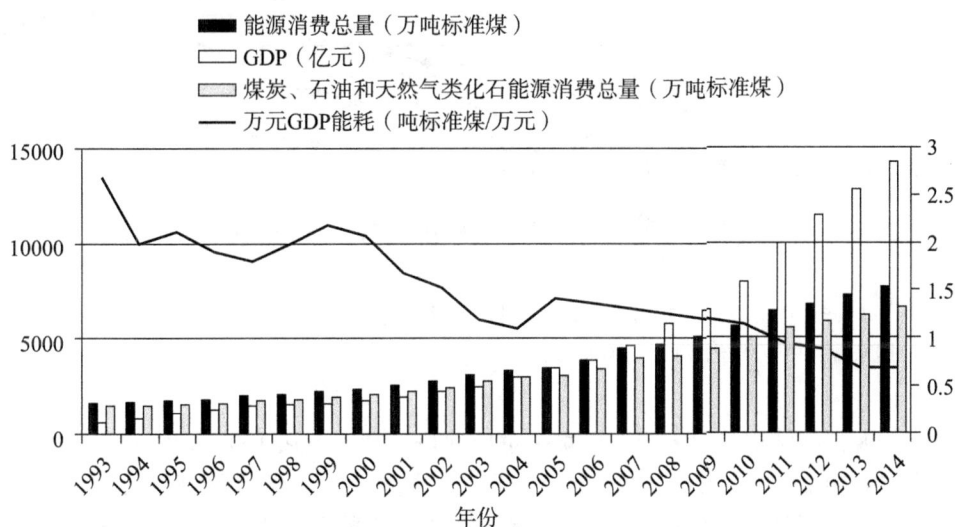

图 2.4　重庆 1995—2014 年能源消费总量，煤炭、油料、天然气类化石能源消费总量，
　　　　生产总值和能耗强度
　　　数据来源：由重庆统计年鉴整理，GDP 数据按照 2000 年可比价转换而来。

1. 重庆煤炭消费现状

直辖以来，重庆原煤产量呈现先下降后上升再下降的变化态势，其中 2010 年原煤产量达到最高水平，为 4575 万 t。据重庆煤监局调研报告显示，90% 以上的煤炭产量来自市属国有煤矿，其采煤机械化程度达 89.8%，煤矿人均年产量达到 506t。而区县煤矿机械化开采水平较低，采煤机械化程度仅为 40%。近年来，重庆市煤炭供需矛盾突出，需要外购予以平衡。重庆煤炭年产量基本保持在 4000 万 t 左右，但需求每年以 500 万 t 增量增加。其中，电煤由于煤质、运输方式、运距等因素影响，对外依存度达 49.8%。2015 年重庆市煤炭 1~3 季度消费量达 5518 万 t，预计产量约 4055 万 t，需求量约 7300 万 t，缺口达 3250 万 t 左右，有赖于国家安排市外省区调运煤炭入渝，才能保障重庆市社会经济高速发展对煤炭的需求。预测"十三五"期间，重庆市每年煤炭产量仍然稳定在 4000 万 t，需求缺口近 3000 万 t。

重庆煤炭消耗总量在 1993—2013 年间，一直保持增长。煤炭消耗量从 1993 年的 1194.68 万吨标准煤，增长到 2014 年的 4508.09 万吨标准煤，年均增长率达到 6.22%（图 2.5）。煤炭保持渐缓增长除了经济快速发展需要外，还由于煤炭消耗节能减排任务需要进行能源消费结构调整。

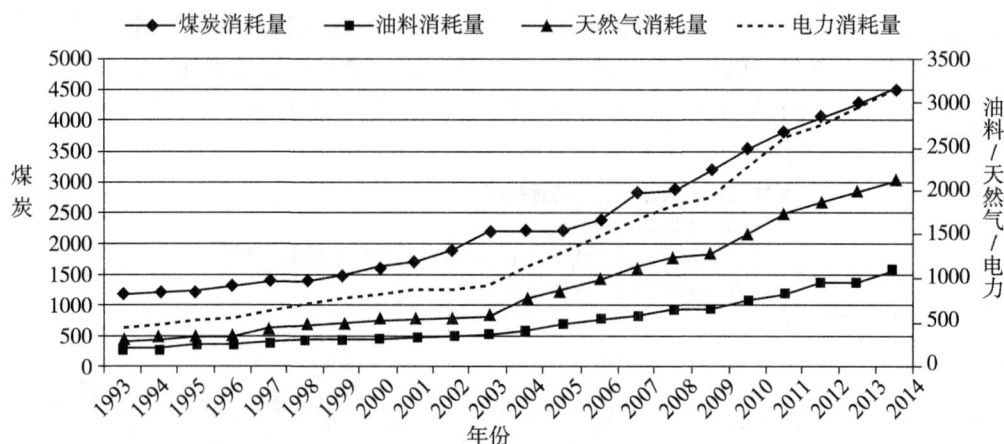

图 2.5　重庆 1993—2014 年煤炭、油料、天然气、电力的消费量（单位：万 t）
数据来源：由重庆统计年鉴计算而来。

重庆能源消费结构状况表明：煤炭占主导地位，其比重从 1993 年的 73% 开始下降到 2014 年的 58.59%（图 2.6）。1993 年后，重庆煤炭消费比重逐年缓慢降低，但在 2001 年有所反弹，这主要是经济快速发展需要大量的能源，而能源工业的发展相对滞后，新型能源供给量相对不足，促使煤炭消费比重重新上升。随着科技的进步、产业结构调整以及居民生活方式的变化，对煤炭消费需求日益减少，能源消费结构也趋向多元化，从 2005 年开始又继续保持下降，但是下降速度缓慢。到 2014 年，重庆煤炭比重为 58.59%，而世界能源消费结构中，煤炭比重仅为 30% 左右，因此重庆能源消费结构与世界的差距很大。

2. 重庆油料消费现状

重庆属地内没有石油，依靠市外运入。2014 年，重庆市油料消费量达 1085.68 万吨

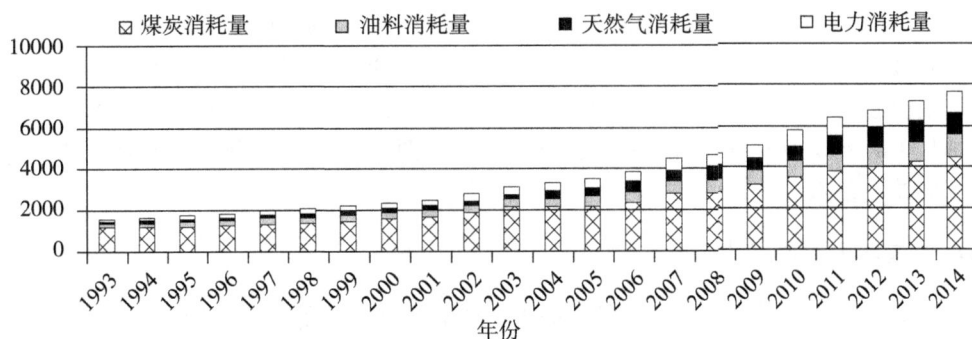

图 2.6 重庆 1993—2014 年煤炭、油料、天然气、电力的比重（单位：万吨）
数据来源：由重庆统计年鉴计算而来。

标准煤。2015 年重庆市油料实物消费量达 772.9 万 t。重庆成品油消费存在的问题：第一，本地成品油生产少，主要依赖从外部调入，成品油供需矛盾突出。第二，成品油垄断严重，民企缺乏话语权处境维艰。

从重庆油料消费总量的变化趋势来看，1993 年起有所下降，在 1997 年开始缓慢增长，到 2003 年后快速增长。油料消费量从 1993 年的 200.89 万吨标准煤，增长到 2014 年的 1085.68 万吨标准煤，年均增长率达到 7.97%，尤其是 2003 年后，油料用量快速增长，年均增长率达到了 8.11%，这主要是由于工业的快速发展和人们生活水平的不断提高需要大量的油料能源。

在重庆能源消费结构中，油料消费占据的比例总体趋于增长。油料所占比重从 1993 年的 12.21% 开始增加到 2014 年的 14.11% 左右（图 2.6），但低于全国水平，也远低于世界油料消费比重（34% 左右）。1993 年后，重庆油料消费比重逐年缓慢降低，但从 2003 年起加快增长，这是由于产业结构调整、技术水平提高以及居民生活方式变化导致对油料的消费需求日益增加，能源消费结构也趋向多元化。

3. 重庆天然气消费现状

重庆作为天然气利用较早的地区，无论是城市燃气还是工业企业对天然气的依存度都非常高，在城市居民中，天然气用户数超过 400 万户，城镇天然气气化率达到 74% 左右，处于全国较高水平；在工业中，全市 80% 的工业企业生产与天然气有关，多年来，依托天然气资源，重庆发展了川维、德国巴斯夫（MDI）等一大批以天然气为基础原料的化工产业，这些企业对天然气的依存度高，用气量大，其用气量占工业总用气量的 60% 以上；车辆燃料中，我市推广 CNG 作为车用燃料已经有 14 个年头，目前主城区 95% 以上的公交车和 90% 以上的出租车都使用天然气作为燃料。煤层气、页岩气等非常规天然气的开采利用，将会对重庆市的天然气供应带来变局。重庆燃气集团已经具备将中石化涪陵焦石坝页岩气通过长（寿）南（川）线返输主城和川维厂的条件。

重庆市天然气消费总量在 1993—2014 年间，一直保持增长。随着国家加大天然气资源开采和利用力度，人们的绿色环保意识逐步增强，天然气作为一种优质高效的新型能源在日常生活中已被普遍使用。天然气消费总量从 1993 年的 108.2 万吨标准煤，增长到 2014 年的 1030.99 万吨标准煤，年均增长率达到 11.93%，尤其是 2003 年到 2014 年，天然气用量快速增长，年均增长率达到了 13.73%（图 2.5）。天然气所占比重从 1993 年的 6.58% 上升到 2014 年的 13.44%，高于全国水平（图 2.6），但还远低于世界天然气消费比重（30% 左右）。

4. 重庆电力消费现状

在全国经济发展面临着更复杂的局面下，电力增速总体低于经济增速下，重庆电力消费在全市产业结构不断优化、工业结构进一步升级的双重因素推动下与全国电力消费增长趋势相似。

一是低速增长的电力支撑中高速的经济发展。近年来，重庆在做大总量中优化结构、加快发展提高质效、协调互动中促进转型，经济发展与电力消费关系出现新变化。2014 年全国用电增速较 GDP 低 3.6%，而重庆用电增速低于 GDP 增速 4.3%。东部、中部和西部用电增速较 GDP 分别低 4.6%、5.8% 和 2.8%，重庆经济发展对电力依赖度相对较小，与东、中部地区接近。

二是经济结构优化促进总体耗电水平下降。2014 年，工业占 GDP 比重 36.3%，服务业比重较直辖时提升 10.2%，达到 46.8%，工业与服务业比重呈现"一升一降"的趋势，且服务业与工业用电年均增速为 12.3% 和 8.1%，比重已达 16.5% 和 64.8%，较直辖时分别上升 11.0% 和下降 9.8%，用电结构上呈现"此消彼长"的趋势。考虑服务业单位耗电水平仅为工业的 1/5，在全社会用电增量放缓背景下，GDP 增速对电力消费的依赖程度呈下降趋势。2014 年，煤炭、造纸、化工、水泥、钢铁等七大高耗电行业增加值占工业比重的 28.4%，较 1997 年下降 8.3%；以汽车、电子、医药等为代表的低耗电支柱行业增加值比重为 54.5%，上升了 13.5%。在工业用电结构中，高耗电行业用电比重基本保持在 72% 左右，低耗电支柱产业比重由 13.1% 上升到 19%，以低耗电支柱产业驱动经济低碳化发展。

2.4.2　重庆各区县能源消费总体情况

随着重庆经济社会的快速发展，以及工业化、城镇化进程的加快，能源消费量也在逐渐增加。

从能源消费的总量来看，消费量呈现稳步增加的态势，由 1997 年的 1742.43 万吨标准煤增至 2018 年的 7452.722 万吨标准煤，增长了 4.28 倍，年均增长 7.17%，远高于全国的能源消费增幅，尤其是 2007 年，增长率达到 15.86%。究其原因是由 2006—2007 年电力热力生产、水泥、电解铝等高耗能产业投资增加导致的产业扩张，以及工业比重提高等造成的。

从各区县规模以上工业能源消费量来看，长寿区、涪陵区、綦江区、江津区、合川区、万州区的能源消费量相对较高，2018 年占到全市规模以上工业能源消费总量的 64.55% 以上。2013—2018 年间，綦江区、涪陵区的规模以上工业能源消费量增加得相对较多，增加量分别达到 214.47 万吨标准煤、186.79 万吨标准煤。江津区、九龙坡区规模以上工业能源消费量减少量较大，分别达到 131.85 万吨标准煤、83.17 万吨标准煤。如图 2.7 所示。

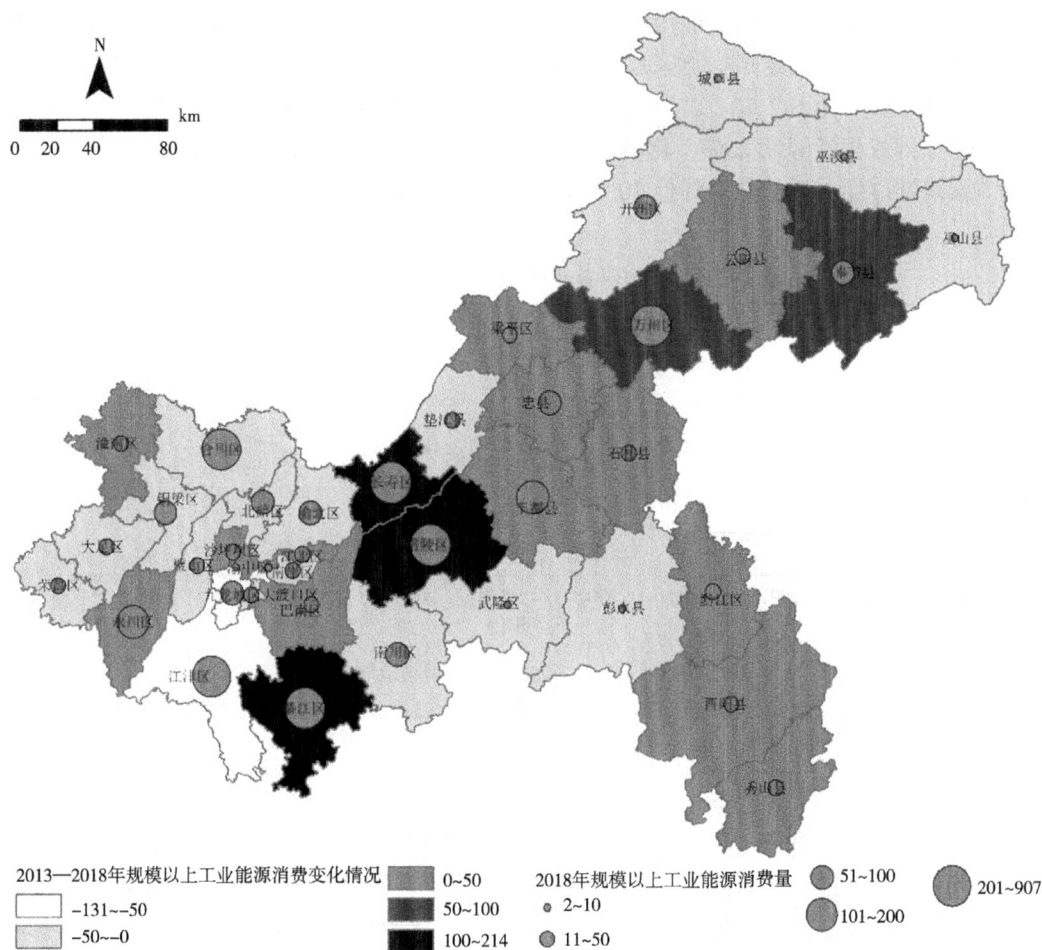

图 2.7　2018 年重庆各区县规模以上工业能源消费及其 2013—2018 年的变化情况
数据来源：由重庆统计年鉴计算而来。

2.4.3　重庆能源碳排放现状分析

随着经济的增长，重庆能源（主要是化石能源）消费碳排放量一直保持增长。重庆化石能源碳排放量由 1993 年的 1056 万吨增长到 2013 年的 5511 万吨，2014 年 CO_2 排放量达到 6618 万吨，年均增长率为 18.16%（图 2.8）。计算碳排放量时主要考虑以下几个方面：一是只计算终端能源消费产生的碳排放量，不计加工转换、运输和输配过程损失能源的碳排放量；二是只分煤炭、天然气、油料和电力四大类，采用了各类能源的平均碳排放系数，侧重于研究年度变化趋势。

重庆化石能源消费碳排放量与 GDP 增长趋势相同，2003 年后化石能源消费碳排放量增长速率明显加快，2006 年后增长速率开始有所放缓。碳排放强度总体上趋于下降，从 1993 年的 1.18 吨/万元 GDP，下降到 2013 年的 0.61 吨/万元 GDP，下降了 48.3%。2005 年化石能源消费的碳排放强度有所反弹，这主要是由于能源工业的技术相对落后，新型能源供给量相对不足，促使化石能源消费量重新上升。比较可以发现，1993 年到 2013 年化石能源消费的碳排放强度年均下降率（3.26%）远小于 GDP 的增长率 12.27%，远不能实现 CO_2 的绝对减排（图 2.8）。"十二五"期间，重庆单位 GDP 能耗累计降低 23%，单位 GDP 的 CO_2 排放累计降低 25%，化学需氧量、SO_2、氨氮、氮氧化物等主要污染物均超额完成国家减排目标，累计分别降低 10.66%、15.21%、10.02%、9.37%。

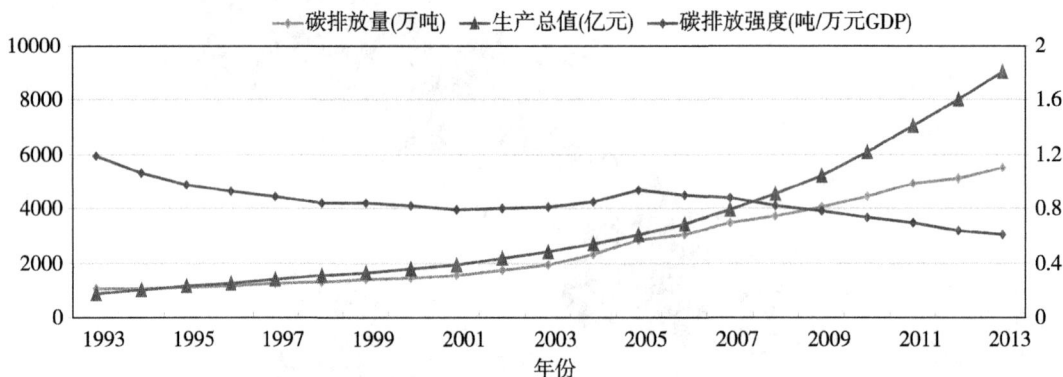

图 2.8　重庆 1993—2013 年碳排放量、碳排放强度、生产总值
数据来源：由重庆统计年鉴计算而来。化石能源消费的碳排放量采用 IPCC 2006 年对外公布的碳排放计算指南缺省值计算，并使用平均碳排放系数。

重庆化石能源碳排放量受经济增长和人口总量影响。由于经济增长需要消耗能源，而短时间内无法改变能源消费方式、产业结构，随着重庆经济发展必将带来能源的需求旺盛，进而带来碳排放总量的增加。人口总量的多少直接影响着能源总消费量，也直接影响着能源资源的人均占有量和利用方式（汽车拥有量增加、清洁能源消耗增加）。2014 年年末，全市常住人口 2991.40 万人，比上年增加 21.40 万人。城镇化率 59.6%，比上年提高 1.26%，城镇化进程加快，能源需求加速。

2.4.4　重庆能源绿色低碳利用技术研究的进展

加大淘汰落后产能力度，发展洁净煤技术。如，2011 年重庆通过淘汰落后产能年减少标准煤消耗 337 万吨，减少 SO_2 排放 2.57 万吨，减少 COD 排放 2547 吨，减少重金属污染 453 吨。2012 年完成国家对焦炭、铁合金、电石、锌冶炼、印染和铅蓄电池等行业的减排目标任务，超额完成铅冶炼、水泥、平板玻璃和造纸减排目标任务。受制于能源工业的发展，重庆短期内以煤炭为主的能源结构不可能改变，因此，积极发展循环流化床燃烧、大规模煤气化等洁净煤技术，切实改进煤炭直接、间接液化技术，加快研发煤炭多联产等新型洁净煤技术，是既能保证能源消费供给总量，又能降低环境污染的有效途径。

大力发展天然气化工，降低直接碳排放。20 世纪 60 年代初，重庆在全国率先发展天然气化工，完成全国第一个天然气化工中试成果 800 吨/年天然气制合成氨中间试验和天然气部分氧化热解制乙炔的工艺技术。除硝基甲烷之外，天然气直接利用化工产品中乙炔、甲醇、氨、二硫化碳、一氧化碳、甲烷氯化物、氢气等在重庆都有，而且乙炔、甲醇以及深加工产品醋酸及醋酸酯的生产规模都是全国最大的、技术最先进的。目前，重庆拥有的天然气制聚乙烯醇技术已达到国际先进水平，氨氧法氢氰酸装置和热氯化法甲烷氯化物装置都是国内率先自主开发的技术，重庆天然气化工产业链正向着精细化工、医药及日化等领域延伸。

目前，重庆市天然气化工虽然在国内同行业具有技术水平和规模的优势，以天然气为主要原料的化工企业达 30 余家，初步形成天然气→乙炔→1，4-丁二醇→聚四氢呋喃→氨纶，天然气→甲醇→醋酸乙烯→聚乙烯醇→纤维，天然气→甲醇→氯甲烷→四氯乙烯，天然气→氢氰酸→甘氨酸→草甘膦等产业链。例如，川维与英国 BP 公司合资建成的甲醇羰基合成 15 万吨/年醋酸装置也是国内规模最大、技术最先进的；川维 3 万吨/年乙炔装置；川维与英国 BP 公司合资建设的 15 万吨/年的甲醇装置目前已扩建到规模 40 万吨/年，为中国第一套且规模最大的甲醇生产线。重庆化肥工业中以天然气为原料的企业有 18 家，总产值占天然气化工总产值的 60%（华一兵，2007）。主要有合成胺、碳铵、尿素、氯化铵、磷铵、硝铵等各类化肥及化工产品共 180 万吨以上。基本有机化工原料行业是天然气化工的又一重要产业，占化工总产值的 17%，占天然气化工总产值的 40% 左右。主要产品有甲醇、苯胺、甲胺、醋酸、氯甲烷等，并可通过深加工，生产出各类精细化工产品。重庆市聚乙烯醇的产量占全国产量的 20%，光气、合成胺、氢氰酸产量居全国前列。2013 年，天然气化工产业实现产值 172 亿元。但是与国际同行业相比，缺乏大吨位、大规模的利用天然气的化工产品是近年来造成重庆天然气化工发展缓慢的主要原因。

积极引进低碳环保的新兴产业。重庆市积极发展汽车、电子、轻型通用飞机、新材料、高档医疗器械等高附加值新兴制造产业和云计算、大数据、物联网和软件等信息服务业。2012 年新兴产业产值增量占重庆全市工业增量比重已达到 35%（高旻，付海，2014）。

2.5 重庆能源绿色低碳利用做法及效果

重庆在"十一五""十二五""十三五"规划中就明确提出节能减排的政策和目标，有力地促进了企业节能降耗和低碳经济发展。一是科学分解节能目标，实行分类指导。按照中央赋予重庆的发展定位，明确了产业布局。主城都市区各区和市级有关部门围绕"产业升级引领区、科技创新策源地、改革开放试验田、高品质生活宜居区"的目标定位，特别是主城都市区的中心城区作为服务业和先进制造业的集聚区，并督促其通过转型升级，降低区域内能源消耗；主城新区作为工业化和城镇化的主战场，分解节能指标考虑到了工业化和城镇化发展的客观需要；渝东北城镇群和渝东南城镇群作为生态文明与环境保护的核心区，要突出"库区""山区"特点，保护生态的首要任务，重点发展区域特色、环境友好型产业，严格限制破坏生态、污染环境、超过资源环境承载力的发展，严格控制其能源消耗量，建设长江经济带三峡库区生态优先绿色发展先行示范区与武陵山区文旅融合发展示范区。二是实施蓝天行动和创模专项。2005 年，重庆编制并经市政府常务会审议通过了《重庆市主城"蓝天行动"实施方案》，从控制扬尘污染、燃煤及烟（粉）尘污染、汽车排气污染和改善城市生态环境等 4 个方面推进大气环境质量改善。2005 年和 2007 年，市政府常务会两次审议并印发蓝天行动方案和修订方案，将目标任务安排到 2012 年，并作为民心工程推进。主要包括实施第二期燃煤锅炉，改用清洁能源、污染企业环保搬迁、加强工业大气污染治理、关闭小采石场和小水泥厂、控制机动车污染、建立健全污染控制法规体系、实施规范严格的技术标准、健全各项推进机制等。三是淘汰落后产能，优化产业结构。加快发展战略性新兴产业，做大做强高端装备制造、新能源汽车、节能环保三大优势产业，培育新材料、生物、新能源三大先导产业。四是实施工业节能重点工程，鼓励低碳环保技术的开发。以电机能效提升、锅炉（窑炉）节能提升、污染严重企业环保搬迁、余热余压利用、能源管控中心建设、园区废水集中处理设施建设、节能环保产业园区示范、"城市矿产"基地建设、节水示范、节能产品惠民等十大工程为重点，开展工业领域节能工作。五是出台了节能减排、低碳环保的相关法律法规。比如《重庆市节约能源条例》《重庆市循环经济条例》《重庆节能监察办法》等。六是建立了节能评估和审核制度。对新建固定资产投资项目、高耗能项目等实行严格的准入审查制度。对建成后未通过验收的项目，一律不得投产。实施企业节能的后期监管工作，对已建成的固定资产投资项目的节能措施落实情况和实际能耗、能效指标进行监督检查。七是出台了财税优惠政策。建立节能专项资金管理办法，严格监管资金使用情况，实行专款专用，确保资金的规范使用。

2.5.1　重庆能源消费结构的调整

煤炭消费的比重正缓慢降低。重庆能源消费是以煤炭为主的消费结构，然而也出现了一些改变。2013 年，重庆煤炭消费比重从 1993 年的 73% 下降到 66.47%，较 2005 年下降了 5.84%，而天然气消费比重仍然维持在 10% 左右。此外，2013 年重庆市单位工业增加值能耗同比下降 6.6%。

能源弹性系数维持较低水平。全市能源消费弹性系数在 2004 年和 2005 年均大于 1（能源消费量增长速度高于国民经济增长速度），尤其是 2005 年的能源消费增长速度达到 21.70%，能源弹性系数达到 1.86，几乎达到生产总值增长速度的两倍。

在"十一五""十二五"节能减排政策实施后，能源弹性系数均降到 1 以下，能源弹性系数从 2005 年的 1.86 降到 2013 年的 0.62，这表明能源消费总量增长速度明显低于经济增长幅度（见表 2.9）。

表 2.9　　　　　　　　　　重庆 1993—2013 年能源消费弹性系数

年份	能源消费比上年增长率	生产总值比上年增长率	能源消费弹性系数
1993	2.74%	15.59%	0.18
1994	3.15%	13.49%	0.23

续表

年份	能源消费比上年增长率	生产总值比上年增长率	能源消费弹性系数
1995	4.73%	12.31%	0.38
1996	5.30%	11.39%	0.47
1997	8.50%	11.20%	0.76
1998	4.40%	8.61%	0.51
1999	7.50%	7.79%	0.96
2000	5.81%	8.70%	0.67
2001	6.76%	9.21%	0.73
2002	9.69%	10.49%	0.92
2003	11.15%	11.70%	0.95
2004	16.91%	12.40%	1.36
2005	21.70%	11.70%	1.86
2006	9.34%	12.40%	0.75
2007	12.92%	15.90%	0.81
2008	6.94%	14.50%	0.48
2009	9.10%	14.90%	0.61
2010	10.66%	17.10%	0.62
2011	11.71%	16.35%	0.72
2012	4.20%	13.60%	0.31
2013	7.66%	12.30%	0.62
2014	6%	10.9%	0.55

数据来源：重庆统计年鉴。

2.5.2 重庆能源绿色低碳高效利用技术的成果

低碳高效利用技术取得的主要成果有：①传统产业低碳技术改造。运用高新科技改造提升传统产业，促进信息化和工业化深度融合。加强企业低碳技术开发，大力支持对产业升级带动作用大的重点项目和重污染企业搬迁改造，"十二五"期间关闭搬迁256家重污染企业。合理引导企业兼并重组，提高产业集中度，降低能耗。②做大做强绿色环保产业。加快发展高端装备制造、新能源汽车、节能环保等低碳优势产业。推动电子信息、汽车、装备制造、化工医药、材料、消费品和能源"6+1"支柱产业和十大战略性新兴产业加快发展，2015年实现工业总产值2.44万亿元，"十二五"年均增长18.8%。德国巴斯夫、中石化川维、重庆化医集团等知名企业，天然气制乙炔、醋酸、醋酸乙烯等技术国内领先。③制定煤炭消费减量管理办法，实施目标责任管理。对于产能过剩行业耗煤项目，实现煤炭等量或减量替代。④加大天然气的开发力度，提高优质能源的比重。加快发展非常规天然气能源，增强对渝东南地区页岩气资源开发利用力度，页岩气产能达到 50 亿立方米。逐步推行以天然气替代煤炭，鼓励发展天然气分布式能源。⑤推进和发展循环流化床燃烧、大规模煤气化等洁净煤技术以及改进煤炭直接、间接液化技术。加快研发煤炭多联产等新型洁净煤技术，以及减少 SO_2 排放是既能保证能源消费供给又能降低环境污染的有效方法。

2.5.3　重庆能源碳排放控制的效果

近年来，重庆市加大产业结构调整步伐，限制发展高耗能产业，对碳排放控制取得了一定的成效。重庆能源消费的碳排放量保持与 GDP 相同增长趋势，其碳排放量增长速率在 2003 年明显加快，但实施"十一五"节能减排政策后，从 2006 年后开始有下降趋势。重庆化石能源消费的碳排放强度，总体上保持下降趋势。能源消费的碳排放强度从 1993 年的 1.18 吨/万元 GDP，下降到 2013 年的 0.61 吨/万元 GDP，下降了 48.3%。根据重庆市环保局统计资料，"十二五"期间全市化学需氧量、氨氮、二氧化硫、氮氧化物等四项主要污染物单位工业增加值排放强度下降 50% 以上，工业单位增加值能耗下降近 20%。根据 2015 年重庆市环境状况公报，按空气质量新标准评价，2014 年重庆市主城区空气质量达标天数为 246 天（占 67.4%）；超标天数为 119 天（占 32.6%）。主城区环境空气中可吸入颗粒物（PM_{10}）、细颗粒物（$PM_{2.5}$）、二氧化硫（SO_2）、二氧化氮（NO_2）年均浓度分别为 $98\mu g/m^3$、$65\mu g/m^3$、$24\mu g/m^3$、$39\mu g/m^3$；一氧化碳（CO）浓度、臭氧（O_3）浓度分别为 $1.8mg/m^3$ 和 $146\mu g/m^3$；其中 SO_2、NO_2、CO、O_3 浓度均达到国家环境标准，PM_{10}、$PM_{2.5}$ 浓度分别超标 0.40 倍、0.86 倍。

2.6　重庆能源绿色低碳利用存在的问题和原因分析

2.6.1　能源使用总体效率不断提高，但高能耗工业的能源问题突出

（1）单位 GDP 能耗不断降低，但是与先进地区相比仍存在一定差距。单位 GDP 能耗（能源消费强度）是一个国家或地区能源消费总量与国内生产总值（地区生产总值）的比值，它是反映能源利用效率的指标。从图 2.9 可知，重庆市能源消费强度由 1997 年的 1.15 吨标准煤/万元降至 2018 年的 0.48 吨标准煤/万元，能源利用效率有所提升。特别是自 2006 年起，重庆市相继实施了《重庆市节约能源条例》《重庆市建筑节能管理条例》《节能减排综合性工作方案》等节能降耗法律法规及相应措施等，这在一定程度上提高了能源利用效率。

与全国平均水平相比，2018 年重庆的能源消费强度低于全国平均水平 0.47 吨标准煤/万元，这表明重庆市的能源使用效率相对于全国平均水平是较高的。

但与我国其他地区的一些主要城市尤其是东部较发达地区相比，重庆能源的利用水平还有相当大的差距，能源总体利用效率在全国处于较低水平，经济增长以高能耗为代价。比如，2013 年上海单位 GDP 能耗仅相当于重庆的 71.9%，广州单位 GDP 能耗相当于重庆

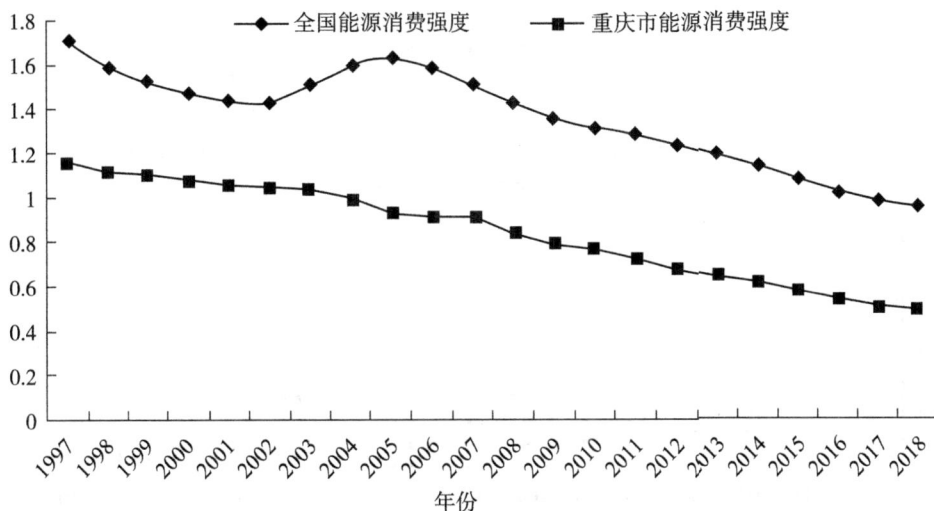

图2.9 1997—2018年全国及重庆市能源消费强度
注：GDP按1997年可比价格计算。数据来源：重庆统计年鉴。

的63.3%。2013年重庆市规模以上工业企业综合能源消费量为3704.55万吨标准煤，占能源消费总量的40%以上，同比上升6.1%，其中钢铁、有色金属、石化、化工、建材和电力等高能耗工业的能源消费量大约占规模以上工业能源消费量的70%左右。

（2）能源消费集中度较高。在重庆市的终端能源消费中，以生产性消费为主，且以第二产业消费为主。从2003—2018年重庆的终端能源消费结构来看（图2.10），第二产业的能源消费呈现先升后降，整体上略有降低的态势，但总体上一直维持在70%左右。随着第三产业增加值的提高，其能源消费占终端能源消费比例整体上有所上升，由2003年的7.87%增至2018年的21.29%。此外，由于私人汽车、煤气与天然气等在居民生活中被广泛应用，导致生活性能源消费量的增加，由2003年的269.70万吨标准煤增至2018年的708.35万吨标准煤，增加了2.67倍。

就2018年主要行业规模以上企业能源消费占能源消费总量的比重来看，煤炭开采和洗选业、石油和天然气开采业、化学原料及化学制品制造业、非金属矿物制品业、黑色金属冶炼及压延加工业、有色金属冶炼及压延加工业、电力、燃气及水的生产和供应业的能源消费总量占到规模以上企业工业总能源消费的86.41%、能源消费总量的47.23%。考虑到数据的可获得性，统计了2001年、2018年主要行业规模以上企业的能源消费占规模以上企业工业总能源消费的比重。

由表2.10可知，2001年与2018年的能源消费主要集中在化学原料及化学制品制造业、非金属矿物制品业、电力、燃气及水的生产和供应业、黑色金属冶炼及压延加工业，其中化学原料及化学制品制造业、非金属矿物制品业、有色金属冶炼及压延加工业的比重分别上升3.86%、2.97%、3.7%，黑色金属冶炼及压延加工业、煤炭开采和洗选业的比重分别降低6.46%、6.99%。

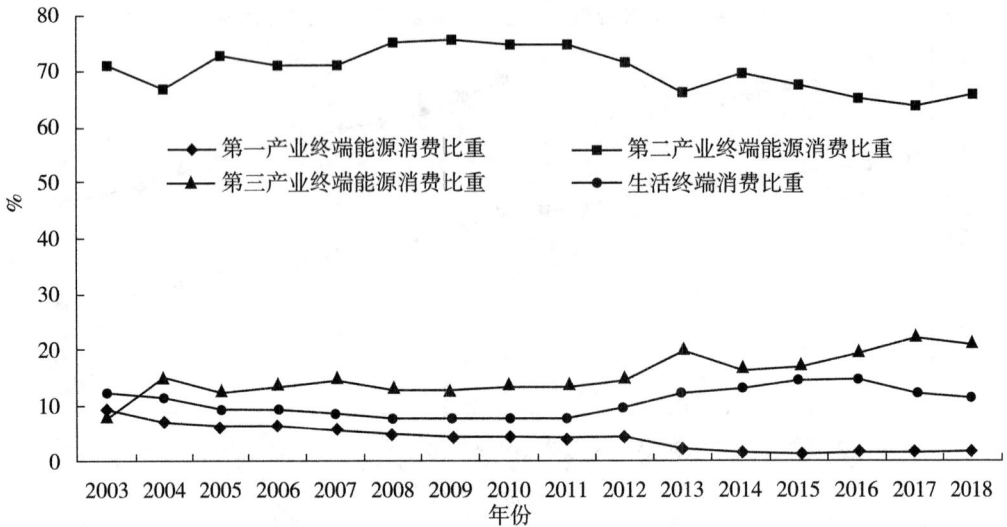

图 2.10　2003—2018 年重庆终端能源消费结构

数据来源：重庆统计年鉴。

表 2.10　　　　　　　**2001 年与 2018 年主要行业规模以上企业能源消费比重**

	2001 年规模以上企业 能源消费比重（%）	2018 年规模以上企业 能源消费比重（%）
煤炭开采和洗选业	8.95	1.96
石油和天然气开采业	0.22	0.91
化学原料及化学制品制造业	19.16	23.02
非金属矿物制品业	16.48	19.45
黑色金属冶炼及压延加工业	17.22	10.76
有色金属冶炼及压延加工业	3.30	7.00
电力、燃气及水的生产和供应业	22.61	23.31

2.6.2　能源对外依存度不断攀高

　　能源对外依存度是指一个国家或地区能源调入量占本国或本地区能源消费量的比值，体现了一个国家或地区能源消费对其他国家或地区的依赖程度。直辖以来，我市能源总量供需可以分为两个阶段。第一阶段是 1997 年至 2002 年，生产量超过消费量，存在一定结构性矛盾。第二阶段是 2003 年至今，能源消费快速上升与能源生产的缓慢增长，导致供需矛盾突出，能源对外依存度逐步上升。

　　从图 2.11 可以看出，随着经济的快速增长，能源消费增长速度加快，重庆的能源对外依存度逐渐升高，由 2003 年的 16.21% 上升至 2012 年的 67.28%，2012 年后，受全国经济下行的影响，虽然重庆经济依然保持较快速度的增长，但增速有所减缓，到 2018 年重庆的能源对外依存度是 70.76%，但从总体上看，重庆的能源对外依存度是呈曲折上升态势。

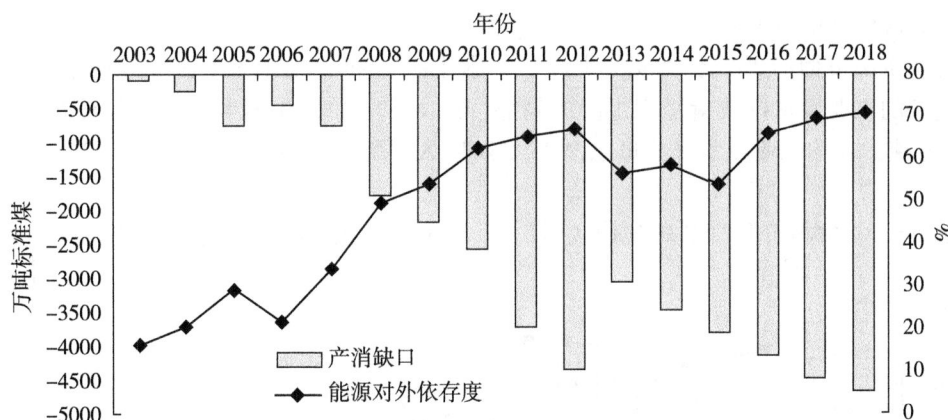

图 2.11　2002—2017 重庆市能源供需缺口状况及对外依存度
数据来源：重庆统计年鉴。

从重庆的能源产消状况来看，重庆的产消缺口呈现曲折变化的趋势，整体上能源供需缺口是逐渐增大的，从 2003 年的 73.09 万吨标准煤增至 2018 年的 4690.16 万吨标准煤，本地的能源资源生产已远不能满足消费的需要，需要大量从陕西、宁夏、新疆、内蒙古等地区调入，其中一半以上的原煤消费量，及几乎全部的原油都是从陕西、内蒙古等地区调入。

2.6.3　能源消耗带来的环境污染问题日益严重

重庆以煤炭为主的能源消费结构，对生态环境带来了严重的影响。主要有：煤炭开采带来的沉陷、煤矸石等大量固体废弃物带来的环境问题和煤炭、石油等能源燃烧带来的 SO_2、NO_x 和烟尘等大气污染物，影响大气环境质量，造成严重雾霾天气。

能源生产造成的空气污染。作为一次能源，煤炭资源不论是开采、运输、使用，都对大气环境造成污染。重庆电力以火力发电为主，其大气污染主要来自煤炭燃烧产生的二氧化硫、氮氧化物、烟粉尘、一氧化碳等污染物。尤其是 SO_2、NO_x 等污染物的排放，会严重危害生态环境。如排放 SO_2 导致的酸雨将使农作物大幅减产、桥梁和建筑物腐蚀，以及人们的健康受到影响等，这些将使得经济发展与生态环境的矛盾日益突出。初步统计，2013 年全市火电消耗煤炭 2268 万吨，SO_2、NO_x 排放量分别占全市排放总量的 44%、41%。主城及周边地区火力电厂装机容量的大幅增加，使二次粒子前体物 SO_2 的排放量增加，也增加了可吸入颗粒物（PM_{10}）特别是细粒子污染控制的难度。从近 5 年空气质量监测结果看，可吸入颗粒物仍然是主城空气中的主要污染物。可吸入颗粒物为首要污染物的比例在 90% 以上，且在超标的天数中，首要污染物全为可吸入颗粒物。主城及周边地区燃煤机组增加，电煤消耗量增加，NO_x 排放量也相应增加。我市无原油生产及炼油企业。天然气生产过程中的大气污染主要来自天然气净化过程排放的 H_2S，在空气中可转化为 SO_2。未来几年重庆能源刚性需求增加，火电增幅可能会较大，致使我市的新增量较大；同时，由于重庆地处西部，火电、钢铁等原有基数较大，总量减排空间十分有限，致使重庆完成任务的难度较大。

随着重庆贯彻落实国家"大气十条""水十条"和"土十条"及重庆市实施方案，使得重庆的工业废水排放量呈现下降的趋势，由 1997 年的 101324 万吨，降至 2018 年的 20780 万吨，人均工业废水排放量也由 35.26 吨/人下降到 6.70 吨/人（图 2.12）。

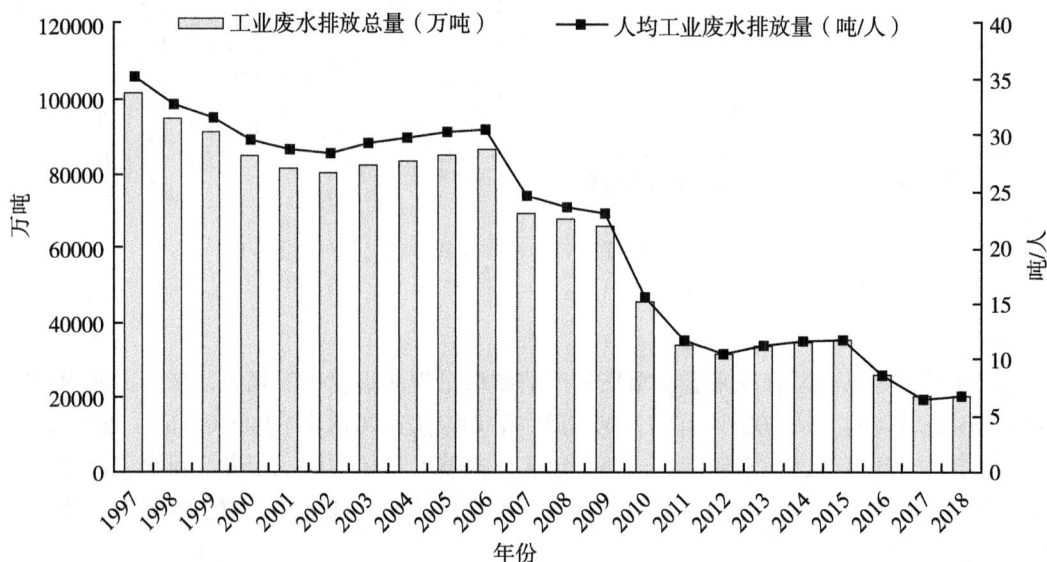

图 2.12　1997—2018 年重庆工业废水排放情况

数据来源：重庆统计年鉴。

对于能源工业，特别是煤炭开采后，采空区上方土块所形成的坍塌使得煤坑上覆岩层破裂，加快了降水的入渗量，从而导致地表径流沿着土层缝隙处逐渐损失，引起地表水资源可利用量减少，以及农业灌溉井或饮用浅水井的水位降低，进而给本地的生产生活造成极大损失，从而引发当地居民与煤炭企业关于环境问题的争端。

煤炭开采过程中所产生的废渣、碎土，选煤过程中所排放的污水以及矿井水等，特别是矿井水，若不能及时排除，极易引起矿难，而长期外排，又会对地表水、地下水产生污染。石油开采中落地原油、废水和含油污泥随意排放，以及管理不当造成的石油泄漏、井喷、事故、井管破损等，都会对地下水造成严重污染。除此之外，页岩气开采造成的巨大耗水量，以及开采过程中产生的包含碳氢化合物、重金属、盐分等多种化学物质的"泥浆"，以及压裂液等化工原料，在就地掩埋时会产生下渗，加上重庆地质条件复杂，地下暗河溶洞多，会导致地下水污染。据对重点调查工业废水排放情况调查可知，在煤炭开采和洗选业、石油和天然气开采业、石油、煤炭及其他燃料加工业，以及电力、热力的生产和供应业中，煤炭开采和洗选业、电力、热力的生产和供应业的废水治理设施覆盖率超过100%。而石油和天然气开采业与石油、煤炭及其他燃料加工业的废水治理设施普遍缺乏，没能实现全覆盖。

随着重庆经济和工业的发展，工业废气的排放量大体呈现先上升后降低的变化态势（图2.13），由1997年的1794亿标立方米，先升至2009年的12586.52亿标立方米，后降至2018年的11443.77亿标立方米。2009年后重庆工业废气排放强度呈现下降态势，由2009年的1.91标立方米/元，降至2018年的0.56标立方米/元。

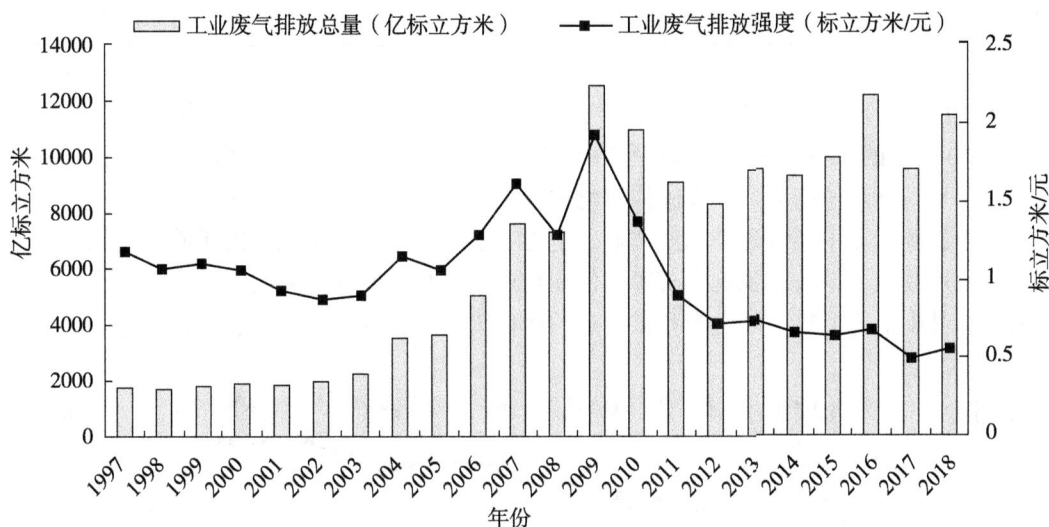

图2.13　1997—2018年重庆工业废气排放情况
数据来源：重庆统计年鉴。

二氧化硫、烟（粉）尘是大气环境污染的主要污染物，而对于能源工业，从表2.11可知，电力、热力的生产和供应业的二氧化硫、烟（粉）尘排放量相对较高，特别是重庆以火力发电为主要供电来源，导致火电企业、大吨位燃煤锅炉、工业炉窑等成为二氧化硫的主要来源。据重庆市经济和信息化委员会统计，2018年，重庆火力发电厂累计采购电煤1884万吨，耗煤1814.7万吨，占到煤炭需求的1/3以上。但不容忽视的是，重庆电力、热力的生产和供应业的废气治理设施数较高，废气治理设施比重达到340.63%。

表2.11　　**2018年重点调查工业废水、废气、固体废物产生及处理情况**

		煤炭开采和洗选业	石油和天然气开采业	石油、煤炭及其他燃料加工业	电力、热力的生产和供应业
废水	工业废水排放总量（万吨）	4406.01	3.53	35.33	223.82
	废水治理设施比重（%）	108.82	66.67	50	103.13

续表

		煤炭开采和洗选业	石油和天然气开采业	石油、煤炭及其他燃料加工业	电力、热力的生产和供应业
废气	工业废气排放总量（亿标立方米）	1.59	9.95	9.73	2045.07
	废气治理设施比重（%）	5.88	100.00	125.00	340.63
	工业二氧化硫产生量（吨）	11.38	591.21	274.67	22708.58
	工业烟（粉）尘产生量（吨）	17.28	0.99	8.51	4013342.77
固体废物	工业固体废物产生量（万吨）	184.21	4.98	0.06	830.27
	工业固体废物综合利用量比重（%）	39.38	87.51	81.23	87.64

重庆的工业固体废物呈现先上升后下降的趋势（图 2.14），由 1997 年的 1279 万吨，增加至 2011 年的 3346 万吨，再降至 2018 年的 2455 万吨，但固体废物综合利用率偏低，且近几年呈现下降的趋势。工业固体废物主要集中在煤炭、采矿、冶金、化工、电力等行业，其中能源工业中煤炭开采和洗选业、电力、热力的生产和供应业的尾矿、粉煤灰、煤矸石、冶炼废渣、炉渣、脱硫石膏等固体废物产生量相对较大。同时固体废物综合利用量也偏低，其中电力、热力的生产和供应业的固体废物综合利用量较高，也仅有 87.64%。

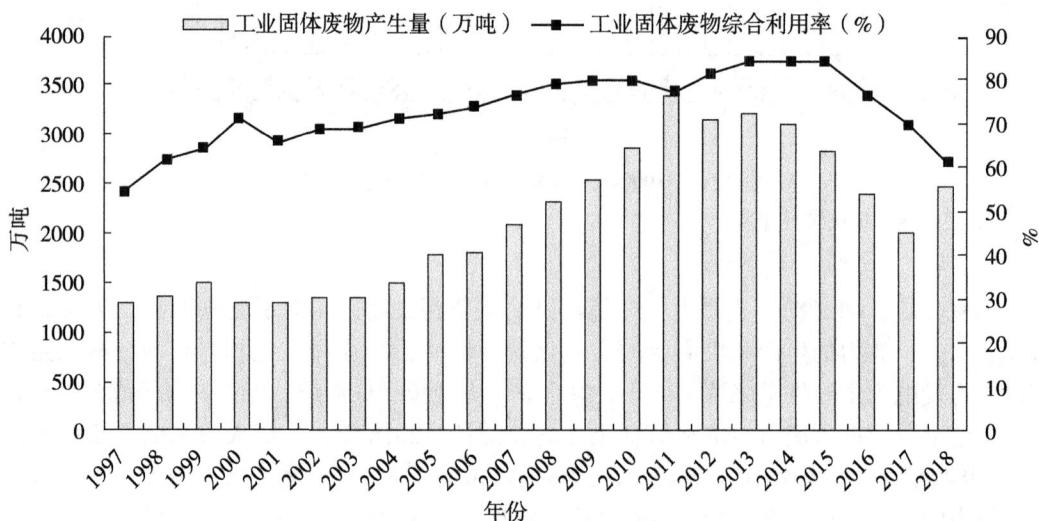

图 2.14　1997—2017 年重庆工业废物排放情况
数据来源：重庆统计年鉴。

随着能源消费量的增加，重庆能源消费碳排放量整体呈现上升的趋势（图 2.15），由 1997 年的 1258.13 万吨增至 2018 年的 4444.75 万吨，年均增长率为 6.97%。人均碳排放量也由 1997 年的 0.38 吨/人，增加至 2018 年的 1.43 吨/人。特别要指出的是，随着重庆开展碳排放权交易试点，实行碳排放配额管理，出台《重庆市"十三五"控制温室气体排放工作方案》等措施，使得重庆的碳排放量有所降低。

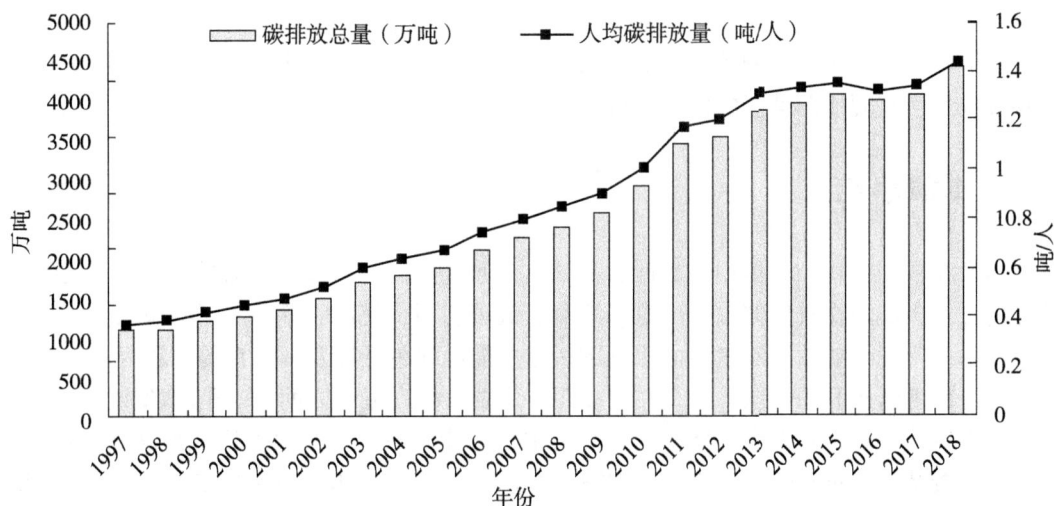

图 2.15　1997—2018 年重庆能源消费碳排放量

数据来源：重庆统计年鉴。

2.6.4　能源绿色低碳利用面临可持续性挑战

能源消费结构和节能技术急需改进。重庆能源结构以煤炭为主，在天然气方面开发不足。虽然重庆煤炭消费比重从 1993 年的 73% 开始下降，但是目前煤炭比重还是很大。相对于煤炭，油料、天然气及水电属于优质能源，在能源消费结构中，劣质能源比重越高，能源消费量越大。此外，劣质能源在运输方面还会造成污染。在重庆终端能源消费结构中，煤炭比例过大，优质能源少，天然气开发利用程度尤其是深加工能力不足和消费比例不高。而在消耗的优质能源中，63% 的电力和 67% 的热力又需要通过燃煤转化获得。1993—2013 年重庆煤炭消费量年均增长 8.34%，大量煤炭消耗的同时产生了严重的环境问题。由于用电负荷和用电量的增加，而水电因受干旱等因素影响供应量不稳定，这也成为制约重庆经济增长的重要因素。节能减排技术进一步发展，使节能效率和减排量大大提高，从而节约了能源消费。因此，改变重庆以煤炭为主的能源消费结构和采用新的节能减排技术是当务之急。

产业结构优化有待加强。重庆是我国重要的老工业基地，产业结构曾表现为以高能耗、高排放的第二产业比重偏高，第一、三产业比重偏低。近年来，产业结构逐步优化，第二产业比重有所下降，但份额仍然较大，调整幅度有待加强。不同产业的单位 GDP 能源消耗量相差很大，2005 年第二产业比重从 45.1% 上升到 2014 年的 50.5% 时，2014 年能源消费总量比 2005 年增加了近一倍，可见产业结构变动对能源消费量有较大影响。2014年重庆市第一产业 1061.03 亿元，比重 7.4%，同比增长 4.4%；第二产业 6531.86 亿元，比重 45.8%，同比增长 12.7%；第三产业 6672.51 亿元，比重 46.8%，同比增长 10%。

虽然 2014 年第二产业的比重较 2013 年有所降低，但整个能源消费量却仍然高于 2013 年，其原因主要是第二产业单位 GDP 能耗是第一产业单位 GDP 能耗的 3 倍，是第三产业单位 GDP 能耗的 4 倍。从这个方面看，也需要加快调整产业结构。

综上所述，重庆急需调整能源消费结构，发展新型低碳节能技术，有效控制能源消费和碳排放量，实现能源消费的低碳可持续利用。

2.7　本章小结

本章在查阅资料和收集相关数据的基础上，通过分析揭示重庆能源绿色低碳发展的外部环境、重庆能源在自然储藏、供应、消费、低碳利用、使用效率等方面的现状，并从投资、技术、市场、能效、制度层面深刻剖析重庆能源绿色低碳发展存在的问题因素，找出重庆能源绿色低碳利用与国内外存在的差距，主要表现在五个方面：一是能源投入产出效率与东部发达地区存在差距，能源消费结构中化石能源消费比全国平均水平高 0.7%。二是能源消费结构以重碳煤消费为主，1993—2014 年煤炭占比为 72.63%~58.59%，高于世界能源消费结构 23.59%（2014 年国际上煤炭消费占比 30% 左右）。三是能源消耗强度下降缓慢，重庆能源弹性系数比日本、美国高 2~3 倍（西方发达国家能源弹性系数为 0.3 左右），2010 年、2011 年重庆平均每万元本市生产总值能源消费量分别为 0.991、0.953，单位 GDP 的能耗是日本的近 6 倍、美国的 2.5 倍，比印度等发展中国家的单位 GDP 能耗也高近 1 倍；经测算 2014 年重庆亿元 GDP 能耗为 0.54 标准煤，比北京（0.349）高 0.191 标准煤。四是重庆能源消费碳排放量一直保持增长，虽然 1993 年到 2013 年重庆碳排放强度年均下降 3.26%，远小于 GDP 的增长率 12.27%，但远不能实现 CO_2 的绝对减排。五是重庆能源弹性系数维持较低水平："十一五""十二五"节能减排政策实施后，能源弹性系数均降到 1 以下，到 2013 年能源弹性系数从 2005 年的 1.86 降到了 0.62，这表明能源消费总量增长速度明显低于经济增长幅度。

重庆能源以煤炭为主的消费结构，不仅使用效率低，而且带来了严重的环境问题，急需加强能源的可持续有效利用，进一步改善能源消费结构和促进节能技术发展，达到提高重庆能源总体利用效率的目的。重庆低碳高效利用能源的有利条件较多，有门类和种类齐全的工业基础，有长江经济带得天独厚的地理优势和重庆直辖的政治经济环境；但也存在山区地理环境拓展不开的弱势，因此根据重庆经济、地域、资源、社会条件，笔者下面要从重庆能源绿色低碳发展的需求量预测，低碳发展结构优化数据包络分析，重点探索能源绿色低碳发展实现路径，提出重庆能源绿色低碳发展的政策建议，为重庆经济社会"创新、绿色、协调、开放、共享"发展提供科学的智能支撑。

第3章　重庆能源绿色低碳发展与经济社会可持续发展相关性分析

为了科学预测重庆能源需求总量，深入分析重庆历史和现实的能源消费投入和经济社会低碳发展各项因素的效率状况，进一步为规划好重庆能源绿色低碳发展参好谋服好务，本章将对重庆能源绿色低碳发展因素进行较全面深入的相关关系和协调度分析。

3.1　重庆能源绿色低碳发展研究的目标框架及评价指标体系构建

目前，重庆正处于全面建成小康社会的关键时期，也是经济结构、城市化水平、居民消费结构发生明显变化的阶段，经济高速增长的同时也带来了能源消费较快增长。同时，由于能源从开采到最终使用而导致的环境污染等问题，随着能源消费的较快增长而日益明显，使重庆经济可持续发展面临巨大的挑战。加强能源、经济、环境与社会系统的综合决策，实现能源消费、经济发展和环境保护的共赢，是推进重庆能源绿色低碳发展所面临的、必须解决的问题。因此，笔者在国内外能源消费与低碳发展相关理论研究的基础上，选择能源、经济、环境与社会作为研究对象。研究能源、经济、环境与社会的协调发展，使重庆能源消费与可持续发展建立在协调的基础上。

目前，国内外在能源评价指标体系的框架设计、指标设定方面各有特色，但就其框架目标层而言，主要开展的是能源、经济、环境与社会的综合研究。笔者根据重庆能源、经济、环境与社会发展及相关数据的获取情况，借鉴国内外的经验，采用了由反映能源绿色低碳利用与经济、社会、生态可持续发展的若干指标构成指标群的形式，把各因子层的指标按照一定的设计思路组合在一起，构成一个有机的整体。整个评价指标体系由四个层次构成，分别是总目标层、目标层、准则层和单项指标层，它们共同构成了递阶层次的结构。

为了达到研究的目标，笔者所建立的多层次多等级指标体系，这些指标既能反映客观研究对象的实际情况，又便于收集数据进行定性定量分析。主要有四大类、33 项指标（见表3.1）。

（1）能源协调度评价指标：能源消耗总量、煤炭消耗量、石油消耗量、天然气（包括页岩气）消耗量、电力消耗量、能源消耗弹性系数等共 6 项。

（2）经济协调度评价指标：地区生产总值（GDP）、人均 GDP、第一产业增加值、第二产业增加值、第三产业增加值、工业总产值、社会消费品零售总额、地方财政一般预算收入、城镇居民人均可支配收入、农村居民人均可支配收入等共 10 项。

表 3.1　　　　　重庆市能源、经济、环境与社会协调发展评价指标体系

总目标层	目标层（四层）	指标层（33 项）
能源、经济、环境与社会协调发展评价指标体系	能源子系统（6 项）	能源消耗总量（万吨标准煤） 煤炭消耗量（万吨标准煤） 石油消耗量（万吨标准煤） 天然气消耗量（万吨标准煤） 电力消耗量（万吨标准煤） 能源消耗弹性系数
	经济子系统（10 项）	地区生产总值 GDP（亿元） 人均 GDP（元） 第一产业增加值（亿元） 第二产业增加值（亿元） 第三产业增加值（亿元） 工业总产值（亿元） 社会消费品零售总额（亿元） 地方财政一般预算收入（万元） 城镇居民人均可支配收入（元） 农村居民人均可支配收入（元）
	环境子系统（7 项）	工业废水排放总量（万吨） 工业废气排放总量（亿 m³） 化学需氧量排放总量（吨） 万元 GDP 能耗（吨标准煤/万元） SO_2 排放量（吨） CO_2 排放量（万吨） 工业烟（粉）尘排放量（吨）
	社会子系统（10 项）	常住人口（万人） 城镇化率（%） R&D 人员全时当量 R&D 经费内部支出（万元） R&D 项目数（个） 专利发明申请数（个） 有效发明专利数（个） 亿元地区生产总值生产安全事故死亡率（%） 煤炭生产百万吨死亡率（%） 煤矿事故死亡人数（人）

（3）环境协调度评价指标：工业废水排放总量、工业废气排放总量、化学需氧量排放总量（COD）、CO_2 排放总量、SO_2 排放总量、工业烟粉尘排放量等共 7 项。

（4）社会协调度评价指标：其中，人口方面主要涉及全市常住人口、城镇化率；科

技方面主要涉及 R&D 人员全时当量、R&D 经费内部支出、R&D 项目数、专利发明申请数、有效发明专利数等方面。安全生产方面主要包括亿元地区生产总值生产安全事故死亡率、煤炭生产百万吨死亡率、煤矿事故死亡人数等共 10 项。

为便于研究工作的开展，既能收集数据、又能反映指标特征数据的显著代表性，分析能源与经济社会发展间的相关关系（Alshehry，Belloumi，2014）。笔者根据《重庆市统计年鉴》和《中国能源统计年鉴》收集到的数据列入同一张 Excel 表，采用 SPSS19.0 软件进行共线分析发现：同类指标数据与其较接近的指标具有较强的"共性"，笔者筛选具有显著代表性的指标进行分析研究，以适应剖析事物的本质，这样既能简化研究分析流程，又能较准确地抓住研究对象的本质特征。经反复验证分析，选出图 3.1 中的 22 个指标作为样本进行研究，以厘清我们将要进行的能源绿色低碳发展的思路，为下一步相关分析研究奠定坚实的基础。

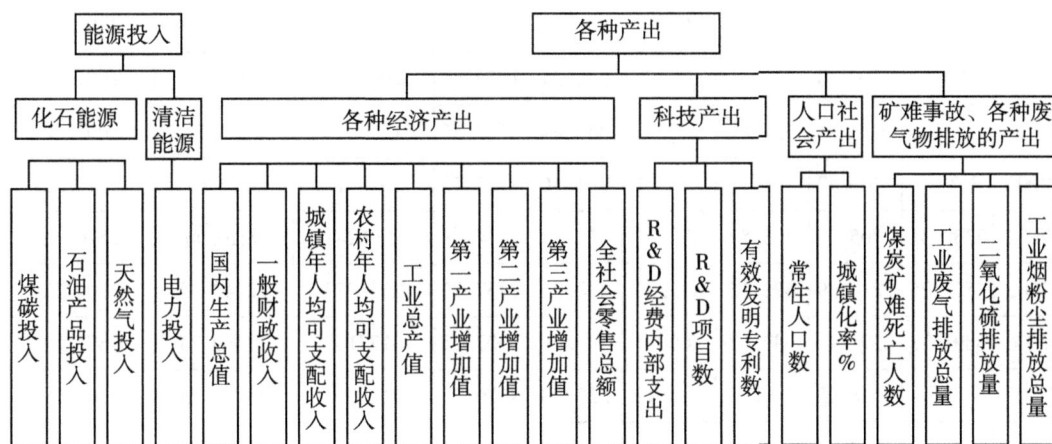

图 3.1　化石能源绿色低碳高效利用研究目标框架

3.2　对影响能源绿色低碳发展主要因素的相关性分析

要研究能源绿色低碳发展，首先应弄清能源的经济产出、废水、废气、废物排放等相关因素影响程度，采用归纳分析、演绎推理定性分析是不够的，必须定量描述能源与各因素相关关系的系数，以定性定量把握各因素之间的依存关系。根据《重庆市统计年鉴》和《中国能源统计年鉴》1997—2014 年 18 年间的各项数据，为方便统计分析软件运行和研究的逻辑关系需要，笔者划分为几大研究分析板块进行能源系统相关性分析。

3.2.1　能源绿色低碳发展与经济产出的相关性分析

对区域经济的运行发展的重要考量，是要观察国内生产总值、财政收入、城镇居民人均可支配收入、农村居民人均可支配收入的增长情况，但经济如何运行与发展必然离不开能源消耗的支撑，它们之间必然存在高度相关关系，我们将重庆 1997—2014 年的 18 年间能源消耗量与国内生产总值、财政收入、城镇居民人均可支配收入、农村居民人均可支配收入数据建立相关分析，设计的原始数据如表3.2所示。

表 3.2　　　能源消耗与财政收入、居民人均可支配收入的相关性分析的数据表

| 年份 | 能源消耗情况（万吨标准煤） | | | | | 经济产出 | | | |
	能源消耗总量	煤炭消耗量	油料消耗量	天然气消耗量	电力消耗量	GDP（亿元）	地方财政一般预算收入（万元）	城镇居民人均可支配收入（元）	农村居民人均可支配收入（元）
1997	2030.13	1383.98	282.8	145.47	217.11	1509.75	593060	5302.05	1692.36
1998	2119.46	1393.43	291.3	183.62	251.11	1602.38	711287	5442.84	1801.17
1999	2278.42	1495.55	308.19	196.34	278.34	1663.2	767341	5828.43	1835.54
2000	2410.82	1599.8	312.2	202.17	296.65	1791	872442	6176.3	1892.44
2001	2573.68	1700.43	322.51	206.2	344.54	1976.86	1061243	6572.3	1971.18
2002	2823.05	1928.9	331.87	213.84	348.44	2232.86	1260674	7238.07	2097.58
2003	3137.9	2206.42	346.11	220.81	361.56	2555.72	1615618	8093.67	2214.55
2004	3368.41	2205.08	403.52	379.97	379.84	3034.58	2006241	9220.96	2510.41
2005	3527.26	2214.39	472.15	411.86	428.86	3467.72	2568072	10243.99	2809.32
2006	3891.22	2391.46	532.67	469.11	497.98	3907.23	3177165	11569.74	2873.83
2007	4508.4	2828.25	578.95	549.12	552.08	4676.13	4427000	13715.25	3509.29
2008	4706.65	2860.5	648.38	600.57	597.2	5793.66	5775738	15708.74	4126.21
2009	5124.82	3193.02	657.82	619.73	654.25	6531.01	6818189	17191.1	4478.35
2010	5810.82	3551.05	750.39	741.2	768.18	7925.58	10182938	17532.43	5276.66
2011	6426.95	3813.86	819.81	912.06	881.22	10011.37	14883336	20249.7	6480.41
2012	6798.25	4034.42	941.24	933.99	888.6	11409.6	14658509	22968.14	7383.27
2013	7253.91	4268.51	954.9	1030.99	999.5	12783.26	16932438	25216.13	8331.97
2014	7693.96	4508.09	1085.68	1034.39	1065.8	14262.6	19220159	25147	9490

将表3.2的数据输入SPSS19.0软件，选择"双变量""均值和标准差""Pearson（皮尔逊相关系数）""Kendall 的 tau_b（KTB 相关系数）""Spearman（相关系数的 r 值）"运行，每对变量分析获得三张技术分析表，共输出48张研究结果表，为便于使用，将同类相同结果的事项进行合并，将其归类整理归集后，以表3.3、表3.4的研究分析成果反映。

表 3.3   描述性统计量表

项目名称	均值	标准差	项目名称	均值	标准差
煤炭消耗量	2643.17	1035.14	GDP（亿元）	5396.36	4177.78
油料消耗量	557.81	261.22	财政收入（万元）	5973969.44	6331541.5
天然气消耗量	502.86	314.97	城镇居民人均可支配收入（元）	12967.6	6993.76
电力消耗量	545.07	271.76	农村居民人均可支配收入（元）	3931.92	2469.24

表 3.4   能源消耗与经济产出相关属性分析表

项目	相关性	GDP（亿元）	财政收入（万元）	城镇居民人均可支配收入（元）	农村居民人均可支配收入（元）
煤炭消耗量	Pearson 相关性	0.977	0.964	0.991	0.968
	Kendall 的 tau_b 相关系数	0.987	0.974	0.974	0.987
	Spearman 的 rbo（相关系数的 r 值）	0.998	0.996	0.996	0.998
	协方差	4224983.95	63200 亿元	7176895.76	2475489.64
油料消耗量	Pearson 相关性	0.988	0.975	0.993	0.983
	Kendall 的 tau_b 相关系数	1	0.987	0.987	1
	Spearman 的 rbo（相关系数的 r 值）	1	0.998	0.998	1
	协方差	1078513.94	16120 亿元	1814245.4	634349.76
天然气消耗量	Pearson 相关性	0.979	0.971	0.993	0.971
	Kendall 的 tau_b 相关系数	1	0.987	0.987	1
	Spearman 的 rbo（相关系数的 r 值）	1	0.998	0.998	1
	协方差	1288844.05	19350 亿元	2186670.4	755172.5
电力消耗量	Pearson 相关性	0.989	0.982	0.992	0.983
	Kendall 的 tau_b 相关系数	1	0.987	0.987	1
	Spearman 的 rbo（相关系数的 r 值）	1	0.998	0.998	1
	协方差	1122911.33	16900 亿元	1884794.85	659634.36

**：在 0.01 水平（双侧）上显著相关。

相关性结果排序为：第一位是城镇居民人均可支配收入相关性（天然气 0.993、油料 0.993、电力 0.992、煤炭 0.991）呈高度相关；第二位是国内生产总值相关性（电力

0.989、油料 0.988、天然气 0.979、煤炭 0.977），也是高度相关；第三位是农村居民人均可支配收入相关性（油料 0.983、电力 0.983、天然气 0.971、煤炭 0.968）仍是高度相关；第四位是财政收入与能源消耗相关性（电力 0.982、油料 0.975、天然气 0.971、煤炭 0.964）都是高度相关。

　　按 KTB 相关系数和相关系数 r 值排序则是：国内生产总值（油料：1、1，天然气：1、1，电力：1、1，煤炭：0.987、0.998）和农村居民人均可支配收入（油料：1、1，天然气：1、1，电力：1、1，煤炭：0.987、0.998），其中相关系数为 1 的是完全相关。

　　表 3.3 的结果反映：能源中煤炭、油料、天然气、电力，以及对应的 GDP、财政收入、城镇居民人均可支配收入、农村居民人均可支配收入等 8 项指标统计分析的标准差、均值均未偏离正态分布所反映的指标显著特征性；其中煤炭均值 2643.17 介于煤炭输入值 1383.98 万 t 与 4508.09 万 t 之间，煤炭统计分析的标准差 1035.14 占煤炭输入 18 年数据总和（47577.14）的 2.18%，表明数据离散度较小，结果落在统计分析正态分布具有高度代表性的区域内；其他各项指标略。

3.2.2　能源绿色低碳发展与三次产业、全社会零售总额的相关性分析

　　经济社会的发展，特别是一、二、三次产业的发展和产业结构的转换升级，以及社会消费状况，无一不是与能源消费密切联系，要系统地把握它们间的定量依存关系，我们根据《重庆市统计年鉴》和《中国能源统计年鉴》1997—2014 年 18 年间的各项数据，整理编制《重庆市 1997—2014 年能源消耗与三次产业、全社会零售总额的相关分析数据表》（表 3.5）。

表 3.5　**重庆市 1997—2014 年能源消耗与三次产业、全社会零售总额的相关分析数据表**

年份	能源消耗情况（万吨标准煤）					三次产业（亿元）			全社会零售总额（亿元）
	能源消耗总量	煤炭消耗量	油料消耗量	天然气消耗量	电力消耗量	第一产业	第二产业	第三产业	
1997	2030.13	1383.98	282.8	145.47	217.11	307.21	650.4	552.14	568.19
1998	2119.46	1393.43	291.3	183.62	251.11	300.89	675.64	625.85	619.4
1999	2278.42	1495.55	308.19	196.34	278.34	286.16	697.81	679.23	667.01
2000	2410.82	1599.8	312.2	202.17	296.65	284.87	760.03	746.1	719.95
2001	2573.68	1700.43	322.51	206.2	344.54	294.9	841.95	840.01	782.31
2002	2823.05	1928.9	331.87	213.84	348.44	317.87	958.87	956.12	853.6
2003	3137.9	2206.42	346.11	220.81	361.56	339.06	1135.31	1081.35	934.67
2004	3368.41	2205.08	403.52	379.97	379.84	428.05	1376.91	1229.62	1068.33

年份	能源消耗情况（万吨标准煤）					三次产业（亿元）			全社会零售总额（亿元）
	能源消耗总量	煤炭消耗量	油料消耗量	天然气消耗量	电力消耗量	第一产业	第二产业	第三产业	
2005	3527.26	2214.39	472.15	411.86	428.86	463.4	1564	1440.32	1227.81
2006	3891.22	2391.46	532.67	469.11	497.98	386.38	1871.65	1649.2	1431.51
2007	4508.4	2828.25	578.95	549.12	552.08	482.39	2181.82	2011.92	1711.12
2008	4706.65	2860.5	648.38	600.57	597.2	575.4	2586.58	2631.68	2147.12
2009	5124.82	3193.02	657.82	619.73	654.25	606.8	2938.67	2984.54	2515.02
2010	5810.82	3551.05	750.39	741.2	768.18	685.38	3531.1	3709.1	3051.1
2011	6426.95	3813.86	819.81	912.06	881.22	844.52	4462.81	4704.04	3782.33
2012	6798.25	4034.42	941.24	933.99	888.6	940.01	5174.81	5294.78	4403
2013	7253.91	4268.51	954.9	1030.99	999.5	1002.68	5812.29	5968.29	5055.77
2014	7693.96	4508.09	1085.68	1034.39	1065.8	1061.03	6529.06	6672.51	5710.67

将表 3.5 的数据输入 SPSS19.0 统计分析软件，选择"双变量""均值和标准差""Pearson（相关性）""Kendall 的 tau_b（KTB 相关系数）""Spearman（相关系数的 r 值）"运行，每对变量分析获得三张技术分析表进行相关分析，分别获得"描述性统计量""相关性""相关系数"三类结果共 36 张研究成果表，经合并同类相同事项、归类整理得到表 3.6、表 3.7 成果表。

表 3.6　　　　　　　　　　　　　　描述性统计量

项目名称	均值（万吨标准煤）	标准差	项目名称	均值（亿元）	标准差
煤炭消耗量	2643.17	1035.14	第一产业	533.72	265.73
油料消耗量	557.81	261.22	第二产业	2430.54	1910.23
天然气消耗量	502.86	314.97	第三产业	2432.04	2004.21
电力消耗量	545.07	1910.23	全社会零售总额	2069.38	1654.54

考察表 3.6 可以看出，重庆市 1997—2014 年的 18 年间，能源消耗量与第一、第二、第三产业间的依承关系相当紧密，反映的相关属性："Pearson 相关性""Kendall 的 tau_b 相关系数""Spearman 的 rbo（相关系数的 r 值）"，即 P 相关性、KTB 相关系数、相关系数 r 值均大于 0.9 以上，呈现出高度相关状态，是能源绿色低碳高效利用研究和分析的重点因素所在。

表 3.7　　　　　　　**重庆能源消耗量与三次产业、全社会零售总额间相关属性表**

项目	相关性	第一产业	第二产业	第三产业	全社会零售总额
煤炭消耗量	Pearson 相关性	0.973	0.977	0.976	0.970
	Kendall 的 tau_b 相关系数	0.856	0.987	0.987	0.987
	Spearman 的 rbo（相关系数的 r 值）	0.955	0.998	0.998	0.998
	协方差	267644.44	1932821.51	2024485.66	1661208.02
油料消耗量	Pearson 相关性	0.983	0.99	0.986	0.983
	Kendall 的 tau_b 相关系数	0.869	1	1	1
	Spearman 的 rbo（相关系数的 r 值）	0.959	1	1	1
	协方差	68261.98	493770.22	516475.86	425045.12
天然气消耗量	Pearson 相关性	0.981	0.98	0.978	0.971
	Kendall 的 tau_b 相关系数	0.869	1	1	1
	Spearman 的 rbo（相关系数的 r 值）	0.959	1	1	1
	协方差	82068.6	589626.89	617141.68	506245.65
电力消耗量	Pearson 相关性	0.981	0.989	0.989	0.985
	Kendall 的 tau_b 相关系数	0.869	1	1	1
	Spearman 的 rbo（相关系数的 r 值）	0.959	1	1	1
	协方差	70857.51	513404.02	538643.37	442729.98

**：在 0.01 水平（双侧）上显著相关。

相关性结果排序为：第一位是能源与第二产业相关性（油料 0.99、天然气 0.98、电力 0.989、煤炭 0.977），呈现高度相关，第二位是第三产业相关性（电力 0.989、油料 0.986、天然气 0.978、煤炭 0.976），也是高度相关，第三位是第一产业相关性（油料 0.983、天然气 0.981、电力 0.981、煤炭 0.937），仍是高度相关，第四位是能源与全社会零售总额相关性（电力 0.985、油料 0.983、天然气 0.971、煤炭 0.97）。按 KTB 相关系数和相关系数 r 值排序则是：第一位是能源与第二产业相关系数（油料：1、1，天然气：1、1，电力：1、1，煤炭：0.987、0.998）和能源与第三产业相关系数（油料：1、1，天然气：1、1，电力：1、1，煤炭：0.987、0.998）以及能源与全社会零售总额（油料：1、1，天然气：1、1，电力：1、1，煤炭：0.987、0.998）。其中相关系数为 1 的是完全相关，这是应该重点关注研究的方面。

3.2.3　对能源绿色低碳发展与"三废"排出的相关性分析

经济要发展，人民生活要改善，都离不开能源消费，但在能源消费给人们的生产生活提供非常广阔的发展空间的同时，也大量地排出废气，SO_2、CO_2、工业粉尘、废水等污染物，对环境承载力造成极大的压力，为寻求低碳环保的能源消费生产生活并可持续利用，是摆在我们面前一个既严肃又沉重的热门话题。我们根据《重庆市统计年鉴》和《中国能源统计年鉴》1997—2014 年 18 年间的各项数据，进行整理编制了表 3.8，即重庆能源消耗与工业总产值"三废"产出的相关性分析数据表。

表 3.8　　　　　　　　重庆能源消耗与工业、"三废"产出的相关性分析数据表

年份	能源消耗情况（万吨标准煤）					工业产值、三废排放			
	能源消耗总量	煤炭消耗量	油料消耗量	天然气消耗量	电力消耗量	工业产值（亿元）	工业废水排放总量（万吨）	二氧化硫（万吨）	工业烟(粉)尘（万吨）
1997	2030.13	1383.98	282.8	145.47	217.11	7947952	101324	71.43	33.18
1998	2119.46	1393.43	291.3	183.62	251.11	7667894	93997	73.64	28.65
1999	2278.42	1495.55	308.19	196.34	278.34	8585525	90220	75.88	26.44
2000	2410.82	1599.8	312.2	202.17	296.65	9623226	84344	66.42	22.01
2001	2573.68	1700.43	322.51	206.2	344.54	10728325	81214	56.94	21.41
2002	2823.05	1928.9	331.87	213.84	348.44	12283741	79872	55.18	20.31
2003	3137.9	2206.42	346.11	220.81	361.56	15889928	81973	59.97	20.23
2004	3368.41	2205.08	403.52	379.97	379.84	21427261	83031	64.11	21.98
2005	3527.26	2214.39	472.15	411.86	428.86	25258684	84885	68.32	21.28
2006	3891.22	2391.46	532.67	469.11	497.98	32142340	85866	71.08	20.01
2007	4508.4	2828.25	578.95	549.12	552.08	43632489	69003	68.31	18.23
2008	4706.65	2860.5	648.38	600.57	597.2	57558984	67027	62.72	15.33
2009	5124.82	3193.02	657.82	619.73	654.25	67729015	65684	58.61	10.77
2010	5810.82	3551.05	750.39	741.2	768.18	91435532	45180	57.27	8.36
2011	6426.95	3813.86	819.81	912.06	881.22	118470581	33954	53.13	17.12
2012	6798.25	4034.42	941.24	933.99	888.6	130951235	30611	50.98	16.61
2013	7253.91	4268.51	954.9	1030.99	999.5	157854080	33450	49.44	17.98
2014	7693.96	4508.09	1085.68	1034.39	1065.8	187823331	34968	47.48	21.47

将表 3.8 的数据输入 SPSS19.0 统计分析软件进行相关性分析，分别获得"描述性统计量""相关性""相关系数"三类结果共 36 张研究成果表，经合并同类相同事项、归类整理得到表 3.9、表 3.10 成果表。

表 3.9　　　　　　　　　　　　　　描述性统计量表

项目名称	均值（万吨标准煤）	标准差	项目名称	均值	标准差
煤炭消耗量	2643.17	1035.14	工业生产总值（亿元）	55945006.83	57467820.78
油料消耗量	557.81	261.22	工业废水排放（万吨）	69255.72	23300.83

续表

项目名称	均值（万吨标准煤）	标准差	项目名称	均值	标准差
天然气消耗量	502.86	314.97	SO_2排放（万吨）	61.72	8.68
电力消耗量	545.07	1910.23	工业烟粉尘（万吨）	20.08	5.81

表 3.10　　　　　　　　能源消耗与工业、"三废"排放相关性分析表

项目	相关性	工业总产值（亿元）	工业废水排放（万吨）	SO_2排放（万吨）	工业烟粉尘排放（万吨）
煤炭消耗量	Pearson 相关性	0.964	−0.961	−0.788	−0.642
	Kendall 的 tau_b 相关系数	0.974	−0.752	−0.608	−0.647
	Spearman 的 rbo（相关系数的 r 值）	0.996	−0.895	−0.748	−0.759
	协方差	5.735×10^{10}	1071511.91	−7082.11	−3857.6
油料消耗量	Pearson 相关性	0.979	−0.944	−0.738	−0.566
	Kendall 的 tau_b 相关系数	0.987	−0.739	−0.595	−0.634
	Spearman 的 rbo（相关系数的 r 值）	0.998	−0.893	−0.744	−0.748
	协方差	1.47×10^{10}	−5748431.52	−1672.51	68236.95
天然气消耗量	Pearson 相关性	0.967	−0.952	−0.724	−0.589
	Kendall 的 tau_b 相关系数	0.987	−0.739	−0.595	−0.634
	Spearman 的 rbo（相关系数的 r 值）	0.998	−0.893	−0.744	−0.748
	协方差	1.75×10^{10}	6989830.09	−1979.93	−1076.46
电力消耗量	Pearson 相关性	0.981	−0.966	−0.785	−0.6
	Kendall 的 tau_b 相关系数	0.987	−0.739	−.0.595	−0.634
	Spearman 的 rbo（相关系数的 r 值）	0.998	−0.893	0.744	−0.748
	协方差	1.532×10^{10}	−6115967.1	−1851.57	−946.49

**：在 0.01 水平（双侧）上显著相关。

从表 3.10 可以看出，相关性结果排序为：第一位是工业生产总值相关性（电力 0.981、油料 0.979、天然气 0.967、煤炭 0.964），呈高度相关状态；第二位是工业废水排放负相关性（电力−0.966、煤炭−0.961、天然气−0.952、油料−0.944），也是高度相关；第三位是 SO_2 排放，呈负相关性（煤炭−0.788、电力−0.785、油料−0.738、天然气−0.724）强相关；第四位是工业烟粉尘排放，呈负相关性（煤炭−0.642、电力−0.6、天然气−0.589、油料 0.566）。

按 KTB 相关系数和相关系数 r 值排序则是：第一位是工业生产总值相关系数（天然气：0.987、0.998，油料：0.987、0.998，煤炭：0.974、0.895，电力：0.987、0.998）；

第二位是工业废水排放值相关系数（煤炭：-0.752、-0.895，油料：-0.739、-0.893，天然气：-0.739、-0.893，电力：-0.739、-0.893）；第三位是SO_2排放值相关系数（煤炭-0.608、-0.748，油料：-0.595、-0.744，天然气：-0.595、-0.744，电力：-0.595、-0.744），最后是工业烟粉尘排放，都呈强相关性，这是应重点关注研究的方面。

3.2.4　能源绿色低碳发展与人口、城镇化、矿难的相关性分析

能源消费与人们的生产生活息息相关，没有能源的消费就没有正常的人类发展的轨迹，人们的生活、出行、生产等活动都需要能源消费作支撑，根据《重庆市统计年鉴》和《中国能源统计年鉴》1997—2014年18年间的各项数据，进行整理编制成表3.11。

表3.11　　　　　　重庆能源与人口、城镇化、矿难产出的相关性分析数据表

年份	能源消耗情况（万吨标准煤）					人口、城镇化率、矿难		
	能源消耗总量	煤炭消耗量	油料消耗量	天然气消耗量	电力消耗量	常住人口（万人）	城镇化率（%）	矿难死亡人数
1997	2030.13	1383.98	282.8	145.47	217.11	2873.36	31	219
1998	2119.46	1393.43	291.3	183.62	251.11	2870.75	32.6	190
1999	2278.42	1495.55	308.19	196.34	278.34	2860.37	34.3	256
2000	2410.82	1599.8	312.2	202.17	296.65	2848.82	35.6	323
2001	2573.68	1700.43	322.51	206.2	344.54	2829.21	37.4	309
2002	2823.05	1928.9	331.87	213.84	348.44	2814.83	39.9	460
2003	3137.9	2206.42	346.11	220.81	361.56	2803.19	41.9	446
2004	3368.41	2205.08	403.52	379.97	379.84	2793.32	43.5	419
2005	3527.26	2214.39	472.15	411.86	428.86	2798	45.2	455
2006	3891.22	2391.46	532.67	469.11	497.98	2808	46.7	357
2007	4508.4	2828.25	578.95	549.12	552.08	2816	48.3	321
2008	4706.65	2860.5	648.38	600.57	597.2	2839	50	280
2009	5124.82	3193.02	657.82	619.73	654.25	2859	51.6	234
2010	5810.82	3551.05	750.39	741.2	768.18	2884.62	53	174
2011	6426.95	3813.86	819.81	912.06	881.22	2919	55	135
2012	6798.25	4034.42	941.24	933.99	888.6	2945	57	103
2013	7253.91	4268.51	954.9	1030.99	999.5	2979	58.3	84
2014	7693.96	4508.09	1085.68	1034.39	1065.8	2991.4	59.6	85

将表 3.11 的数据输入 SPSS19.0 统计分析软件，选择"双变量""均值和标准差""Pearson（相关性）""Kendall 的 tau_b（KTB 相关系数）""Spearman（相关系数的 r 值）"运行，每对变量分析获得三张技术分析表，进行相关分析，分别获得"描述性统计量""相关性""相关系数"三类结果共 36 张研究成果表，经合并同类相同事项、归类整理得到表 3.12 和表 3.13 如下：

表 3.12　　　　　　　　　　　　　　　　　描述性统计量表

项目名称	均值	标准差	项目名称	均值	标准差
煤炭消耗量	2643.17	1035.14	常住人口（万人）	2862.94	60.68
油料消耗量	557.81	261.22	城镇化率（%）	45.6056	9.14610
天然气消耗量	502.86	314.97	矿难死亡人数	269.4444	126.66316
电力消耗量	545.07	1910.23			

表 3.13　　　　　　　　　　　　能源消耗与人口、城镇化、矿难相关性分析表

项目	相关性	常住人口（万人）	城镇化率（%）	矿难死亡人数（人）
煤炭消耗量	Pearson 相关性	0.722	0.978	−0.639
	Kendall 的 tau_b 相关系数	0.322	0.987	−0.399
	Spearman 的 rbo（相关系数的 r 值）	0.449	0.998	−0.517
	协方差	45344.56	9256.11	−83760.16
油料消耗量	Pearson 相关性	0.776	0.956	×
	Kendall 的 tau_b 相关系数	0.307	1	×
	Spearman 的 rbo（相关系数的 r 值）	0.445	1	×
	协方差	12292.52	2284.45	×
天然气消耗量	Pearson 相关性	0.751	0.963	×
	Kendall 的 tau_b 相关系数	0.307	1	×
	Spearman 的 rbo（相关系数的 r 值）	0.445	1	×
	协方差	14352.28	2773.49	×
电力消耗量	Pearson 相关性	0.981	0.96	×
	Kendall 的 tau_b 相关系数	0.987	1	×
	Spearman 的 rbo（相关系数的 r 值）	0.998	1	×
	协方差	1.532×10^{10}	2387.39	×

**：在 0.01 水平（双侧）上显著相关。

从表 3.13 可以看出，相关系数结果排序为：第一位是城市化率的相关性（煤炭

0.978、天然气0.963、油料0.956、电力0.96）呈高度相关状态；第二位是工业常住人口的相关性（油料0.776、电力0.773、天然气0.751、煤炭0.722）呈较强相关状态，第三位是矿难死亡人数的负相关性（煤炭-0.639，这里的数据只涉及煤矿事故，所以与电力、油料、天然气作相关分析无意义）。

按KTB相关系数和相关系数 r 值排序则是：第一位也是城镇化率相关系数（油料：1、1，天然气：1、1，电力：1、1，煤炭：0.987、0.998），第二位是常住人口相关系数（煤炭：0.332、0.445，油料：0.307、0.445，天然气：0.307、0.445，电力：0.307、0.445），第三位是矿难死亡人数相关系数（煤炭：-0.399、-0.517）；这是应重点关注研究的方面。

3.2.5　能源绿色低碳发展与科技因素的相关性分析

科技是第一生产力，没有科技事业的发展，就没有现代新兴产业集群的兴起和突飞猛进的进步，而科技的研究与开发无一离不开能源的供应支撑，能源的消费特别是化石能源的消费则是科技研究开发的土壤，而科技的进步又滋生能源可以进入低碳高效可持续利用的良性生态环境，我们通过《重庆市统计年鉴》和《中国能源统计年鉴》1997—2014年18年间的各项数据，进行整理，编制了表3.14。

表3.14　　　　　　　　重庆能源与科技因素的相关性分析数据表

年份	能源消耗情况（万吨标准煤）					科技因素（亿元）		
	能源消耗总量	煤炭消耗量	油料消耗量	天然气消耗量	电力消耗量	R&D经费支出（万元）	R&D项目（个）	获发明专利（个）
1997	2030.13	1383.98	282.8	145.47	217.11	55558	4426	182
1998	2119.46	1393.43	291.3	183.62	251.11	68708	4962	211
1999	2278.42	1495.55	308.19	196.34	278.34	84202	5464	240
2000	2410.82	1599.8	312.2	202.17	296.65	101867	6009	291
2001	2573.68	1700.43	322.51	206.2	344.54	123239	6640	343
2002	2823.05	1928.9	331.87	213.84	348.44	153272	7362	395
2003	3137.9	2206.42	346.11	220.81	361.56	192556	8107	470
2004	3368.41	2205.08	403.52	379.97	379.84	243025	8907	521
2005	3527.26	2214.39	472.15	411.86	428.86	304680	9987	612
2006	3891.22	2391.46	532.67	469.11	497.98	380759	11141	762
2007	4508.4	2828.25	578.95	549.12	552.08	470734	12060	1719
2008	4706.65	2860.5	648.38	600.57	597.2	608852	14045	2465
2009	5124.82	3193.02	657.82	619.73	654.69	779565	16713	3652
2010	5810.82	3551.05	750.39	741.2	768.18	1002663	18545	3575

续表

年份	能源消耗情况（万吨标准煤）					科技因素（亿元）		
	能源消耗总量	煤炭消耗量	油料消耗量	天然气消耗量	电力消耗量	R&D 经费支出（万元）	R&D 项目（个）	获发明专利（个）
2011	6426.95	3813.86	819.81	912.06	881.22	1283560	19375	5109
2012	6798.25	4034.42	941.24	933.99	888.6	1597973	21796	6741
2013	7253.91	4268.51	954.9	1030.99	999.5	1764911	24792	8669
2014	7693.96	4508.09	1085.68	1034.39	1065.8	2018528	28462	11192

　　将表 3.14 的数据输入 SPSS19.0 统计分析软件，选择"双变量""均值和标准差""Pearson（相关性）""Kendall 的 tau_b（KTB 相关系数）""Spearman（相关系数的 r 值）"运行，每对变量分析获得三张技术分析表，进行相关分析，分别获得"描述性统计量""相关性""相关系数"三类结果共 36 张研究成果表，经合并同类相同事项，归类整理得到表 3.15 和表 3.16。

表 3.15　　　　　　　　　　　　　　描述性统计量表

项目名称	均值	标准差	项目名称	均值	标准差
煤炭消耗量	2643.17	1035.14	R&D 经费支出（万元）	624147.33	640844.05
油料消耗量	557.81	261.22	R&D 项目个数（件）	12710.72	7317.95
天然气消耗量	502.86	314.97	获得专利（件）	2619.39	3303.69
电力消耗量	545.07	1910.23			

表 3.16　　　　　　　　　能源消耗与人口矿难相关属性分析表

项目	相关性	R&D 经费支出（万元）	R&D 项目数（件）	获得专利（件）
煤炭消耗量	Pearson 相关性	0.968	0.989	0.927
	Kendall 的 tau_b 相关系数	0.987	0.987	0.974
	Spearman 的 rbo（相关系数的 r 值）	0.998	0.998	0.996
	协方差	6.421×10^8	7489890.85	3168468.57
油料消耗量	Pearson 相关性	0.982	0.992	0.949
	Kendall 的 tau_b 相关系数	1	1	0.987
	Spearman 的 rbo（相关系数的 r 值）	1	1	0.998
	协方差	1.644×10^8	1896596.2	819294.63

项目	相关性	R&D 经费支出 （万元）	R&D 项目数 （件）	获得专利（件）
天然气消耗量	Pearson 相关性	0.969	0.981	0.923
	Kendall 的 tau_b 相关系数	1	1	0.987
	Spearman 的 rbo（相关系数的 r 值）	1	1	0.998
	协方差	1.957×10^8	2261167.5	960944.84
电力消耗量	Pearson 相关性	0.982	0.993	0.947
	Kendall 的 tau_b 相关系数	1	1	0.987
	Spearman 的 rbo（相关系数的 r 值）	1	1	0.998
	协方差	1.71×10^8	1975449.55	850216.25

从表 3.16 可以看出，相关性系数结果排序为：第一位是 R&D 项目数的相关性（油料 0.992、煤炭 0.989、天然气 0.981、电力 0.993），呈现高度相关性；第二位是 R&D 经费支出的相关性（油料 0.982、电力 0.982、天然气 0.969、煤炭 0.968），也呈现高度相关性；第三位是获得专利的相关性（油料 0.949、电力 0.947、煤炭 0.927、天然气 0.923）仍是高度相关性，这些都是下一步重点研究的对象。

按 KTB 相关系数和相关系数 r 值排序则是：第一位是 R&D 经费支出和 R&D 项目数相关系数（油料：1、1，天然气：1、1，电力：1、1，煤炭：0.987、0.998）；第二位是获得专利的相关系数（油料：0.987、0.998，天然气：0.987、0.998，电力：0.987、0.998，煤炭：0.974、0.996），其中相关系数是 1 的表明完全相关，其他均为高度相关，这是应重点关注研究的方面。

3.3 重庆能源与经济、社会及环境系统的协调度研究

前面已将化石能源与经济社会及环境保护指标间的相关关系进行了深入的研究，其结果表明：所选择的 18 个研究指标与能源虽有较强的依存关系，相关性和相关系数、相关系数 r 值表现层次是：有 21 组相关系数达到 1，有 81 组达到 0.95 以上（不含 1），有 5 组达到 0.92 以上（不含 0.95~1），有 23 组在 0.7 以上（不含 0.92~1），少数在 0.7 以下。这样的研究结果比预想的结果还要好，但为了进一步揭示研究指标相互之间的耦合关系，有必要再进行能源、经济、环境与社会发展指标间的协调度研究。

3.3.1 重庆能源与经济、环境、社会发展协调度的评价模型介绍

能源、经济与环境的协调度评价是定量描述特定地区在一定的经济发展水平条件下，能源消费与经济发展、经济结构以及环境承载力、环境保护之间的相互耦合关系，本系统协调度综合评价可以表达为能源协调度、经济协调度和环境协调度的函数，其

关系可改为：

$$M = \alpha M_e + \beta M_c + \chi M_v + \delta M_s \tag{3.1}$$

式中：M 为能源、经济、环境与社会系统协调度；M_e 为能源协调度；M_c 为经济协调度；M_v 为环境协调度，M_s 为社会协调度，且有

$$\alpha + \beta + \chi + \delta = 1$$

由于 M_e、M_c、M_v 和 M_s 介于 0 和 1 之间，所以以上模型中的协调度 M 也介于 0 和 1 之间，当 $M=0$ 时，说明该系统的协调度极小，处于失调的状态。当 $M=1$ 时，说明能源与经济系统的协调度极大，为优级协调。在一般函数的基础上，假定 M_e、M_c、M_v 和 M_s 具有同等重要程度，再考虑到无论严重忽视哪一项都会对整体造成严重的不协调。据此得出，能源、经济与环境系统协调度数学模型：

$$M = \sqrt[4]{M_e \cdot M_c \cdot M_v \cdot M_s} \tag{3.2}$$

3.3.2　重庆能源与经济、环境、社会发展协调度评价的实证

由于采集数据资料所限，无法准确设定能源、经济、环境与社会系统各子系统的各项评价指标标准集。因此，笔者选取 1995—2014 年重庆能源、经济、环境与社会协调发展评价指标体系中所需数据进行研究，借鉴国际上 Stern（2000）、ESH Yu（1999）、OBEA Reexamination（2000）等的协整分析方法（Akarca，Long，1980；Yu，Jin，1992；Stern，2000；Aviral，2011），结合中国现阶段技术和重庆能源绿色低碳发展实际，采用赵涛、李喧煜和廖含英等人研究的计算系统协调度方法，剖析"十二五"期间重庆能源、经济、环境与社会协调发展状况，指标越接近于 1，说明此指标本年相对于其他年份测度越协调；指标越接近于 0，说明此指标本年相对于其他年份更为不协调。根据重庆 1995—2014 年时间序列数据，建立起能源与经济、环境、社会系统协调度评价模型。

1. 计算能源、经济、环境与社会系统整体发展情况

1）权重。目前，国内外确定权重的方法，大致可分为主观赋值和客观赋值两类。笔者采用主观赋权法常用的层次分析法来确定重庆市能源、经济、环境与社会协调发展评价指标体系权重。

2）值标准化。

对于正向指标，运用公式：

$$Z_i = \frac{X_i - X_{min}}{X_{max} - X_{min}} \tag{3.3}$$

对于逆向指标，运用公式：

$$Z_i = \frac{X_{max} - X_i}{X_{max} - X_{min}} \tag{3.4}$$

式中：Z_i 为某项指标 i 年份的标准化值，X_i 为某项指标 i 年份的考察值，X_{max} 为某项指标 i 年份中的最大值，X_{min} 为某项指标 i 年份中的最小值。

3）计算各系统发展情况。

计算公式：

$$E_e = \sum_{t=1}^{n} Z_i w_{fi} \tag{3.5}$$

式中：E_e 为能源系统的发展情况；Z_i 为能源系统中某项指标 i 的标准化值；w_{fi} 为能源系统发展情况的权重。对于经济系统 E_c、环境系统 E_v 和社会系统 E_s 的综合评价值同样采用以上公式计算得出。

假定能源系统、经济系统、环境系统与社会系统的发展对于能源经济系统的整体发展具有同等重要程度，则：

$$E^* = \frac{E_e + E_c + E_v + E_s}{4} \tag{3.6}$$

根据以上步骤得出结果见表 3.17。

表 3.17　　　　　　　　　　　重庆市能源、经济、环境与社会系统发展情况

年份	能源系统 发展情况	经济系统 发展情况	环境系统 发展情况	社会系统 发展情况	能源经济系统 发展情况
1995	0.9990	0.0002	0.5283	—	0.5092
1996	0.9682	0.0163	0.5476	0.4214	0.4884
1997	0.8595	0.0304	0.4787	0.3571	0.4314
1998	0.9143	0.0361	0.4899	0.3742	0.4536
1999	0.7674	0.0404	0.4709	0.3456	0.4061
2000	0.8392	0.0489	0.5628	0.2636	0.4286
2001	0.8033	0.0616	0.6517	0.3347	0.4628
2002	0.7317	0.0804	0.6738	0.1598	0.4114
2003	0.7004	0.1041	0.6685	0.2046	0.4194
2004	0.6794	0.1459	0.6165	0.3308	0.4431
2005	0.6263	0.1803	0.4929	0.3249	0.4061
2006	0.5744	0.2019	0.4630	0.4584	0.4244
2007	0.4951	0.2752	0.4878	0.5280	0.4465
2008	0.5430	0.3609	0.5455	0.6053	0.5137
2009	0.4630	0.4170	0.5232	0.6833	0.5216
2010	0.3520	0.5219	0.6019	0.7719	0.5619
2011	0.2415	0.6862	0.5312	0.8566	0.5789
2012	0.2933	0.7815	0.5709	0.9195	0.6413
2013	0.1873	0.8926	0.5596	0.9771	0.6541
2014	0.0977	0.9997	0.5452	0.9972	0.6599

2. 计算系统协调度

首先，根据上述数据计算各子系统和系统整体的发展速度，以能源系统为例，计算公式如下：

$$\left(\frac{\mathrm{d}E_e}{\mathrm{d}t}\right)_t = \frac{(E_e)_t - (E_e)_{t-1}}{(E_e)_{t-1}} \tag{3.7}$$

式中：$\left(\dfrac{\mathrm{d}E_e}{\mathrm{d}t}\right)$ 表示能源系统在时间 t 点的发展速度；$(E_e)_t - (E_e)_{t-1}$ 表示能源系统在时间 t 和 $t-1$ 点的发展水平。结果如表 3.18 所示。

表 3.18　　　　重庆市能源、经济、环境和社会系统发展速度表

年份	$\dfrac{\mathrm{d}E_e}{\mathrm{d}t}$	$\dfrac{\mathrm{d}E_c}{\mathrm{d}t}$	$\dfrac{\mathrm{d}E_v}{\mathrm{d}t}$	$\dfrac{\mathrm{d}E_s}{\mathrm{d}t}$	$\dfrac{\mathrm{d}E^*}{\mathrm{d}t}$
1995	—	—	—	—	—
1996	−0.0309	83.6379	0.0367	—	−0.0408
1997	−0.1123	0.8706	−0.1259	−0.1526	−0.1166
1998	0.0638	0.1867	0.0234	0.0479	0.0515
1999	−0.1607	0.1195	−0.0386	−0.0765	−0.1048
2000	0.0935	0.2095	0.1952	−0.2373	0.0555
2001	−0.0428	0.2606	0.1579	0.2699	0.0798
2002	−0.0891	0.3046	0.0338	−0.5225	−0.1111
2003	−0.0427	0.2944	−0.0078	0.2800	0.0194
2004	−0.0301	0.4018	−0.0778	0.6173	0.0566
2005	−0.0781	0.2357	−0.2005	−0.0181	−0.0836
2006	−0.0828	0.1197	−0.0607	0.4112	0.0452
2007	−0.1382	0.3630	0.0535	0.1518	0.0520
2008	0.0967	0.3115	0.1184	0.1465	0.1504
2009	−0.1473	0.1553	−0.0410	0.1287	0.0154
2010	−0.2396	0.2517	0.1504	0.1297	0.0773
2011	−0.3140	0.3148	−0.1175	0.1097	0.0301
2012	0.2145	0.1389	0.0748	0.0735	0.1079
2013	−0.3615	0.1421	−0.0198	0.0626	0.0200
2014	−0.4783	0.1200	−0.0258	0.0206	0.0089

然后，在确定各子系统及系统整体发展速度的基础上，即可运用式（3.8）计算各子

系统协调度:

$$M_i = \begin{cases} \exp\left(\dfrac{\mathrm{d}E_i}{\mathrm{d}t} - \dfrac{\mathrm{d}E^*}{\mathrm{d}t}\right), & \dfrac{\mathrm{d}E_i}{\mathrm{d}t} < \dfrac{\mathrm{d}E^*}{\mathrm{d}t} \\[2ex] 1, & \dfrac{\mathrm{d}E_i}{\mathrm{d}t} = \dfrac{\mathrm{d}E^*}{\mathrm{d}t} \\[2ex] \exp\left(\dfrac{\mathrm{d}E^*}{\mathrm{d}t} - \dfrac{\mathrm{d}E_i}{\mathrm{d}t}\right), & \dfrac{\mathrm{d}E_i}{\mathrm{d}t} > \dfrac{\mathrm{d}E^*}{\mathrm{d}t} \end{cases} \quad (3.8)$$

式中: $\dfrac{\mathrm{d}E_i}{\mathrm{d}t}$ 表示能源、经济、环境与社会系统内各子系统的发展速度,而式中 $\dfrac{\mathrm{d}E^*}{\mathrm{d}t}$ 则表示能源、经济、环境与社会系统的整体发展速度。再根据式(3.8),计算系统整体协调度,具体结果如表 3.19 所示。

表 3.19 　　　　　　　　　重庆市能源、经济、环境与社会系统协调度表

年份	M_e	M_c	M_v	M_s	M^*
1995	—	—	—	—	—
1996	0.9901	0.0000	0.9640	—	0.9600
1997	0.9957	0.4187	0.8817	0.8585	0.8899
1998	0.9877	0.8297	0.9769	0.9533	0.9498
1999	0.9457	0.8874	0.9621	0.9263	0.9005
2000	0.9627	0.8110	0.8227	0.7888	0.9460
2001	0.8846	0.7706	0.8539	0.7635	0.9233
2002	0.9783	0.7374	0.9668	0.5930	0.8948
2003	0.9398	0.7450	0.9922	0.7558	0.9808
2004	0.9169	0.6691	0.9251	0.5394	0.9449
2005	0.9945	0.7900	0.8184	0.9821	0.9198
2006	0.8799	0.8872	0.9411	0.6629	0.9558
2007	0.8268	0.6956	0.9479	0.8591	0.9493
2008	0.9477	0.7324	0.8883	0.8638	0.8603
2009	0.8498	0.8562	0.9599	0.8792	0.9847
2010	0.7284	0.7774	0.8603	0.8784	0.9256
2011	0.7089	0.7299	0.8891	0.8961	0.9703
2012	0.8989	0.8703	0.9279	0.9291	0.8977
2013	0.6828	0.8675	0.9804	0.9393	0.9802
2014	0.6144	0.8870	0.9746	0.9796	0.9912

从表 3.19 中可以看到，重庆能源、经济、环境与社会系统综合整体协调度 M^* 从 1996 年的 0.9600 发展到 2014 年的 0.9912，总体来讲重庆能源、经济、环境与社会协调度趋于好转。其中，2014 年能源、经济、环境与社会系统综合协调度最高，达到 0.99 以上；2008 年能源、经济、环境与社会系统综合协调度最低，为 0.8603。从分子系统看，能源子系统协调度呈 W 形波动，2014 年最低，2005 年达到最高；经济子系统协调度，1996 年数据异常应将其剔除，其余呈 W 形波动，1997 年最低，1999 年达到最高；环境子系统协调度呈 W 形波动，2000 年最低，2003 年达到最高；社会子系统协调度呈 W 形波动，2004 年最低，2005 年达到最高；结合表 3.18 和表 3.19 来看，1997 年经济子系统发展速度远远高于能源、环境与社会子系统的发展速度，系统发展不协调，经济子系统协调度为 0.4187，致使能源、经济与环境系统综合协调度为最低。2009 年、2014 年两年，其发展水平和发展速度均较为协调，能源、经济、环境与社会系统综合协调度最高。而到了 2012 年，因环境与社会子系统发展速度的快速上涨，致使能源、经济、环境与社会系统综合协调度由前两年的 0.9703 下降到 0.8977。

根据以上分析，可得出以下结论：

第一，系统综合协调度系数升高，经济子系统对其作用明显，要实现能源与经济、环境、社会系统协调发展还需要有一定的经济基础。

第二，发展经济的同时，也要关注能源和环境的发展。2010 年，能源协调度和环境协调度与经济协调度相比较为滞后，说明在能源结构调整、能源的合理利用以及环境保护方面还有很大空间需要加强研究和改进。特别是能源协调度的下降，需引起相关部门的重视。

第三，环境协调度近三年呈下降趋势，说明重庆虽然在环境保护方面有了发展，但是仍未与能源和经济发展协调统一，重庆环境保护工作仍任重而道远。

因以上分析结果均基于重庆市这几年之间的比较，并未与各省市和全国比较，分析结果只能代表重庆市能源、经济与环境系统协调发展趋势，而其协调度不能反映重庆市能源、经济与环境系统协调发展到哪个阶段，如优级协调、良好协调等。

3.4　本章小结

本章重点从三个方面来对重庆能源绿色低碳发展进行研究：一是建立研究的目标框架与指标体系，笔者根据《重庆市统计年鉴》和《中国能源统计年鉴》收集到的数据，采用 SPSS19.0 软件对初设的 32 个指标进行共线分析，筛选出同类指标与其较接近的"共性"数据指标，精选具有显著代表性的指标进行分析研究，以适应剖析事物的本质。二是采用 SPSS19.0 软件，系统地对煤炭、油料、天然气和电力投入和经济、社会、人口、环境保护 18 种产出的 Pearson 相关性、Kendall 的 tau_b 相关系数、Spearman 的 rbo（相关系数的 r 值）作了定量分析描述，其结果证明所建立的研究指标 90% 以上达到高度相关，9% 达到相关，1% 达到负相关，笔者选取的研究指标全部符合相关一致性研究要求。三是通过协调度研究表明：系统综合协调度系数升高，经济子系统对其作用明显，要实现能源、经济、环境与社会系统协调发展还需要有一定的经济基础；发展经济的同时，也要关注能源和环境的发展，2010 年，能源协调度和环境协调度与经济协调度相比较为滞后和下降，揭示了能源与环境保护存在较大改进空间；环境保护方面不断发展，但是仍未与能源和经济协调统一，环境保护工作任重而道远。

第4章 重庆能源绿色低碳发展的需求量预测研究

前面已对研究目标之间在相关关系和协调度方面进行了定性定量分析研究，其结果证明所设计的研究指标符合科学一致性，完全能够满足笔者进一步研究的要求。本章将基于现代预测技术手段，为重庆未来几年在经济社会绿色发展等条件下解决能源消耗量问题做预测研究。

4.1 非线性预测模型设计及其预测能源绿色低碳可持续利用量的实证分析

根据重庆1970年至2014年折算成万吨标准煤的实际能源消费，将其输入 SPSS19.0 软件运行，可得到重庆能源消费变化趋势见图4.1和表4.1所示。

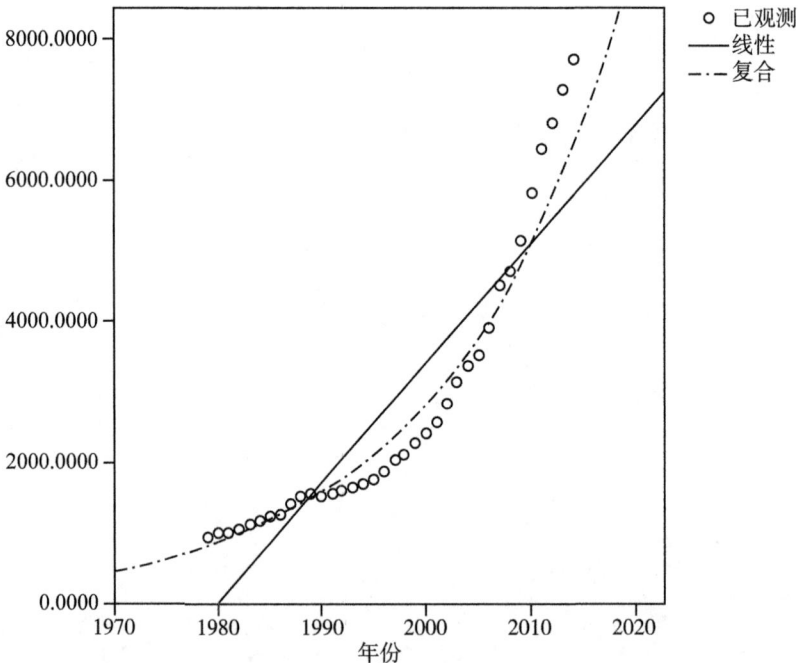

图 4.1 能源消耗总量

表 4.1　　　　　　　　　　　　**1995—2014 年重庆市能源消耗总量**　　　　　（单位：万吨标准煤）

年份	1995	1996	1997	1998	1999	2000	2001	2002	2003	2004
能源消耗量	1776.91	1871.09	2030.13	2119.46	2278.42	2410.82	2573.68	2823.05	3137.9	3368.41
年份	2005	2006	2007	2008	2009	2010	2011	2012	2013	2014
能源消耗量	3527.26	3891.22	4508.4	4706.65	5124.82	5810.82	6426.95	6798.25	7253.91	7693.96

从图 4.1 中可以看出时间与能源消费总量的关系为非线性的，可用一个一元二次方程来近似描述：

$$\hat{y} = a + bx + cx^2 \tag{4.1}$$

用 MATLAB7.0 软件运行上面数据得到回归方程中参数 a、b、c 的值：

$$a = 1949.7,\ b = 53.9,\ c = 15.3$$

将 a、b、c 的值代入式（4.1），求得：

$$y = 15.3x^2 + 53.9x + 1949.7 \tag{4.2}$$

式中：x 是从 1997 年为第 1 年，$x = 1$，2，3，…，24（24 为 2020 年），y 为 1997—2014 年的能源消耗总量预测值。

在表 4.2 中，列出了按式（4.2）计算的 1997—2014 年重庆能源消费总量的预测值，从表中实际值与预测值的比较可以看出，其相对误差最大值为 4.14（在 2005 年），据此可以认为，该种模型作趋势预测，还是可选用的。如果将此式延伸到 2015—2020 年重庆能源消费总量的预测，则可以得到 2015 年为 8497.1 万吨标准煤、2016 年为 9147.7 万吨标准煤、2017 年为 9828.9 万吨标准煤、2018 年为 10540.7 万吨标准煤、2019 年为 11283.1 万吨标准煤、2020 年为 12056.1 万吨标准煤。

表 4.2　　　　**重庆市 1997—2014 年能源消耗总量实际值与预测值的比较**

（单位：万吨标准煤）

年份	1997	1998	1999	2000	2001	2002	2003	2004	2005
能源消耗总量实际值（万吨标准煤）	2030.13	2119.46	2278.42	2410.82	2573.68	2823.05	3137.9	3368.41	3527.26
能源消耗总量预测值（万吨标准煤）	2018.9	2118.7	2249.1	2410.1	2601.7	2823.9	3076.7	3360.1	3674.1
残差	11.23	0.76	29.32	0.72	−28.02	−0.85	61.2	8.31	−146.84
相对误差（%）	0.55	0.04	1.29	0.03	1.09	0.03	1.95	0.25	4.16
年份	2006	2007	2008	2009	2010	2011	2012	2013	2014
能源消耗总量实际值（万吨标准煤）	3891.22	4508.4	4706.65	5124.82	5810.82	6426.95	6798.25	7253.91	7693.96

续表

年份	2006	2007	2008	2009	2010	2011	2012	2013	2014
能源消耗总量预测值（万吨标准煤）	4018.7	4393.9	4799.7	5236.1	5703.1	6200.7	6728.9	7287.7	7877.1
残差	−127.48	114.5	−93.05	−111.28	107.72	226.25	69.35	−33.79	−183.14
相对误差（%）	3.17	2.54	1.98	2.17	1.85	3.52	1.02	0.46	2.38

同理可以得到煤炭消耗量 2014—2020 年的预测值模型为：

$$y = 7.2x^2 + 53.9x + 1289.8 \qquad (4.3)$$

重庆市油料消耗量 2014—2020 年的预测值模型为：

$$y = 2.7355x^2 - 4.8667x + 283.5317 \qquad (4.4)$$

天然气消耗量 2014—2020 年的预测值模型为：

$$y = 2.7317x^2 + 5.2091x + 133.3121 \qquad (4.5)$$

电力消耗量 2014—2020 年的预测值模型为：

$$y = 2.6142x^2 - 0.4087x + 242.651 \qquad (4.6)$$

表 4.3 中列出的是重庆能源消耗总量与煤炭、油料、天然气和电力的消耗量的预测值，以及 4 种算法计算出的能源消耗占比。

表 4.3　　　　重庆市 2014—2020 年能源消耗总量与煤炭、油料、
天然气、电力消耗量的预测值　　　（单位：万吨标准煤）

年份	能源消耗总量	煤炭消耗量	占比（%）	油料消耗量	占比（%）	天然气消耗量	占比（%）	电力消耗量	占比（%）
2014	7877.1	4592.8	58.31	1082.56	13.83	1112.15	14.12	1082.3	13.74
2015	8497.1	4913.1	57.82	1178.56	13.97	1218.43	14.34	1178.61	13.87
2016	9147.7	5247.8	57.37	1280.40	14.1	1330.17	14.54	1280.16	13.99
2017	9828.9	5596.9	56.94	1387.69	14.22	1447.38	14.73	1386.93	14.11
2018	10540.7	5960.4	56.55	1500.45	14.33	1570.06	14.9	1498.93	14.22
2019	11283.1	6338.3	56.18	1618.68	14.45	1698.19	15.05	1616.16	14.32
2020	12056.1	6730.6	55.83	1742.38	14.56	1831.79	15.19	1738.62	14.42

4.2　基于灰色系统预测能源可持续利用量的模型设计与实证分析

灰色系统理论是我国学者邓聚龙教授于 20 世纪 80 年代初创立并发展的理论，它把一般系统论、信息论和控制论的观点和方法，延伸到社会、经济、生态等抽象系统，30 多

年来，灰色系统理论引起了国内外学者的广泛关注和应用（朱晓东，曹杰，2010），已成功应用到经济社会众多领域，解决了生产、生活和科学研究中的大量实际问题。

4.2.1 灰色系统理论与模型设计

客观世界在不断发展变化的同时，往往通过事物之间及因素之间相互制约、相互联系而构成一个整体，人们称之为系统。按事物内涵的不同分类，有生态系统、社会系统、经济系统、工程技术系统等。从信息的完备性与模型的构建上着眼，工程技术等系统具有较充足的信息量，其变化发展的规律明显，定量描述方便，结构与参数较具体，这种系统称之为白色信息系统。对另一类，如经济系统、生态系统、农业系统等，到现阶段还无法建立客观的物理模型，其作用原理尚不清晰，内部因素之间关系隐蔽且难以辨识，也很难准确认识了解此类系统的行为特征，因此对其定量描述较为困难，采用常规方法较难建立起数学模型，一个系统的内部特性全部未知，则称为黑色系统。

客观世界有许多实际问题，它们的内部结构、构成因素和特征并未完全被人类所认识和了解，人们无能力像研究白箱问题那样将其内部运行机理搞明白，只能依据一类思维逻辑与科学推断来构建分析研究模型。人们将这类部分信息已知、而部分信息未知的系统称为灰色系统。灰色系统可将"部分信息已知，部分信息未知"的"小样本""贫信息"的不确定性系统，通过对"部分"已知信息的生成、开发去了解、认识现实世界，去实现对系统运行行为和演化规律的正确把握和描述。灰色系统模型的特点是：对试验观测数据及其分布没有特殊的要求和限制。

灰色系统建模的主要任务是根据具体灰色系统的行为特征数据，充分开发并利用不多的数据中的显信息和隐信息，寻找因素本身或因素间的数学关系。通常的办法是采用离散模型，建立一个按时间作逐段分析的模型。但它只能对客观系统的发展作短期分析，适应不了从现在起作长远分析、规划、决策的要求。

4.2.2 灰色系统 GM（1，1）模型的建模原理

灰色系统模型是对离散序列建立的微分方程，GM（1，1）模型是一阶微分方程，其形式为：

$$\frac{\mathrm{d}x}{\mathrm{d}t} + ax = u \tag{4.7}$$

由导数定义知：

$$\frac{\mathrm{d}x}{\mathrm{d}t} = \lim_{\Delta t \to 0} \frac{x(t + \Delta t) - x(t)}{\Delta t}$$

当 Δt 很小并且取很小的 1 单位时，则近似地有

$$x(t + 1) - x(t) = \frac{\Delta x}{\Delta t}$$

写成离散形式为：

$$\frac{\Delta x}{\Delta t} = x(k + 1) - x(k) = \Delta^{(1)}(x(k + 1))$$

这就表示 $\dfrac{\Delta x}{\Delta t}$ 是 $x(k+1)$ 的一次累加生成，因此 $\dfrac{\Delta x}{\Delta t}$ 是 $x(k+1)$ 和 $x(k)$ 的二元等效值，则称 $x(k+1)$ 与 $x(k)$ 的二元组合偶对，记为 $[x(k+1),\ x(k)]$。于是我们可以定义一个 $[x(k+1),\ x(k)]$ 到 $\dfrac{\Delta x}{\Delta t}$ 的映射：

$$F:\ [x(k+1),\ x(k)]\rightarrow \frac{\mathrm{d}x}{\mathrm{d}t} \tag{4.8}$$

若定义 $R(t)$ 是 t 时刻 $\dfrac{\mathrm{d}x}{\mathrm{d}t}$，则有一个偶对背景值 $R(t)$ 与之对应，现在考虑一阶微分方程 $\dfrac{\mathrm{d}x}{\mathrm{d}t}+ax=u$ 是 x，u 与 $\dfrac{\mathrm{d}x}{\mathrm{d}t}$ 的线性组合。那么，作这种线性组合时，$\dfrac{\mathrm{d}x}{\mathrm{d}t}$ 所对应的背景值取偶对的哪一个呢？如果认为在 $\Delta x=1$ 很短的时间内，变量 $x(t)\rightarrow x(t+\Delta t)$ 之间不会出现突变量，那么就可取偶对的平均值作为背景值，即

$$z(t)=\frac{1}{2}[x(k)+x(k+1)] \tag{4.9}$$

基于上述原理，下面阐述 GM (1, 1) 模型的具体设计，设非负原始序列
$$X^{(0)}=\{x^{(0)}(1),\ x^{(0)}(2),\ \cdots,\ x^{(n)}(n)\}$$
对 $X^{(0)}$ 作一次累加，得到生成数列为
$$X^{(1)}=\{x^{(1)}(1),\ x^{(1)}(2),\ \cdots,\ x^{(1)}(n)\}$$
式中，$x^{(1)}(k)=\displaystyle\sum_{i=0}^{k}x(i)$，于是 $x^{(0)}(k)$ 的 GM (1, 1) 白化形式的微分方程为

$$\frac{\mathrm{d}\,x^{(1)}}{\mathrm{d}t}+a\,x^{(1)}=u \tag{4.10}$$

式中，a，u 为待定参数，将式 (4.10) 离散化，即得
$$\Delta^{(1)}(x^{(1)}(k+1))+a\,z^{(1)}(x(k+1))=u \tag{4.11}$$

式中，$\Delta^{(1)}(x^{(1)}(k+1))$ 为 $x^{(1)}$ 在 $k+1$ 时刻的累加生成序列，$z^{(1)}(k+1)$ 为 $\dfrac{\mathrm{d}\,x^{(1)}}{\mathrm{d}t}$ 在 $k+1$ 时刻的背景值。

因为：
$$\Delta^{(1)}(x^{(1)}(k+1))=x^{(1)}(k+1)-x^{(1)}(k)=x^{(0)}(k+1) \tag{4.12}$$

$$z^{(1)}(k+1)=\frac{1}{2}(x^{(1)}(k+1)+x^{(1)}(k)) \tag{4.13}$$

将式 (4.12)、式 (4.13) 代入式 (4.11)，得

$$x^{(0)}(k+1)=a\Big[-\frac{1}{2}(x^{(1)}(k)+x^{(1)}(k+1))\Big]+u \tag{4.14}$$

将式 (4.14) 展开得

$$
\begin{bmatrix} x^{(0)}(2) \\ x^{(0)}(3) \\ \vdots \\ x^{(0)}(n) \end{bmatrix} = \begin{bmatrix} -\dfrac{1}{2}(x^{(1)}(1) + x^{(1)}(2)) & 1 \\ -\dfrac{1}{2}(x^{(1)}(2) + x^{(1)}(3)) & 1 \\ \vdots & \vdots \\ -\dfrac{1}{2}(x^{(1)}(n-1) + x^{(1)}(n)) & 1 \end{bmatrix} \qquad (4.15)
$$

$$
令\ Y = \begin{bmatrix} x^{(0)}(2) \\ x^{(0)}(3) \\ \vdots \\ x^{(0)}(n) \end{bmatrix} = \begin{bmatrix} -\dfrac{1}{2}(x^{(1)}(1) + x^{(1)}(2)) & 1 \\ -\dfrac{1}{2}(x^{(1)}(2) + x^{(1)}(3)) & 1 \\ \vdots & \vdots \\ -\dfrac{1}{2}(x^{(1)}(n-1) + x^{(1)}(n)) & 1 \end{bmatrix}
$$

$\boldsymbol{\Phi} = [a \cdot u]^{\mathrm{T}}$ 为待辨识参数向量，则式（4.15）可写成

$$
\boldsymbol{Y} = \boldsymbol{B\Phi} \qquad (4.16)
$$

参数向量 $\boldsymbol{\Phi}$ 可用最小二乘法求取，即

$$
\hat{\boldsymbol{\Phi}} = [\hat{a}\hat{u}]^{\mathrm{T}} = (\boldsymbol{B}^{\mathrm{T}}\boldsymbol{B})^{-1}\boldsymbol{B}^{\mathrm{T}}\boldsymbol{Y} \qquad (4.17)
$$

把求取的参数代入式（4.10），求出的离散解为（刘思峰，郭天榜，2010）：

$$
\hat{x}^{(1)}(k+1) = x^{(1)}(1) - \frac{\hat{u}}{\hat{a}}\mathrm{e}^{-\hat{a}k} + \frac{\hat{u}}{\hat{a}} \qquad (4.18)
$$

$$
\hat{x}^{(0)}(k+1) = \hat{x}^{(1)}(k+1) - \hat{x}^{(1)}(k)
$$

$$
(1 - \mathrm{e}^{\hat{a}})\left[x^{(1)}(1) - \frac{\hat{u}}{\hat{a}} \right]\mathrm{e}^{-\hat{a}t} \qquad (4.19)
$$

式（4.18）、式（4.19）称为 GM（1，1）模型的时间相应函数模型，它是 GM（1，1）模型灰色预测的具体计算公式。

4.2.3 用灰色系统 GM（1，1）模型对重庆未来几年能源消耗量的预测及分析

所谓灰色预测就是利用 GM（1，1）模型对能源消费系统的行为特征、发展的变化规律进行预测，对特定期间内发生变化的能源消耗结构的分布情况作出研判。这实际是将"随机过程"当作"灰色过程"，"随机变量"当作"灰变量"，以灰色预测 GM（1，1）模型来进行处理。根据上述灰色预测 GM（1，1）数学模型编制程序在 MATLAB7.0 软件中运行。

用重庆 1987—2014 年能源消耗量原始数据（表4.4），预测重庆市 1997—2020 年能源消费总量，详见表 4.5~表 4.9，重庆市 2014—2020 年能源消耗量组合预测值见表4.10。

表 4.4　　　　　　　　　**重庆市 1987—2014 年能源消耗量原始数据**　　　（单位：万吨标准煤）

年份	能源消费总量	煤炭消耗量		油料消耗量		天然气消耗量		电力消耗量	
		万吨	占比（%）	万吨	占比（%）	万吨	占比（%）	万吨	占比（%）
1987	1395.65	1036.28	74.25	195.61	14.02	76.12	5.45	87.64	6.28
1988	1513.18	1157.08	76.47	183.73	12.14	80.37	5.31	92	6.08
1989	1565.46	1194.44	76.3	190.36	12.16	84.08	5.37	96.58	6.17
1990	1516.59	1130.76	74.56	196.44	12.95	88	5.80	101.39	6.69
1991	1558.56	1151.68	73.89	197.06	12.64	96.63	6.20	113.19	7.26
1992	1601.01	1172.98	73.27	198.32	12.39	103.34	6.45	126.37	7.89
1993	1644.85	1194.68	72.63	200.89	12.21	108.2	6.58	141.08	8.58
1994	1696.72	1216.78	71.71	216.74	12.77	105.7	6.23	157.5	9.28
1995	1776.91	1239.85	69.76	258.36	14.54	102.87	5.79	175.83	9.90
1996	1871.09	1317.32	70.4	260.86	13.94	97.39	5.20	195.52	10.45
1997	2030.13	1383.98	68.17	282.8	13.93	145.47	7.17	217.11	10.69
1998	2119.46	1393.43	65.75	291.3	13.74	183.62	8.66	251.11	11.85
1999	2278.42	1495.55	65.64	308.19	13.53	196.34	8.62	278.34	12.22
2000	2410.82	1599.8	66.36	312.2	12.95	202.17	8.39	296.65	12.30
2001	2573.68	1700.43	66.07	322.51	12.53	206.2	8.01	344.54	13.39
2002	2823.05	1928.9	68.33	331.87	11.76	213.84	7.57	348.44	12.34
2003	3137.9	2206.42	70.32	346.11	11.03	220.81	7.04	361.56	11.52
2004	3368.41	2205.08	65.46	403.52	11.98	379.97	11.28	379.84	11.28
2005	3527.26	2214.39	62.78	472.15	13.38	411.86	11.68	428.86	12.16
2006	3891.22	2391.46	61.46	532.67	13.69	469.11	12.06	497.98	12.80
2007	4508.4	2828.25	62.72	578.95	12.85	549.12	12.18	552.08	12.25
2008	4706.65	2860.5	60.78	648.38	13.78	600.57	12.76	597.2	12.69
2009	5124.82	3193.02	62.31	657.82	12.84	619.73	12.09	654.25	12.77
2010	5810.82	3551.05	61.11	750.39	12.91	741.2	12.76	768.18	13.22
2011	6426.95	3813.86	59.34	819.81	12.76	912.06	14.19	881.22	13.71
2012	6798.25	4034.42	59.34	941.24	13.85	933.99	13.74	888.6	13.07
2013	7253.91	4268.51	58.84	954.9	13.16	1030.99	14.21	999.5	13.78
2014	7693.96	4508.09	58.59	1085.68	14.11	1034.39	13.44	1065.8	13.85

表 4.5 　　　　　　　　　　　**1997—2020 年能源消耗预测值** 　　　（单位：万吨标准煤）

年份	1997	1998	1999	2000	2001	2002	2003	2004	2005
预测值	2030.13	2042.51	2223.02	2419.48	2633.30	2866.02	3119.31	3394.98	3695.01
年份	2006	2007	2008	2009	2010	2011	2012	2013	2014
预测值	4021.56	4376.97	4763.79	5184.79	5643.00	6141.70	6684.47	7275.22	7918.17
年份	2015	2016	2017	2018	2019	2020			
预测值	8617.94	9379.55	10208.47	11110.65	12092.56	13161.25			

表 4.6 　　　　　　　　　　　**1997—2020 年煤炭消耗预测值** 　　　（单位：万吨标准煤）

年份	1997	1998	1999	2000	2001	2002	2003	2004	2005
预测值	1383.98	1400.72	1509.21	1626.10	1752.05	1887.76	2033.97	2191.51	2361.26
年份	2006	2007	2008	2009	2010	2011	2012	2013	2014
预测值	2544.15	2741.2	2953.52	3182.28	3428.76	3694.3	3980.48	4288.79	4620.97
年份	2015	2016	2017	2018	2019	2020			
预测值	4978.89	5364.52	5780.03	6227.72	6710.08	7229.81			

表 4.7 　　　　　　　　　　　**1997—2020 年油料消耗预测值** 　　　（单位：万吨标准煤）

年份	1997	1998	1999	2000	2001	2002	2003	2004	2005
预测值	282.8	248.37	272.16	298.23	326.80	358.10	392.10	423.00	471.18
年份	2006	2007	2008	2009	2010	2011	2012	2013	2014
预测值	516.31	565.77	619.97	679.35	744.43	815.73	893.87	979.50	1073.32
年份	2015	2016	2017	2018	2019	2020			
预测值	1176.14	1288.80	1412.25	1547.53	1695.77	1858.21			

表 4.8 　　　　　　　　　　　**1997—2020 年天然气消耗预测值** 　　　（单位：万吨标准煤）

年份	1997	1998	1999	2000	2001	2002	2003	2004	2005
预测值	145.47	180.41	202.88	228.15	256.56	288.52	324.45	364.86	410.3
年份	2006	2007	2008	2009	2010	2011	2012	2013	2014
预测值	461.41	518.87	583.5	656.17	737.9	829.81	933.16	1049.38	1180.08
年份	2015	2016	2017	2018	2019	2020			
预测值	1327.06	1492.35	1678.22	1887.24	2122.29	2386.62			

表 4.9　　　　　　　　　**1997—2020 年电力消耗预测值**　　　（单位：万吨标准煤）

年份	1997	1998	1999	2000	2001	2002	2003	2004	2005
预测值	217.11	233.73	257.23	283.08	311.54	342.86	377.32	415.25	457
年份	2006	2007	2008	2009	2010	2011	2012	2013	2014
预测值	502.94	553.49	609.13	670.37	737.76	811.92	893.53	983.36	1082.21
年份	2015	2016	2017	2018	2019	2020			
预测值	1191	1310.72	1442.48	1587.48	1747.06	1922.69			

表 4.10　　　　　　**重庆市 2014—2020 年灰色预测能源消耗量组合的预测值**

（单位：万吨标准煤）

年份	能源 消耗总量	煤炭 消耗量	占比 （%）	油料 消耗量	占比 （%）	天然气 消耗量	占比 （%）	电力 消耗量	占比 （%）
2014	7918.17	4620.97	59.11	1034.91	12.32	1180.08	14.9	1082.21	13.67
2015	8617.94	4978.89	57.77	1120.99	13.01	1327.06	15.4	1191	13.82
2016	9379.55	5364.52	57.19	1211.96	12.93	1492.35	15.91	1310.72	13.97
2017	10208.47	5780.03	56.62	1307.74	12.81	1678.22	16.44	1442.48	14.13
2018	11110.65	6227.72	56.05	1408.21	12.67	1887.24	16.99	1587.48	14.29
2019	12092.56	6710.08	55.49	1513.13	12.51	2122.29	17.55	1747.06	14.45
2020	13161.25	7229.81	54.93	1622.13	12.33	2386.62	18.13	1922.69	14.61

从表 4.10 可以看出，2015—2020 年能源消费结构是，对煤炭的依赖性逐渐减弱，若按现有技术手段生产生活，将从 2014 年煤炭消费只占能源消耗总量的 59.11%，到 2020 年煤炭消费占能源消耗总量的比重降至 54.93%，天然气的占比将从 14.9% 增加到 18.3%，油料的占比变化不大，电力占比小幅上升，这样将会大大缓解工业粉尘、SO_2、CO_2 的排放量。当通过技术变革，使用清洁能源替代原来的生产生活，煤炭的消费结构还会大大降低，至少可降至 45% 以下，乃至更低，当然还要看工业生产煤炭与其他能源的价格比例的优势弱化速度。

4.3　基于灰色神经网络理论研究重庆能源消耗量预测

灰色系统理论的最大特点是能处理研究对象数据少、信息量贫乏和不确定性问题，它可通过对"部分"已知信息去生成、开发出有价值的"额外"信息，实现对系统运行行为、演化规律的正确描述和有效监控。最典型的办法是通过灰色模型以原始数据列为基础建立的微分方程，即针对时间序列的 GM 建模，直接将时间序列数据转化为微分方程，利用系统的特有信息，使抽象的模型量化，进而在缺乏系统特性知识的情况下预测系统输出，这最适合重庆市直辖以来收集时间序列数据的年限不长的特点。灰色神经网络是将灰色系统模型变换后的下面的式（4.23）映射到一个扩展的 BP 神经网络中得到 n 个输入、1 个输出参数的灰色神经网络系统。

4.3.1 构建灰色神经网络系统预测重庆能源消耗量的模型设计

利用它的模型设计是 GM 模型，首先对原始数据序列做一次累加，使累加后的数据呈现一定规律，然后用典型曲线拟合该曲线。设有时间数据序列 $x^{(0)}$：

$$x(0) = (x_t^{(0)} \mid t = 1, 2, \cdots, m) = (x_1^{(0)}, x_2^{(0)}, \cdots, x_n^{(0)}) \tag{4.20}$$

对 $x(0)$ 作一次累加得到新的数据序列 $x^{(1)}$，新的数据序列 $x^{(1)}$ 第 t 项为原始数据序列 $x^{(0)}$ 前 t 项之和，即

$$x^{(1)} = (x_t^{(1)} \mid t = 1, 2, \cdots, n) = \left(x_1^{(0)}, \sum_{t=1}^{1} x_t^{(0)}, \sum_{t=1}^{2}, \cdots, \sum_{t=1}^{n}\right) \tag{4.21}$$

根据新的数据序列 $x(1)$，建立白化方程，即

$$\frac{dx^{(t)}}{dx} + ax^{(1)} = u \tag{4.22}$$

该方程的解为

$$x_t^{*(1)} = (x_1^{(0)} - u/a)\, e^{-a(t-1)} + u/a \tag{4.23}$$

$x_t^{*(1)}$ 为 $x_t^{(1)}$ 序列的估计值，对 $x_t^{*(1)}$ 做一次累减得到 $x^{(0)}$ 的预测值 $x_t^{*(0)}$，即

$$x_t^{*(0)} = x_t^{*(1)} - x_{t-1}^{*(1)}, \quad t = 2, 3, \cdots \tag{4.24}$$

灰色问题是对灰色的不确定系统行为特征值的发展变化预测的问题，该不确定系统特征值的原始数列 $x_t^{(0)}(t = 0, 1, 2, \cdots, N-1)$ 经过一次累加生成后得到的数列 $x_t^{(0)}$ 呈现指数增长规律，因而可以用一个连续函数或微分方程进行数据拟合和预测。为了表达方便，对符号进行重新定义，原始数列 $x_t^{(0)}$ 表示为 $x(t)$，一次累加生成后得到的数列 $x_t^{(1)}$ 表示为 $y(t)$，预测结果 $x_t^{*(1)}$ 表示为 $z(t)\, 0$。

n 个参数的灰色神经网络模型的微分方程表达式为

$$\frac{dy_1}{dt} + ay_1 = b_1 y_2 + b_2 y_3 + \cdots + b_{n-1} y_n \tag{4.25}$$

式中，$y_1, y_2, \cdots, y_n$ 为系统输入参数；y_1 为系统输出参数；$a, b_1, b_2, \cdots, b_{n-1}$ 为微分方程系数。

式（4.24）的时间响应式为

$$z(t) = \left(y_1^{(0)} - \frac{b_1}{a} y_2(t) - \frac{b_2}{a} y_3(t) - \cdots - \frac{b_{n-1}}{a} y_n(t)\right) e^{-at} + \frac{b_1}{a} y_2(t) + \frac{b_2}{a} y_3(t) + \cdots + \frac{b_{n-1}}{a} y_n(t)$$

$$\tag{4.26}$$

令

$$d = \frac{b_1}{a} y_2(t) + \frac{b_2}{a} y_3(t) + \cdots + \frac{b_{n-1}}{a} y_n(t)$$

式（4.26）可以作如下转化：

$$z(t) = \left[(y_1^{(0)} - d) \cdot \frac{e^{-at}}{1 + e^{-at}} + d \cdot \frac{1}{1 + e^{-at}}\right] \cdot (1 + e^{-at})$$

$$= \left[(y_1^{(0)} - d) \cdot \left(1 - \frac{1}{1 + e^{-at}} \right) + d \cdot \frac{1}{1 + e^{-at}} \right] \cdot (1 + e^{-at})$$

$$= \left[(y_1^{(0)} - d) - y_1^{(0)} \cdot \frac{1}{1 + e^{-at}} + 2d \cdot \frac{1}{1 + e^{-at}} \right] \cdot (1 + e^{-at}) \quad (4.27)$$

将变换后的式 (4.26) 映射到一个扩展的 BP 神经网络中就得到 n 个输入参数、1 个输出参数的灰色神经网络，网络拓扑结构如图 4.2 所示。

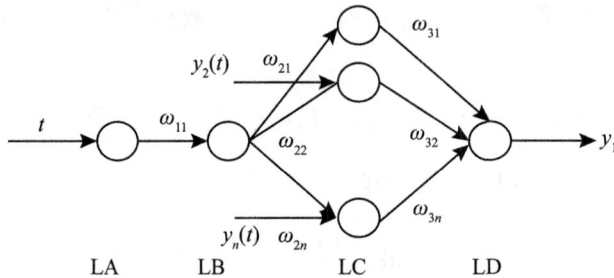

图 4.2　灰色神经网络拓扑结构

图中，t 为输入参数序号，$y_2(t)$，$\cdots$，$y_n(t)$ 为网络输入参数；ω_{21}，ω_{22}，$\cdots$，ω_{2n}，ω_{31}，ω_{32}，$\cdots$，ω_{3n} 为网络权值；y_1 为网络预测值；LA，LB，LC，LD 分别表示灰色神经网络的四层。

令 $\dfrac{2b_1}{a} = u_1$，$\dfrac{2b_2}{a} = u_2$，$\cdots$，$\dfrac{2b_{k-1}}{a} = u_{k-1}$，则网络初始权值可以表示为

$\omega_{11} = a$，$\omega_{21} = -y_1(0)$，$\omega_{22} = u_1$，$\omega_{23} = u_2$，$\cdots$，$\omega_{2n} = u_{n-1}$，$\omega_{31} = \omega_{32} = \cdots = \omega_{3n} = 1 + e^{-at}$

LD 层中输出节点的阈值为

$$\theta = (1 + e^{-at})(d - y_1(0))d$$

灰色神经网络的学习流程如下：

步骤 1：根据训练数据特征初始化网络结构，初始化参数 a、b，并根据 a、b 的值计算 u。

步骤 2：根据网络权值定义计算 ω_{11}，ω_{21}，ω_{22}，$\cdots$，ω_{2n}，ω_{31}，ω_{32}，$\cdots$，ω_{3n}。

步骤 3：对每一个输入序列 $(t, y(t), t = 1, 2, 3, \cdots, N)$，计算每层输出。

LA 层：$a = \omega_{11}t$；

LB 层：$b = f(\omega_{11}t) = \dfrac{1}{1 + e^{-\omega_{11}t}}$；

LC 层：$c_1 = b\omega_{21}$，$c_2 = y_2(t)b\omega_{22}$，$c_3 = y_3(t)\omega_{23}$，$\cdots$，$c_n = y_n(t)b\omega_{2n}$；

LD 层：$d = \omega_{31}c_1 + \omega_{32}c_2 + \cdots + \omega_{3n}c_n - \theta y_1$。

步骤 4：计算网络预测输出与期望输出的误差，并根据误差调整权值和阈值。

LD 层误差：$\delta = d - y_1(t)$；

LC 层误差：$\delta_1 = \delta(1 + e^{-\omega_{11}t})$，$\delta_2 = \delta(1 + e^{-\omega_{11}t})$，$\cdots$，$\delta_n = \delta(1 + e^{-\omega_{11}t})$；

LB 层误差：$\delta_{n+1} = \dfrac{1}{1 + e^{-\omega_{11}t}}\left(1 - \dfrac{1}{1 + e^{-\omega_{11}t}}\right)(\omega_{21}\delta_1 + \omega_{22}\delta_2 + \cdots + \omega_{2n}\delta_n)$。

根据预测误差调整权值。

调整 LB 到 LC 的连接权值：

$$\omega_{21} = -y_1(0)，\quad \omega_{22} = \omega_{22} - u_1\delta_2 b，\quad \cdots，\quad \omega_{2n} = \omega_{2n} - u_{n-1}\delta_n b；$$

调整 LA 到 LB 的连接权值：$\omega_{11} = \omega_{11} + at\delta_{n+1}$；

调整阈值：$\theta = (1 + e^{-\omega_{11}t})\left(\dfrac{\omega_{22}}{2}y_2(t) + \dfrac{\omega_{23}}{2}y_3(t) + \cdots + \dfrac{\omega_{2n}}{2}y_n(t) - y_1(0)\right)$。

步骤 5：判断训练是否结束，若结束，返回步骤 3。

能源消耗量灰色神经网络预测算法的流程如图 4.3 所示。灰色神经网络算法是根据输入/输出数据维数确定其结构。笔者输入数据为 6 维，输出为 1 维，所以灰色神经网络结构为 1—1—7—1，即 LA 层有 1 个节点，输入为时间序列 t，LB 层有 1 个节点，LC 层有 7 个节点，其中，第 2 至第 7 个节点分别输入能源消耗总量、能源消耗增长率、万元 GDP 能耗、万元财政收入能耗、居民收入能耗、能源消费弹性等 6 个因素的归一化数据，输出为能源消耗总量预测值。

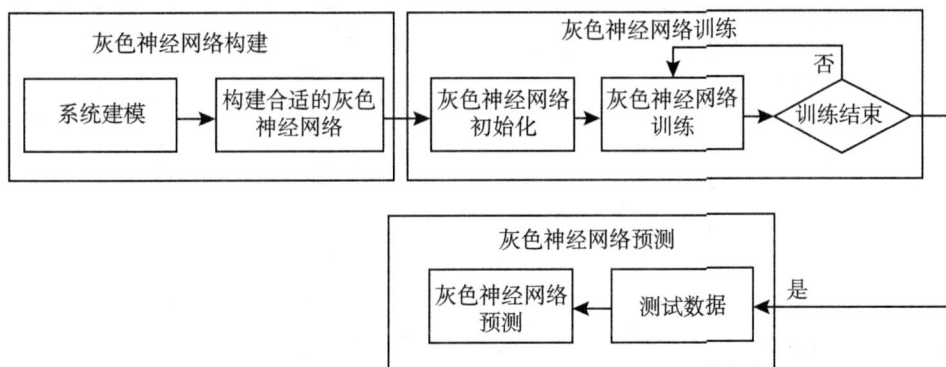

图 4.3　灰色神经网络流程

然后用编制的灰色神经网络预测模型的 MATLAB 程序进行运算。

4.3.2　重庆能源消耗量灰色神经网络法的预测数据处理和结果

为提高重庆能源消耗量的预测精度，笔者把直接与其相关的因素都纳入模型，即把能源消耗总量、能源消耗增长率、万元 GDP 能耗、万元财政收入能耗、居民收入能耗、能源消耗弹性 6 个因素作为重庆能源消耗总量灰色神经网络预测建模的 6 个输入参数，见表 4.11。

表 4.11　　　　　　　　**重庆市 1979—2014 年能源消耗因素调整表**　　　　（单位：万吨标准煤）

年份	能源总消耗量 （万吨）	能源消耗 增长率（%）	亿元 GDP 能耗	万元财政 收入能耗	居民收入 能耗	能源消耗 弹性
1979	928.92	6.1	1.67	0.0022	1.62	0.69
1980	985.59	6.2	1.67	0.0022	1.56	0.57
1981	1004.3	1.9	1.61	0.0021	1.42	0.75
1982	1050.33	4.6	1.61	0.0021	1.33	0.67
1983	1110.05	5.7	1.64	0.0021	1.31	0.78
1984	1160.49	4.5	1.65	0.0021	1.26	0.56
1985	1241.4	7	1.68	0.0022	1.26	0.81
1986	1271.14	2.4	1.62	0.0021	1.2	0.28
1987	1395.65	9.8	1.69	0.0022	1.22	1.85
1988	1513.18	8.4	1.73	0.0022	1.18	0.89
1989	1565.46	3.5	1.7	0.0022	1.08	0.71
1990	1516.59	−3.1	1.55	0.002	0.89	−0.45
1991	1558.56	2.8	1.48	0.0019	0.82	0.3
1992	1601.01	2.7	1.44	0.0019	0.73	0.17
1993	1644.85	2.7	1.39	0.0018	0.59	0.18
1994	1696.72	3.2	1.34	0.0017	0.47	0.23
1995	1776.91	4.7	1.32	0.0017	0.41	0.38
1996	1871.09	5.3	1.32	0.0017	0.37	0.46
1997	2030.13	8.5	1.34	0.0017	0.38	0.76
1998	2119.46	4.4	1.32	0.0016	0.39	0.51
1999	2278.42	7.5	1.37	0.0016	0.39	0.96
2000	2410.82	5.8	1.35	0.0015	0.39	0.67
2001	2573.68	6.8	1.30	0.0013	0.39	0.73
2002	2823.05	9.7	1.26	0.001	0.39	0.92
2003	3137.9	11.2	1.23	0.0009	0.39	0.95
2004	3368.41	9.9	1.11	0.0007	0.37	0.8
2005	3527.26	8.8	1.02	0.0006	0.344	0.75
2006	3891.22	9.3	1.00	0.0005	0.34	0.75
2007	4508.4	12.9	0.96	0.0004	0.33	0.81
2008	4706.65	6.9	0.81	0.0004	0.3	0.48
2009	5124.82	9.1	0.78	0.0003	0.3	0.61
2010	5810.82	11.8	0.73	0.0002	0.33	0.69

续表

年份	能源总消耗量 （万吨）	能源消耗 增长率（%）	亿元 GDP 能耗	万元财政 收入能耗	居民收入 能耗	能源消耗 弹性
2011	6426.95	11.9	0.64	0.0002	0.317	0.73
2012	6798.25	5.5	0.60	0.00018	0.3	0.4
2013	7253.91	6.5	0.57	0.00018	0.288	0.53
2014	7693.96	6.8	0.54	0.0002	0.278	0.62

将表4.11中的6列数据以矩阵方式编入 MATLAB7.0 软件中的灰色神经网络程序中，并把运行得到的预测结果列入表4.12中。

表4.12　　　　　重庆市 1997—2020 年能源消耗总量灰色神经网络预测值

年份	1997	1998	1999	2000	2001	2002	2003	2004	2005	2006	2007	2008
实际值	2030.13	2119.46	2278.42	2410.82	2573.68	2823.05	3137.9	3368.41	3527.26	3891.22	4508.4	4706.65
预测值	2031	2113.9	2275.5	2411.86	2578.5	2801.5	3192	3350.3	3482	3895.8	4516.3	4771
残差	0.87	5.56	2.92	−1.04	−4.82	21.55	−54.1	18.11	45.26	4.58	−7.9	−64.35
相对 误差	0.04%	0.26%	0.13%	−0.43%	−0.19%	0.76%	−1.72%	0.54%	1.28%	0.12%	−0.18%	−1.37%
年份	2009	2010	2011	2012	2013	2014	2015	2016	2017	2018	2019	2020
实际值	5124.82	5810.82	6426.95	6798.25	7253.91	7693.96						
预测值	5069.5	5772	6458.9	6800	7337.1	7723.2	7941.4	8396	8846.3	9032	9386.2	9534.9
残差	55.32	38.82	−31.95	−1.75	−83.19	−29.24						
相对 误差	1.08%	0.67%	−0.5%	−0.03	1.15%	0.38%						

从表4.12中可以看出，灰色神经网络模型法得到的预测值与实际值比较，其残差和相对误差均较小，说明该模型预测出的重庆能源消耗量的值精度较高。这也反映了该模型的优势。采用同样方法预测的煤炭、油料、天然气以及电力的未来7年间的消耗量见表4.13。

表4.13　　　　重庆市 2014—2020 年灰色神经网络模型预测能源消耗量组合的预测值

年份	能源 消耗总量	煤炭 消耗量	占比 （%）	油料 消耗量	占比 （%）	天然 气消耗量	占比 （%）	电力 消耗量	占比 （%）
2014	7723.2	4552.83	58.95	973.12	12.6	1138.4	14.74	1058.85	13.71
2015	7941.4	4588.54	57.78	1046.68	13.18	1206.3	15.19	1099.88	13.85
2016	8396	4805.03	57.23	1104.08	13.15	1313.13	15.64	1173.76	13.98

续表

年份	能源消耗总量	煤炭消耗量	占比（%）	油料消耗量	占比（%）	天然气消耗量	占比（%）	电力消耗量	占比（%）
2017	8846.3	5014.08	56.68	1158.87	13.1	1424.25	16.1	1249.1	14.12
2018	9032	5071.45	56.15	1175.98	13.02	1496.61	16.57	1287.96	14.26
2019	9386.2	5221.54	55.63	1213.64	12.93	1600.35	17.05	1350.67	14.39
2020	9534.9	5254.68	55.11	1223.33	12.83	1672.42	17.54	1384.47	14.52

4.4　重庆能源消耗量复合预测研究

笔者在前面已使用三种不同方法对重庆 2015—2020 年 6 年间能源消耗量进行了预测，三种预测方法各有其特点和优势，为提高预测精度和质量，本节将一元多因素组合预测、灰色 GM（1，1）预测、灰色神经网络预测所得到的值，用层次分析法（AHP）确定其权重系数，进行复合预测。具体如下：

设灰色系统模型预测值的权重系数为 a_1，非线性回归模型预测值的权重系数为 a_2，灰色神经网络模型预测值的权重系数为 a_3，结合它们的预测值与实际值比较的剩余标准差和相对误差情况，按层次分析法构造三个计算权重系数值的判断矩阵如下：

$$
\begin{pmatrix} 1 & \dfrac{2}{3} & \dfrac{1}{3} \\ \dfrac{3}{2} & 1 & \dfrac{2}{3} \\ 3 & \dfrac{3}{2} & 1 \end{pmatrix} \begin{array}{l} \text{列归一化，} \\ \text{分别求出：} \\ a_1 = 0.187 \\ a_2 = 0.307 \\ a_3 = 0.506 \end{array}
\quad
\begin{pmatrix} 1 & \dfrac{5}{6} & \dfrac{5}{14} \\ \dfrac{6}{5} & 1 & \dfrac{5}{7} \\ \dfrac{14}{5} & \dfrac{7}{5} & 1 \end{pmatrix} \begin{array}{l} \text{列归一化，} \\ \text{分别求出：} \\ a_1 = 0.210 \\ a_2 = 0.298 \\ a_3 = 0.492 \end{array}
\quad
\begin{pmatrix} 1 & \dfrac{5}{6} & \dfrac{10}{29} \\ \dfrac{6}{5} & 1 & \dfrac{5}{7} \\ \dfrac{29}{10} & \dfrac{7}{5} & 1 \end{pmatrix} \begin{array}{l} \text{列归一化，} \\ \text{分别求出：} \\ a_1 = 0.207 \\ a_2 = 0.297 \\ a_3 = 0.496 \end{array}
$$

将第一个判断矩阵进行一次性检验：

$$f \cdot A_1 = 1 \times 0.187 + (2/3) \times 0.307 + (1/3) \times 0.506 = 0.560267$$

$$f \cdot A_2 = (3/2) \times 0.187 + 1 \times 0.307 + (2/3) \times 0.506 = 0.925002$$

$$f \cdot A_3 = 3 \times 0.187 + (3/2) \times 0.307 + 1 \times 0.506 = 1.5275$$

$$\lambda_{\max} = \frac{1}{3} \sum_{i=1}^{3} \frac{(A-W)^i}{W_i} = \frac{1}{3} \left(\frac{0.560267}{0.187} + \frac{0.925002}{0.307} + \frac{1.5275}{0.506} \right) = 3.009297$$

进行一次性检验：

$$C.I. = \frac{\lambda_{\max} - n}{n - 1} = \frac{3.009297 - 3}{3 - 1} = 0.00465$$

查表 4.14，当 $n=3$ 时，R.I. = 0.58。

$$C.R. = \frac{C.I.}{R.I.} = \frac{0.00465}{0.58} = 0.008 < 0.1$$

注：由于 $\lambda_{\max} \geqslant n$，故 C.I. 一般大于或等于零。当 C.I. 太大时，就认为该判断矩阵

的一致性太差，所求得的单位权重系数不可信，需要重新进行相对重要性的判定。一般来讲，只要 C. R. 值小于 0.1，便认为这个判断令人满意。查表 4.14，找最大随机一致性值 R. I.。

表 4.14　　　　　　　　　　　　　最大随机一致性值

N	3	4	5	6	7	8	9	10	11	12
R. I.	0.58	0.9	1.12	1.24	1.32	1.41	1.45	1.49	1.51	1.55

其余两个判断矩阵一次性检验同上。

综合三个专家权重的判断矩阵各因素系数值，最终确定三种方法复合预测的权重系数，如表 4.15 所示。

表 4.15　　　　　　"十三五"期间重庆能源复合预测权重综合计算表

权值	专家一	专家二	专家三	平均值	采用权重系数
a_1	0.187	0.21	0.201	0.201	0.20
a_2	0.307	0.298	0.297	0.3007	0.30
a_3	0.506	0.492	0.496	0.497	0.50

为方便计算，灰色预测 GM（1, 1）模型预测值取权重系数 0.2，一元多因素组合预测模型预测值取权重系数 0.3，灰色神经网络模型预测值取权重系数 0.5，再用此权重系数乘以相应方法的预测值并相加，即得到 2015—2020 年重庆能源消耗量组合预测值，如表 4.16 中所示。

表 4.16　　　　重庆市 2015—2020 年三种模型预测能源消耗量组合的预测值

（单位：万吨标准煤）

年份	能源消耗总量	煤炭消耗量	占比（%）	油料消耗量	占比（%）	天然气消耗量	占比（%）	电消耗量	占比（%）
2015	8243.39	4763.98	57.79	1101.11	13.39	1234.09	14.97	1141.71	13.85
2016	8818.04	5049.76	61.26	1160.55	13.40	1354.08	15.36	1233.07	13.98
2017	9413.51	5342.12	60.58	1257.29	13.39	1481.98	15.74	1329.13	14.12
2018	9900.34	5569.39	59.16	1319.72	13.27	1596.77	16.13	1411.16	14.25
2019	10496.54	5854.28	59.13	1395.05	13.32	1734.09	16.52	1509.59	14.38
2020	11016.53	6092.48	58.04	1458.81	13.28	1863.07	16.91	1598.36	14.51

从图 4.4 和表 4.16 中都可以看出，煤炭的消耗量占比波动在 57.79%~61.26%，其他三种能源占比分别在 13.27%~13.4%、14.97%~16.91%、13.85%~14.51%，其中煤炭的消耗量约占 60%。

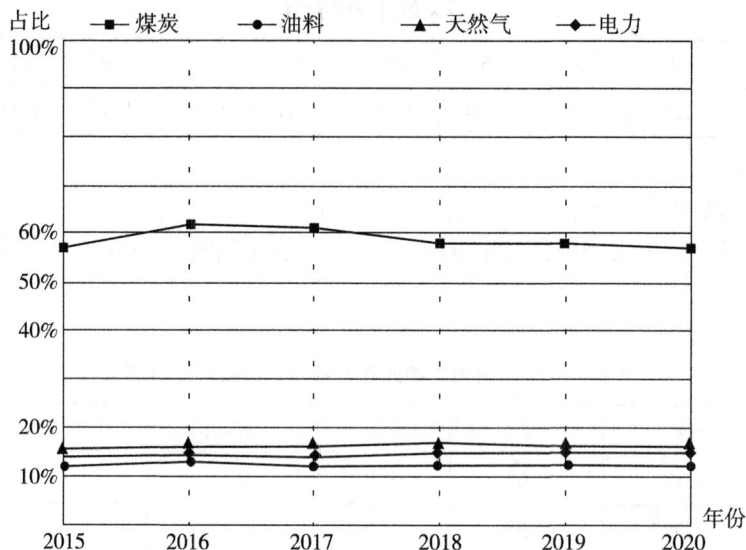

图 4.4 2015—2020 年四种能源的占比分布图

4.5 各种预测方法的残差分析

4.5.1 各种预测方法的剩余标准差分析

为了比较各种预测方法间的预测精度，并能统一处理各种预测方法预测数据与实际观测数据的拟合程度及比较它们之间的差异程度，目前最好的方法是使用"剩余标准差"，常用 s 表示，s 为观测点与预测曲线的平均偏离程度的度量，s 越小表明预测模型越好，其计算公式如下：

$$s = \sqrt{\frac{\sum (y_i - \hat{y}_i)^2}{n - 2}} \tag{4.28}$$

式中，y_i 表示观测值或能源实际消耗值，$\hat{y}_i$ 表示能源预测值。笔者使用了四种预测手段，即非线性组合回归预测（简称回归预测），灰色系统 GM（1，1）模型预测，灰色神经网络模型预测，三种方法组合简称为复合预测，分别用 s_1、s_2、s_3、s_4 表示它们与实际值产生的剩余标准差，见表 4.18，根据表 4.17 的数据计算结果如下：

表 4.17　重庆能源实际消耗值和各种预测值分列表

年份	煤炭消耗量					油料消耗量					天然气消耗量					电力消耗量				
	实际	回归预测	灰色预测	神经网络预测	复合预测	实际	回归预测	灰色预测	神经网络预测	复合预测	实际	回归预测	灰色预测	神经网络预测	复合预测	实际	回归预测	灰色预测	神经网络预测	复合预测
1997	1383.98	1350.9	1383.98	1384.53	1374.33	282.8	281.4	282.8	282.92	282.44	145.47	141.25	145.47	145.62	144.28	217.11	244.86	217.11	217.11	225.44
1998	1393.43	1426.4	1400.72	1389.89	1403.01	291.3	284.74	248.38	290.45	280.32	183.62	154.66	180.41	183.06	174.01	251.11	252.29	233.73	250.50	247.68
1999	1495.55	1516.3	1509.72	1493.64	1503.65	308.19	293.55	272.16	307.88	296.43	196.34	173.52	202.88	196.15	190.71	278.34	264.95	257.23	278.07	269.96
2000	1599.8	1620.6	1626.21	1600.51	1611.52	312.2	307.83	298.23	312.34	308.17	202.17	197.86	228.15	202.36	206.17	296.65	282.84	283.08	296.66	289.79
2001	1700.43	1739.3	1752.05	1703.61	1724.01	322.51	327.59	326.8	323.09	325.18	206.2	227.65	256.56	206.54	222.88	344.54	305.96	311.54	345.26	326.73
2002	1928.9	1872.4	1887.76	1914.26	1896.40	331.87	352.81	358.1	329.46	342.19	213.84	262.91	288.52	212.07	242.61	348.44	334.31	342.82	345.71	341.72
2003	2206.42	2019.9	2033.97	2244.61	2135.07	346.11	383.5	392.4	352.08	369.57	220.81	303.63	324.45	224.72	268.34	361.56	367.89	377.32	367.72	369.69
2004	2205.08	2181.8	2191.51	2193.11	2189.40	403.52	419.67	429.99	401.37	412.58	379.97	349.81	364.86	377.91	366.87	379.84	406.69	415.25	377.91	394.01
2005	2214.39	2358.1	2361.51	2186.00	2272.73	472.15	461.59	471.18	465.89	465.66	411.86	401.46	410.3	406.70	405.85	428.86	450.72	457	423.41	438.32
2006	2391.46	2548.8	2544.15	2394.36	2470.65	532.67	508.41	516.31	533.34	522.45	469.11	458.57	461.41	469.83	464.77	497.98	449.2	502.94	498.66	484.68
2007	2828.25	2753.9	2741.2	2832.62	2790.72	578.95	560.99	565.77	580.34	571.62	549.12	521.15	518.87	550.09	535.16	552.08	554.47	553.49	553.25	553.66
2008	2860.5	2973.9	2953.52	2899.81	2932.78	648.38	619.04	619.97	657.44	638.43	600.57	589.19	583.5	608.78	597.85	597.2	614.19	609.13	605.44	608.80
2009	3193.02	3207.3	3182.28	3158.81	3178.05	657.82	682.56	679.35	650.92	666.10	619.73	662.69	656.17	612.90	636.49	654.25	679.14	670.37	647.38	661.50
2010	3551.05	3455.6	3428.76	3527.27	3486.07	750.39	751.56	744.43	745.17	746.94	741.2	741.65	737.9	736.51	738.33	768.18	749.31	737.76	763.06	753.87
2011	3813.86	3718.3	3694.3	3832.71	3770.71	819.81	826.02	815.73	824.16	823.03	912.06	826.65	829.81	916.52	872.22	881.22	824.72	811.92	885.52	852.56
2012	4034.42	3995.4	3980.48	4035.12	4012.28	941.24	905.95	893.87	941.80	921.46	933.99	915.97	933.16	934.32	928.58	888.6	905.35	893.53	888.76	894.69
2013	4268.51	4286.9	4288.79	4317.15	4302.40	954.9	991.36	979.5	965.56	976.09	1030.99	1013.47	1049.38	1042.60	1035.22	999.5	991.21	983.36	1011.05	999.56

续表

年份	煤炭消耗量					油料消耗量					天然气消耗量					电力消耗量				
	实际	回归预测	灰色预测	神经网络预测	复合预测	实际	回归预测	灰色预测	神经网络预测	复合预测	实际	回归预测	灰色预测	神经网络预测	复合预测	实际	回归预测	灰色预测	神经网络预测	复合预测
2014	4508.09	4592.8	4620.97	4552.83	4578.45	1085.68	1082.23	1073.32	973.12	1025.89	1034.39	1112.15	1180.08	1138.4	1138.86	1065.8	1082.3	1082.21	1055.76	1069.01
2015		4913.1	4978.89	4588.54	4763.98		1178.56	1176.14	1046.68	1112.13		1218.43	1327.06	1206.3	1234.09		1178.61	1191	1097.50	1140.53
2016		5247.8	5364.52	4805.03	5049.76		1280.4	1288.8	1104.07	1193.92		1330.17	1492.35	1313.13	1354.09		1280.16	1310.72	1172.92	1232.65
2017		5596.9	5780.03	5014.08	5342.12		1387.69	1412.25	1158.87	1278.19		1447.38	1678.22	1424.25	1481.98		1386.93	1442.48	1249.98	1329.57
2018		5960.4	6227.72	5071.45	5569.39		1500.45	1547.53	1175.97	1347.62		1570.06	1887.24	1496.61	1596.77		1498.93	1587.48	1290.67	1412.51
2019		6338.3	6710.08	5221.54	5854.28		1618.68	1695.77	1213.64	1431.58		1698.19	2122.29	1600.35	1734.09		1616.16	1747.06	1356.31	1512.41
2020		6730.6	7229.81	5254.68	6092.48		1742.38	1858.21	1223.33	1506.02		1831.79	2386.62	1672.42	1863.07		1738.62	1922.69	1393.05	1602.65

表 4.18　重庆能源四种预测的残差和相对误差分析

年份	煤炭				油料				天然气				电力			
	回归预测 ε	灰色预测 ε	神经网络预测 ε	复合预测 ε	回归预测 ε	灰色预测 ε	神经网络预测 ε	复合预测 ε	回归预测 ε	灰色预测 ε	神经网络预测 ε	复合预测 ε	回归预测 ε	灰色预测 ε	神经网络预测 ε	复合预测 ε
1997	33.08	0	-0.55	9.65	1.4	0	0	0.36	4.22	0	-0.15	1.19	-27.75	0	0	-8.33
1998	-32.97	-7.29	3.54	-9.58	6.56	42.92	0.1473	10.98	28.96	3.21	0.56	0.0175	-1.18	17.38	0.61	3.43
1999	-20.75	-14.17	1.91	-8.1	14.64	36.03	0.1169	11.76	22.82	-6.54	0.19	-0.0333	13.39	21.11	0.27	8.38
2000	-20.8	-26.41	-0.71	-11.72	4.37	13.97	-0.14	-0.34	4.31	-25.98	-0.19	-4.00	13.81	13.57	-0.01	6.86
2001	-38.87	-51.62	-3.18	-23.58	-5.08	-4.29	-0.0133	-2.67	-21.45	-50.36	-0.34	-0.2442	38.58	33	-0.72	17.81

续表

年份	煤炭				油料				天然气				电力			
	回归预测 ε	灰色预测 ε	神经网络预测 ε	复合预测 ε	回归预测 ε	灰色预测 ε	神经网络预测 ε	复合预测 ε	回归预测 ε	灰色预测 ε	神经网络预测 ε	复合预测 ε	回归预测 ε	灰色预测 ε	神经网络预测 ε	复合预测 ε
2002	56.5	41.14	14.64	32.5	-20.94	-26.23	-0.0790	-10.32	-49.07	-74.68	1.77	-0.3492	14.13	5.58	2.73	6.72
2003	186.52	172.45	-38.19	71.35	-37.39	-46.29	-0.1337	-23.46	-82.82	-103.64	-3.91	-0.4694	-6.33	-15.76	-6.16	-8.13
2004	23.28	13.57	11.97	15.68	-16.15	-26.47	-0.0656	-9.06	30.16	15.11	2.06	0.0398	-26.85	-35.41	1.93	-14.17
2005	-143.71	-147.1	28.39	-58.34	10.56	0.97	0.0021	6.49	10.40	1.56	5.16	0.0038	-21.86	-28.14	5.45	-9.46
2006	-157.34	-152.7	-2.9	-79.19	24.26	16.36	0.0307	10.22	10.54	7.7	-0.72	0.0164	48.78	-4.96	-0.68	13.3
2007	74.35	87.05	-4.37	37.53	17.96	13.18	0.0228	7.33	27.97	30.25	-0.97	0.0551	-2.39	-1.41	-1.17	-1.58
2008	-113.4	-93.02	-39.31	-72.28	29.34	28.41	0.0438	9.95	11.38	17.07	-8.21	0.0284	-16.99	-11.93	-8.24	-11.6
2009	-14.28	10.74	34.21	14.97	-24.74	-21.53	-0.0327	-8.28	-42.96	-36.44	6.83	-0.0588	-24.89	-16.12	6.87	-7.25
2010	95.45	122.29	23.78	64.98	-1.17	5.96	0.0079	3.45	-0.45	3.3	4.69	0.0045	18.87	30.42	5.12	14.31
2011	95.56	119.56	-18.85	43.15	-6.21	4.08	0.0050	-3.22	85.41	82.25	-4.46	0.0902	56.5	69.3	-4.3	28.66
2012	39.02	53.94	-0.7	22.14	35.29	47.37	0.0503	19.78	18.02	0.83	-0.33	0.0009	-16.75	-4.93	-0.16	-6.09
2013	-18.39	-20.28	-48.64	-33.89	-36.46	-24.6	-10.6624	-21.19	17.52	-18.39	-11.61	-0.0178	8.29	16.14	-11.55	-0.06
2014	-84.71	-112.9	-44.74	-70.36	3.45	12.36	112.5568	59.79	-77.76	-145.69	-104.01	-0.1408	-16.5	-16.41	10.04	-3.21

煤炭消耗量预测各种模型的剩余标准差：$s_1 = 91.64$，$s_2 = 94.16$，$s_3 = 25.84$，$s_4 = 47.79$；

油料消耗量预测各种模型的剩余标准差：$s_1 = 21.68$，$s_2 = 26.99$，$s_3 = 28.27$，$s_4 = 19.06$；

天然气消耗量预测值各种模型的剩余标准差：$s_1 = 42.56$，$s_2 = 56.32$，$s_3 = 26.41$，$s_4 = 1.06$；

电力消耗量预测值各种模型的剩余标准差：$s_1 = 26.85$，$s_2 = 26.29$，$s_3 = 5.45$，$s_4 = 12.14$。

根据重庆市 1997—2014 年能源消耗量预测值与实际值之间的离差，按式（4.28）计算出 4 种预测方法的"剩余标准差"，其中：①煤炭，非线性回归预测的剩余标准差为 91.64，灰色系统 GM（1，1）模型预测的剩余标准差为 94.16，灰色神经网络模型预测的剩余标准差为 25.84，三种方法复合预测的剩余标准差为 47.79；②油料，非线性回归预测的剩余标准差为 21.68，灰色系统 GM（1，1）模型预测的剩余标准差为 26.99，灰色神经网络模型预测的剩余标准差为 28.27，三种方法复合预测的剩余标准差为 19.06；③天然气，非线性回归预测的剩余标准差为 42.56，灰色系统 GM（1，1）模型预测的剩余标准差为 56.32，灰色神经网络模型预测的剩余标准差为 26.41，三种方法复合预测的剩余标准差为 1.06；④电力，非线性回归预测的剩余标准差为 26.85，灰色系统 GM（1，1）模型预测的剩余标准差为 26.29，灰色神经网络模型预测的剩余标准差为 5.45，三种方法复合预测的剩余标准差为 12.14。

总体来说，三种方法油料和天然气复合预测最好，其次是灰色神经网络预测，再次是非线性组合预测，最后是灰色系统 GM（1，1）模型预测；煤炭和电力灰色神经网络预测最好，其次是复合预测，灰色系统 GM（1，1）模型预测与非线性回归模型预测基本相当。

4.5.2　各种预测方法的相对误差分析

相对误差 Δk 根据公式（4.29）计算，相对误差越小，表明预测方法的拟合性越高，预测精度越高，预测消耗量越接近客观实际。

$$\Delta k = \frac{\varepsilon(k)}{x(k)}, \quad \varepsilon(k) = x(k) - \widehat{x(k)} \tag{4.29}$$

式中，$\varepsilon(k)$ 为预测值与实际值的绝对误差，即残差；$x(k)$ 为实际值，$\widehat{x(k)}$ 为预测值。

根据表 4.17，计算重庆市能源和电力 1997—2014 年各种预测方法计算的预测值与实际值的相对误差，数据列于表 4.19。

为便于比较不同预测方法的优越性，我们不妨再根据相对误差计算每种预测方法的平均相对误差。

平均相对误差越小，预测方法的拟合性及预测精度越高。

平均相对误差结果详见表 4.20。

表 4.19　重庆市能源和电力需求各种预测方法相对误差分析表

年份	煤炭消耗量的相对误差				油料消耗量的相对误差				天然气消耗量的相对误差				电力消耗量的相对误差			
	非线性预测	灰色预测	神经网络预测	三种复合预测	非线性预测	灰色预测	神经网络预测	三种复合预测	非线性预测	灰色预测	神经网络预测	三种复合预测	非线性预测	灰色预测	神经网络预测	三种复合预测
1997	0.0239	0	-0.0004	0.0070	0.0050	0	-0.0004	-0.1528	0.0290	0	-0.001	0.0082	-0.1278	0	0	-0.0384
1998	-0.0237	-0.0052	0.0025	-0.0069	0.0225	0.1473	0.0029	-0.1085	0.1577	0.0175	0.0030	0.0523	-0.0047	0.0692	0.0024	0.0137
1999	-0.0139	-0.0095	0.0013	-0.0054	0.0475	0.1169	0.0010	0.0501	0.1162	-0.0333	0.0010	0.0287	0.0481	0.0758	0.0010	0.0301
2000	-0.0130	-0.0165	0.0703	0.0280	0.0140	0.0447	0.0703	0.0586	0.0213	-0.1285	0.0699	0.0156	0.0466	0.0457	0.0707	0.0585
2001	-0.0229	-0.0304	-0.0019	-0.0139	-0.0158	-0.0133	-0.0018	0.0002	-0.1040	-0.2442	-0.0016	-0.0809	0.1120	0.0958	-0.0021	0.0517
2002	0.0293	0.0213	0.0076	0.0168	-0.0631	-0.0790	0.0073	-0.0243	-0.2295	-0.3492	0.0083	-0.1346	0.0406	0.0160	0.0078	0.0193
2003	0.0845	0.0782	-0.0173	0.0323	-0.1080	-0.1337	-0.0172	-0.0627	-0.3751	-0.4694	-0.0177	-0.2152	-0.0175	-0.0436	-0.0170	-0.0225
2004	0.0106	0.0062	0.0054	0.0071	-0.0400	-0.0656	0.0053	-0.0192	0.0794	0.0398	0.0054	0.0345	-0.0707	-0.0932	0.0051	-0.0373
2005	-0.0649	-0.0664	0.0128	-0.0263	0.0224	0.0021	0.0133	0.0158	0.0253	0.0038	0.0125	0.0146	-0.0510	-0.0656	0.0127	-0.0221
2006	-0.0658	-0.0638	-0.0012	-0.0331	0.0455	0.0307	-0.0013	0.0204	0.0225	0.0164	-0.0015	0.0093	0.0980	-0.0100	-0.0014	0.0267
2007	0.0263	0.0308	-0.0015	0.0133	0.0310	0.0228	-0.0024	0.0135	0.0509	0.0551	-0.0018	0.0254	-0.0043	-0.0026	-0.0021	-0.0029
2008	-0.0396	-0.0325	-0.0137	-0.0253	0.0453	0.0438	-0.0140	0.0161	0.0189	0.0284	0.0137	0.0045	-0.0284	-0.0200	-0.0138	-0.0194
2009	-0.0045	0.0034	0.0107	0.0047	-0.0376	-0.0327	0.0105	-0.0116	-0.0693	-0.0588	0.0110	-0.0270	-0.0380	-0.0246	0.0105	-0.0111
2010	0.0269	0.0344	0.0067	0.0183	-0.0016	0.0079	0.0070	0.0062	-0.0006	0.0045	0.0063	0.0039	0.0246	0.0396	0.0067	0.0186
2011	0.0251	0.0313	-0.0049	0.0113	-0.0076	0.0050	-0.0053	-0.0015	0.0936	0.0902	-0.0049	0.0439	0.0641	0.0786	-0.0049	0.0325
2012	0.0097	0.0134	-0.0002	0.0055	0.0375	0.0503	-0.0006	0.0245	0.0193	0.0009	-0.0004	0.0058	-0.0188	-0.0055	-0.0002	-0.0069
2013	-0.0043	-0.0048	-0.0114	-0.0079	-0.0382	-0.0258	-0.0112	-0.0168	0.0170	-0.0178	-0.0113	-0.0041	0.0083	0.0161	-0.0116	-0.0001
2014	-0.0188	-0.0250	-0.0099	-0.0156	0.0032	0.0114	0.1037	0.0621	-0.0752	-0.1408	-0.1125	-0.1070	-0.0155	-0.0154	0.0094	-0.0030

表 4.20　重庆市能源和电力 1997—2014 年各种预测方法预测的平均相对误差

	煤炭消耗量预测平均相对误差（%）			油料消耗量预测平均相对误差（%）			天然气消耗量预测平均相对误差（%）			电力消耗量预测平均相对误差（%）		
	非线性预测	灰色预测	神经网络预测	三种复合预测	非线性预测	灰色预测	神经网络预测	三种复合预测	非线性预测	灰色预测	神经网络预测	三种复合预测	非线性预测	灰色预测	神经网络预测	三种复合预测
平均值	2.82	2.63	1.00	1.55	3.25	4.63	1.53	3.69	8.36	9.44	1.58	3.34	4.55	3.99	2.82	2.63

上述结果表明：重庆市 1997—2014 年能源消耗量预测值与实际值、4 种预测方法的"剩余标准差"，总体上说（除煤炭外）都是：三种方法组合预测最好，其次是灰色神经网络预测，再次是非线性组合预测，最后是灰色系统 GM（1，1）模型预测。

4.6　本章小结

本章依据重庆市直辖以来的主要能源消耗时间序列数据，成功地建立了能源的一元二次非线性回归模型、灰色系统 GM（1，1）模型、灰色神经网络模型，科学预测了重庆市"十三五"时期能源的需求量，并以此为基础，结合重庆能源消耗实际，依据层次分析法确定三种方法权重值进行集成后复合预测煤炭、油料、天然气、电力"十三五"期间的需求量及其占比结构，通过剩余标准差、平均相对误差检验，证明了诸种方法的科学性和精准性，为进一步剖析研究重庆能源的低碳高效利用和结构优化奠定了坚实的基础。

第5章　重庆能源绿色低碳发展结构优化数据包络分析研究

第4章对重庆能源绿色低碳发展的需求量进行了一系列的预测研究，为本章进行重庆能源绿色低碳发展结构优化的数据包络分析奠定了基础。能源绿色低碳高效利用，是要基于能源投入产出必须是对经济、社会、人口、科技发展和相应产生的"三废"排放在环境可承受范围内，且经济、社会、人口、科技成果的产出必须在有效率的前提下考察研究才有意义。所以说，能源高效利用应包含对技术效率深的层次进行分析研究，它涉及多投入、多产出的决策因素，目前解决这一问题的主要方法有两种：参数形式的随机前沿分析法（SFA）和非参数形式的数据包络分析法（DEA）（Wilson，2008；Mishra，Singh，2011；籍艳丽，赵丽琴，2011）。其中，DEA具有无须建立变量之间的严格函数，无须对所有指标进行统一的量纲处理，无须事先估计任何参数和权重等特点，它最适用于多投入和多个产出的效率评价，所以我们选取它来做重庆能源绿色低碳发展的结构优化。

数据包络分析（Data Envelopment Analysis，DEA），是数学、运筹学、数理经济学和管理科学的一个新的交叉领域。DEA是使用数学规化模型进行评价，它是一种评价具有多个输入、特别是多个输出单位间相对有效性的方法。由美国的Charnes，Cooper和Rhodes于1978年首先提出。自DEA诞生以来的近40年中，DEA理论与方法得到了迅速发展，应用范围不断扩展深化，应用领域和数量持续加速增长。

5.1　数据包络分析对能源绿色低碳高效利用研究的意义与功能

5.1.1　数据包络分析对能源绿色低碳利用研究的意义与样本要求

根据上述DEA的特点，选用数据包络分析可以解决能源多投入多产出以及涉及的经济、社会、人口、环境、科技等方面很难统一量纲的数据采集问题，可以解决投入产出规模是否强有效或弱有效问题，解决有效的投入产出目标值与未达到目标值的比例改进值（或径向改进值）问题，找出规模效率与综合效率、纯技术效率间的关系，充分了解所研究区域客观的、现实的、存在的、综合的技术经济手段这一重大要素力，并充分利用它、改进和完善它，进一步为所研究区域政府有关主管部门及相关单位提供能源总量平衡和结构优化，以促进经济、社会、人口、环境、科技等高效、低碳、可持续发展的决策资讯。

DEA模型对决策单元数量的要求相对较少，但是，如果决策单元数量 n 比投入 m 产出数量 q 指标还要少（$n<m+q$），则很容易出现大部分甚至全部决策单元均有效而不真实的结果，使DEA失去对DMU（Decision Making Unit）效率进行区分的能力。所以一般来

说，DMU 的数量不应少于投入和产出指标的乘积，同时应不少于投入和产出指标数量和的 3 倍，即：

$$n \geqslant amx\{m \times q, \; 3 \times (m + q)\}$$

这只是一个粗略的原则，具体要根据 DEA 的分析结果来判断。在实际应用中，往往决策单元较固定，当模型区分能力不足（参数的数量未达到模型要求时）时，只能通过减少投入或产出指标数量来提高区分度，为此，因笔者的投入，特别是产出指标数量多，为了达到 DEA 模型分析的有效性，应采取分若干组的方法来完成 DEA 分析。

5.1.2　数据包络分析应用于能源投入产出系统设计的模型

1. CCR 模型

1）投入导向的 CCR 模型

Charnes，Cooper 和 Rhodes 三人创立的第一个 DEA 模型，是基于规模收益不变，其线性规划模型表示为

$$\begin{cases} \max \dfrac{\displaystyle\sum_{r=1}^{q} u_r y_{rk}}{\displaystyle\sum_{i=1}^{m} v_i x_{ik}} \\[4mm] \text{s.t.} \dfrac{\displaystyle\sum_{r=1}^{q} u_r y_{rj}}{\displaystyle\sum_{i=1}^{m} v_i x_{ij}} \leqslant 1 \qquad \begin{array}{l} v \geqslant 0; \; u \geqslant 0 \\ i = 1, 2, \cdots, m; \; r = 1, 2, \cdots, q; \; j = 1, 2, \cdots, n \end{array} \end{cases} \tag{5.1}$$

式中，u_r 是产出权重，y_{rk} 是产出因子；v_i 是投入权重，x_{ij} 是投入因子。

这一非线性规划模型的含义在于，在使所有 DMU 的效率值都不超过 1 的条件下，要使被评价 DMU 的效率值最大化。模型确定的权重 u 和 v 是对被评价 DMU_k 最有利的，从这个意义上讲，CCR 模型是对被评价 DMU 的无效率状况作出的一种保守的估计，因为它采用的权重是最有利于被评价对象的，采用其他权重得出的效率值都不会超过这组权重得出的效率值。

式（5.1）所示的 CCR 模型存在的问题是它是非线性规划，并且存在无穷多个最优解。假设向量 $u*$ 和 $v*$ 是模型（5.1）的一个最优解，则 $tu*$ 和 $tv*$ 肯定也是模型（5.1）的最优解（$t > 0$）。

由于 $\sum_{i=1}^{m} v_i x_{ij} \geqslant 0$，模型（5.1）的约束等价于 s.t. $\sum_{r=1}^{q} u_r y_{rj} - \sum_{i=1}^{m} v_i x_{ij} \leqslant 0$，令 $t = \dfrac{1}{\sum_{i=1}^{m} v_i x_{ij}}$，则模型（5.1）的目标函数变为

$$\max \; t \sum_{r=1}^{q} u_r y_{rk} = \sum_{r=1}^{q} t u_r y_{rk} \tag{5.2}$$

再令 $\mu = tu$，$\nu = tv$，非线性模型（5.1）变换为等价的线性规划模型

$$
\begin{cases}
\max t \sum\limits_{r=1}^{q} u_r y_{rk} \\
\text{s. t. } \sum\limits_{r=1}^{q} u_r y_{rj} - \sum\limits_{i=1}^{m} V_i X_{ij} \leqslant 0 & v \geqslant 0;\ u \geqslant 0;\ i = 1,\ 2,\ \cdots,\ m; \\
& r = 1,\ 2,\ \cdots,\ q;\ j = 1,\ 2,\ \cdots,\ n \\
\sum\limits_{i=1}^{m} V_i X_{ir} = 1
\end{cases}
\tag{5.3}
$$

模型（5.3）是以 DMU$_k$ 为例来表达投入导向 CCR 模型的线性规划，对于每个 DMU 都要分别建立规划。以表 5.1 中的数据为例（1985—2014 年），需要分别求解 30 个线性规划模型。

表 5.1　**重庆 1985—2014 年能源投入和 GDP、财政收入、城乡居民人均可支配收入产出表**

年份	煤炭消耗量 x_1（投入）	油料消耗量 x_2（投入）	天然气消耗量 x_3（投入）	电力消耗量 x_4（投入）	GDP（亿元）y_1（产出）	财政收入（万元）y_2（产出）	城镇居民人均可支配收入（元）y_3（产出）	农村居民人均可支配收入（元）y_4（产出）
1985	938	161	63	80	164	90012	812	325
1986	939	173	76	83	185	113557	984	359
1987	1036	196	76	88	207	130318	1109	386
1988	1157	184	80	92	261	150022	1278	458
1989	1194	190	84	97	304	173860	1449	510
1990	1131	196	88	101	328	202077	1691	587
1991	1152	197	97	113	374	237279	1892	629
1992	1173	198	103	126	461	281199	2195	677
1993	1195	201	108	141	609	335217	2781	748
1994	1217	217	106	158	834	398003	3634	1018
1995	1240	258	103	176	1123	460052	4375	1270
1996	1317	261	97	196	1315	549412	5021	1479
1997	1384	283	145	217	1510	593060	5302	1692
1998	1393	291	184	251	1602	711287	5443	1801
1999	1496	308	196	278	1663	767341	5828	1836
2000	1600	312	202	297	1791	872442	6176	1892
2001	1700	323	206	345	1977	1061243	6572	1971
2002	1929	332	214	348	2233	1260674	7238	2098
2003	2206	346	221	362	2556	1615618	8094	2215

年份	煤炭消耗量 x_1 （投入）	油料消耗量 x_2 （投入）	天然气消耗量 x_3 （投入）	电力消耗量 x_4 （投入）	GDP（亿元） y_1 （产出）	财政收入（万元） y_2 （产出）	城镇居民人均可支配收入（元） y_3 （产出）	农村居民人均可支配收入（元） y_4 （产出）
2004	2205	404	380	380	3035	2006241	9221	2510
2005	2214	472	412	429	3468	2568072	10244	2809
2006	2391	533	469	498	3907	3177165	11570	2874
2007	2828	579	549	552	4676	4427000	13715	3509
2008	2861	648	601	597	5794	5775738	15709	4126
2009	3193	658	620	654	6531	6818189	17191	4478
2010	3551	750	741	768	7926	10182938	17532	5277
2011	3814	820	912	881	10011	14883336	20250	6480
2012	4034	941	934	889	11410	14658509	22968	7383
2013	4269	955	1031	1000	12783	16932438	25216	8332
2014	4508	1086	1034	1066	14263	19220159	25147	9490

模型（5.3）的对偶模型为：

$$
\begin{cases}
\min\theta \\
\text{s. t.} \displaystyle\sum_{j=1}^{n} \lambda_j X_{ij} \leqslant \theta X_{ik} \\
\qquad\qquad i = 1, 2, \cdots, m;\ r = 1, 2, \cdots, q;\ j = 1, 2, \cdots, n \quad (5.4) \\
\displaystyle\sum_{j=1}^{n} \lambda_j y_{ij} \geqslant y_{rk} \\
\lambda \geqslant 0
\end{cases}
$$

对偶模型（5.4）中，λ 表示 DMU 的线性组合系数，模型的最优解 θ^* 代表效率值，θ^* 的取值范围为（0，1]。

进而 $x = \displaystyle\sum_{j=1}^{n} \lambda_j x_j$，$y = \displaystyle\sum_{j=1}^{n} \lambda_j y_j$ 可以看作一个虚拟的 DMU，其投入不高于 DMU_k 的投入，产出不低于 DMU_k 的产出。如果 DMU_k 处于无效率状态，则最优解构建的虚拟 DMU 为：

$$
\hat{x} = \sum_{j=1}^{n} \lambda_j^* x_j,\quad \hat{y} = \sum_{j=1}^{n} \lambda_j^* y_j
$$

就是被评价的决策单元的目标值。

模型的目标函数是最优解为 θ^*，$1-\theta^*$ 表示在当前的技术水平下，被研究的煤炭、油料、天然气、电力投入及 GDP、财政收入、城镇居民人均可支配收入、农村居民人均可支配收入产出 8 个因素，1985—2014 年 30 个决策单元在不降低产出水平的条件下，其投入能够达到的最大限度。θ^* 越小表示投入可以缩减的能源幅度越大，效率越低。$\theta^* = 1$ 说明被评价决策单元位于前沿面上，在不减少产出的条件下，其各项投入没有等比例下降的空间，处于技术有效的状态；$\theta^* < 1$ 说明被评价的 DMU 为技术无效率状态，在不减少 GDP、财政收入、城镇居民人均可支配收入、农村居民人均可支配收入等有效产出的条件下，其各项能源的投入可以等比例下降的比例为 $1-\theta^*$。

在模型（5.3）中，能源投入和 GDP、财政收入等经济产出权重系统与其在形式上是乘数和被乘数的关系，（5.3）通常称为 DEA 的乘数形式（Multiplier Form）。其对偶模型（5.4）确定的前沿为形似包络，将所有的决策单元（DMU）包裹在内，通常称为 DEA 的包络形式（Envelopment Form）。

规模收益不变（CCR）的对偶（5.4）是在以 GDP、财政收入、城镇居民人均可支配收入、农村居民人均可支配收入产出既定的条件下，各项能源投入可以等比例缩减的程度来对无效率的状况进行测量，因此被称为投入导向的 CCR 模型。

2）产出导向的 CCR 模型的规划式为：

$$
\begin{cases}
\min \sum_{i=1}^{m} V_i X_{ik} \\
\text{s. t.} \sum_{r=1}^{s} u_r y_{rj} - \sum_{i=1}^{m} V_i X_{ij} \leqslant 0 \qquad v \geqslant 0;\ u \geqslant 0;\ i = 1,\ 2,\ \cdots,\ m; \\
\qquad\qquad\qquad\qquad\qquad\qquad\qquad r = 1,\ 2,\ \cdots,\ q;\ j = 1,\ 2,\ \cdots,\ n \\
\sum_{r=1}^{q} u_r y_{rk} = 1
\end{cases}
\tag{5.5}
$$

式（5.5）的对偶模型为：

$$
\begin{cases}
\min \varphi \\
\text{s. t.} \sum_{j=1}^{n} \lambda_j X_{ij} \leqslant \theta X_{ik} \\
\qquad\qquad\qquad\qquad i = 1,\ 2,\ \cdots,\ m;\ r = 1,\ 2,\ \cdots,\ q;\ j = 1,\ 2,\ \cdots,\ n \\
\sum_{j=1}^{n} \lambda_j y_{rj} \geqslant y_{rk} \\
\lambda \geqslant 0
\end{cases}
\tag{5.6}
$$

对偶模型（5.6）是在能源投入既定的条件下，GDP、财政收入、城镇居民人均可支配收入、农村居民人均可支配收入产出可以等比例增长的程度来对无效率因素的状况进行测量，因此被称为产出导向的 CCR 模型。

模型的最优解为 φ^*，是在当前技术水平下，被研究的区域 DMU_k（决策单元）在不增加能源投入的条件下，其 GDP、财政收入、城镇居民人均可支配收入、农村居民人均可支配收入产出能够增长的最大比例为 $\varphi^* - 1$。φ^* 越大，表示区域该产出可以增长的幅度越大，能源及电力等清洁能源效率越低。由于 $\varphi^* \geqslant 1$，所以一般采用 $1/\varphi^*$ 表示效率值。

2. BCC 模型

1）投入导向 BCC 模型的规划式

BCC 模型是基于规模收益可变，1984 年 Banker，Charnes 和 Cooper 三位学者在

Management Science 杂志上发表文章"Some Models for Estimating Technical and Scale Inefficiencies in Data Envelopment Analysis",文中提出估计规模效率的 DEA 理论和方法,并以三位作者的姓氏首字母命名,所以在以后的文献中将此模型称为 BCC 模型。因为规模收益可变得出的技术效率排除了规模的影响,所以这种效率称为"纯技术效率"(Pure Technical Efficiency,PTE)。

BCC 模型是在 CCR 对偶模型的基础上增加了约束条件 $\sum_{j=1}^{n} \lambda_j = 1(\lambda \geqslant 0)$ 构成的,其作用是使投影点的生产规模与被评价 DMU 的生产规模处于同一水平。该模型表示为:

$$\begin{cases} \min\theta \\ \text{s. t. } \sum_{j=1}^{n} \lambda_j x_{ij} \leqslant \theta x_{ik} \\ \sum_{j=1}^{n} \lambda_j y_{rj} \geqslant y_{rk} \qquad i = 1, 2, \cdots, m; \ r = 1, 2, \cdots, q; \ j = 1, 2, \cdots, n \quad (5.7) \\ \sum_{j=1}^{n} \lambda_j = 1 \\ \lambda \geqslant 0 \end{cases}$$

2)BCC 模型(5.7)的对偶规划式

$$\begin{cases} \max \sum_{r=1}^{q} u_i y_{rk} - u_0 \\ \text{s. t. } \sum_{r=1}^{q} u_r y_{rj} - \sum_{i=1}^{m} \nu_i X_{ij} - u_0 \leqslant 0 \qquad \begin{array}{l} v \geqslant 0; \ u \geqslant 0; \ u_0 \text{free}; \\ i = 1, 2, \cdots, m; \ r = 1, 2, \cdots, q; \ j = 1, 2, \cdots, n \end{array} \\ \sum_{i=1}^{m} \nu_i x_{ik} = 1 \end{cases}$$

$$(5.8)$$

3)产出导向 BCC 模型的规划式

$$\begin{cases} \min\phi \\ \text{s. t. } \sum_{j=1}^{n} \lambda_j x_{ij} \leqslant x_{ik} \\ \sum_{j=1}^{n} \lambda_j y_{rj} \geqslant \phi y_{rk} \qquad i = 1, 2, \cdots, m; \ r = 1, 2, \cdots, q; \ j = 1, 2, \cdots, n \quad (5.9) \\ \sum_{j=1}^{n} \lambda_j = 1 \\ \lambda \geqslant 0 \end{cases}$$

产出导向 BCC 模型也是在产出导向 CCR 模型(5.6)的基础上增加了约束条件 $\sum_{j=1}^{n} \lambda_j = 1$ 构成的,其对偶规划式为:

$$\begin{cases} \min \sum_{i=1}^{m} \nu_i x_{ik} + \nu_0 \\ \text{s. t. } \sum_{r=1}^{q} u_r y_{rj} - \sum_{i=1}^{m} \nu_i x_{ij} - \nu_0 \leqslant 0 \quad \begin{array}{l} v \geqslant 0;\ u \geqslant 0;\ \nu_0 \text{free} \\ i = 1,\ 2,\ \cdots,\ m;\ r = 1,\ 2,\ \cdots,\ q;\ j = 1,\ 2,\ \cdots,\ n \end{array} \\ \sum_{r=1}^{q} u_r y_{rk} = 1 \end{cases}$$

$$(5.10)$$

4）数据包络投入导向和产出导向效率值的关系

在模型假设规模收益不变（CRS）模型中，投入导向和产出导向得出的效率值相等；但在模型假设规模收益可变（VRS）模型中，不存在这样的关系，即 VRS 模型中投入导向和产出导向的效率值不等，这是数据包络分析模型的前提假设。

5）规模效应值问题

BCC 模型的提出是为了求解 VRS 生产技术下决策单元的技术效率，但同时 BCC 模型也为计算规模效应值提供了方法。如果生产技术是规模收益可变的，采用 CRS 模型得出的效率值（Technical Efficiency，TE）并非纯粹的技术效率，而包含了规模效率的成分，这就为求解规模效率找到了实现的途径。对 VRS 生产技术而言，既然 VRS 模型得出的效率值才是技术效率，称之为"纯技术效率"（Pure Technical Efficiency，PTE），那么通过比较计算 CRS 效率值可以分离出"规模效应值"（Scale Efficiency，SE），计算方法为 SE = TE/PTE。

3. 比例改进与松弛改进的关系

无效的决策变量在前沿上的投影点代表其目标值。一般情况下投入的改进值用负数表示，产出的改进值用正数表示，则被评价的决策单元的能源投入和经济社会"三废产品"科技等产出目标值的计算方法可以表示为：目标值=原始值+改进值。

无效决策单元的改进值包括两部分，一是比例改进值（Proportionate Movement，而在径向模型中的比例改进值一般称为径向改进值（Radial Movement））；二是松弛改进值（Slack Movement），即目标值=原始值+比例改进值（或径向改进值）+松弛改进值。

如果无效决策单元完成比例改进，则该决策单元改进后可能是弱有效；如果存在松弛问题，则为弱有效；如果不存在松弛问题，则为强有效。只有完成比例改进和松弛改进后，才能保证决策单元变为强有效。

5.2　能源投入产出系统的数据包络分析研究

5.2.1　能源投入产出松弛改进和径向改进的数据包络分析研究

为全面考察重庆能源现阶段投入产出效率状况，笔者以规模收益不变、规模收益可变和径向距离等几类模型进行了输入输出的分析研究，从不同视角来考察重庆能源及清洁能源电力的投入和经济、社会、人口、环境可容忍的"三废"排放以及科技成果诸多产出的比例关系、效率值、目标值及改进值，来为政府作能源总量平衡与结构优化提供强力支撑。

笔者研究的原始数据主要来源于《重庆市统计年鉴》和《中国能源统计年鉴》，但由于所有公开的资料中没有全市较为系统权威的 CO_2 排放资料，且废气排放中，因为 SO_2 与 CO_2 的排放具有强烈的相关关系，据此，为研究的方便，笔者采用了统计年鉴上的 SO_2 排放的数据替代 CO_2 的排放数据，进行研究分析。

1. 投入导向 CCR 模型的效率值与改进值

进行效率值、比例改进值（或径向改进值）与松弛改进值分析研究的原始数据见表 5.1。将其原始数据输入 MaxDEA5.1 软件，选择"包络模型""混合（径向和非径向）值""投入导向""不变（CRS）"模型运行后，得到表 5.2 和表 5.3 的结果。

从表 5.3 可以看出，在投入导向规模收益不变的假设条件下，效率值从 1985 年的 0.487 上升到 1995 年的 0.965。

2. 煤炭、油料、天然气和电力投入的 CCR 的 DEA 分析

煤炭从 1985 年到 1995 年累计径向改进值为 3992.12 万吨，平均每年可改进量为 362.92 吨，在这 11 年中，最高径向改进量 1987 年达到 499.42 吨、1988 年达到 489.23 吨、1985 年为 481.03 吨、1986 年径向改进量达到 475.73 万吨标准煤；从已掌握的数据分析来看这是重庆煤炭消耗率高、产出效率较低的 11 年，加上 1985 年至 1995 年煤炭消耗松弛改进量为 3056.48 万吨标准煤，平均每年煤炭的松弛改进量达到 277.86 万吨，在这 11 年中，松弛改进量年份最多的是 1989 年 450.05 万吨标准煤、1988 年 415.31 吨、1990 年 433.1 万吨标准煤、1991 年 384.96 万吨标准煤；径向改进值和松弛改进值这 11 年总计达到 7048.6 万吨标准煤，平均每年可达 640.78 万吨标准煤。径向改进值+松弛改进值：1985 年为 737.09 万吨，当年煤炭总改进量占实际消耗量 938 万吨的 78.58%，1986 年两项改进量之和为 750.13 万吨，占当年煤炭实际消耗量 939 万吨的 79.89%，1987 年两项改进量之和为 815.68 万吨，占当年煤炭实际消耗量 1036 万吨的 78.73%，1988 年两项改进量之和为 904.54 万吨，占当年煤炭实际消耗量 1157 万吨的 78.18%，1989 年两项改进量之和为 906.29 万吨，占当年煤炭实际消耗量 1194 万吨的 75.9%，1990 年两项改进量之和为 792.67 万吨，占当年煤炭实际消耗量 1131 万吨的 70.09%，1991 年两项改进量之和为 765.83 万吨，占当年煤炭实际消耗量 1152 万吨的 66.48%，1992 年两项改进量之和为 707.49 万吨，占当年煤炭实际消耗量 1173 万吨的 60.27%，1993 年两项改进量之和为 593.94 万吨，占当年煤炭实际消耗量 1195 万吨的 49.7%，1994 年两项改进量之和为 372.26 万吨，占当年煤炭实际消耗量 1217 万吨的 30.59%，1995 年两项改进量之和为 153.41 万吨，占当年煤炭实际消耗量 1240 万吨的 12.37%，这 11 年重庆煤炭消耗量无效率消耗需改进的值下降速度相当快，从 1985 年需改进的 78.58% 到 1986 年需改进的 79.89%；从 1987 年需改进的 78.73% 到 1988 年的 78.18%，逐渐下降到 1990 年的 70.09%，再到 1992 年的 60.27%，1993 年的 49.7%，1994 年的 30.59%，1995 年的 12.37%，这三年成倍速的下降，说明煤炭的无效消耗大大降低。

表 5.2　CCR 投入导向型模型下能源投入可改进值和目标值

年份	效率值	煤炭（投入）x_1			油料量（投入）x_2			天然气（投入）x_3			电力（投入）x_4		
		径向改进值	松弛改进值	目标值	径向改进值	松弛改进值	目标值	径向改进值	松弛改进值	目标值	径向改进值	松弛改进值	目标值
1985	0.487	-481.03	-256.13	201.06	-82.46	-34.22	44.15	-32.21	-0	30.62	-40.78	-0	38.75
1986	0.493	-475.73	-274.40	188.53	-87.87	-41.76	43.75	-38.32	-0	37.29	-42.31	-0	41.18
1987	0.518	-499.42	-315.46	221.40	-94.27	-51.39	49.95	-36.68	-0	39.44	-42.24	-0	45.40
1988	0.577	-489.23	-415.31	252.54	-77.68	-48.44	57.61	-33.98	-0	46.39	-38.90	-0	53.10
1989	0.618	-456.24	-450.05	288.15	-72.71	-52.35	65.30	-32.12	-0	51.96	-36.89	-0	59.69
1990	0.682	-359.57	-433.10	338.09	-62.47	-57.78	76.19	-27.98	-0	60.02	-32.24	-0	69.15
1991	0.669	-380.87	-384.96	385.85	-65.17	-46.45	85.44	-31.96	-0	64.67	-37.43	-0	75.76
1992	0.674	-382.96	-324.53	465.49	-64.75	-33.53	100.04	-33.74	-0	69.60	-41.26	-0	85.11
1993	0.757	-290.46	-303.48	600.73	-48.84	-30.59	121.45	-26.31	-0	81.89	-34.30	-0	106.78
1994	0.890	-133.38	-238.88	844.52	-23.76	-23.64	169.34	-11.59	-0	94.11	-17.26	-0	140.24
1995	0.965	-43.23	-110.18	1086.43	-9.01	-30.18	219.17	-3.59	-0	99.28	-6.13	-0	169.70
1996	1	-0	-0	1317.32	0.00	0.00	260.86	0.00	-0	97.39	0.00	-0	195.52
1997	0.974	-36.26	-107.21	1240.51	-7.41	-16.44	258.95	-3.81	-0	141.66	-5.69	-0	211.42
1998	0.884	-161.16	-10.43	1221.84	-33.69	0.00	257.61	-21.24	-0	162.38	-29.04	-0	222.07
1999	0.869	-196.32	-0	1299.23	-40.46	0.00	267.73	-25.77	-0	170.57	-36.54	-9.65	232.15
2000	0.891	-174.80	-0	14245	-34.11	0.00	278.09	-22.09	-0	180.08	-32.41	-13.08	251.15
2001	0.912	-150.25	-0	1550.18	-28.50	0.00	294.01	-18.22	-0	187.98	-30.44	-45.30	268.79
2002	0.956	-84.48	-0	1844.42	-14.53	0.00	317.34	-9.37	-0	204.47	-15.26	-21.00	312.18

续表

年份	效率值	煤炭（投入）x_1			油料量（投入）x_2			天然气（投入）x_3			电力（投入）x_4		
		径向改进值	松弛改进值	目标值	径向改进值	松弛改进值	目标值	径向改进值	松弛改进值	目标值	径向改进值	松弛改进值	目标值
2003	1	-0	-0	2206.42	0.00	0.00	346.11	0.00	-0	220.81	0.00	-0	361.56
2004	0.926	-163.34	-364.97	1676.77	-29.89	0.00	373.63	-28.15	-0.15	351.67	-28.14	-0	351.70
2005	0.913	-193.60	-85.64	1935.15	-41.28	0.00	430.87	-36.01	-0	375.85	-37.50	-0	391.36
2006	0.895	-251.62	-0	2139.84	-56.05	-34.13	442.50	-49.36	-0	419.75	-52.40	-4.40	441.19
2007	0.945	-155.79	-151.94	2520.52	-31.89	0.00	547.06	-30.25	-8.32	510.55	-30.41	-0	521.67
2008	1	-0	-0	2860.5	0.00	0.00	648.38	0.00	-0	600.57	0.00	-0	597.20
2009	1	-0	-0	3193.02	0.00	0.00	657.82	0.00	-0	619.73	0.00	-0	654.25
2010	0.908	-325.44	-20.38	3205.24	-68.77	0.00	681.62	-67.93	-0	673.27	-70.40	-0	697.78
2011	1	-0	-0	3813.86	0.00	0.00	819.81	0.00	-0	912.06	0.00	-0	881.22
2012	1	-0	-0	4034.42	0.00	0.00	941.24	0.00	-0	933.99	0.00	-0	888.60
2013	1	-0	-0	4268.51	0.00	0.00	954.90	0.00	-0	1030.99	0.00	-0	999.50
2014	1	-0	-0	4508.09	0.00	0.00	1085.68	0.00	-0	1034.39	0.00	-0	1065.80

表 5.3　煤炭和油料 DEA 分析总改进值占目标值和实际消耗值比重

年份	煤炭 DEA 分析结果							油料 DEA 分析结果						
	径向改进值	松弛改进值	总改进值	目标值	总改进值占目标值比重	实际消耗值	改进值占实际消耗值比重	径向改进值	松弛改进值	总改进值	目标值	总改进值占目标值比重	油料消耗值	总改进值占实际消耗值比重
1985	-481.03	-256.13	-737.16	201.06	-3.6664	938	-0.78588	-82.46	-34.22	-116.68	44.15	-2.6428	161	-0.7247
1986	-475.73	-274.4	-750.13	188.53	-3.9788	939	-0.79886	-87.87	-41.76	-129.63	43.75	-2.9630	173	-0.7493
1987	-499.42	-315.46	-814.88	221.4	-3.6806	1036	-0.78656	-94.27	-51.39	-145.66	49.95	-2.9161	196	-0.7432
1988	-489.23	-415.31	-904.54	252.54	-3.5818	1157	-0.78180	-77.68	-48.44	-126.12	57.61	-2.1892	184	-0.6854
1989	-456.24	-450.05	-906.29	288.15	-3.1452	1194	-0.75904	-72.71	-52.35	-125.06	65.3	-1.9152	190	-0.6582
1990	-359.57	-433.1	-792.67	338.09	-2.3446	1131	-0.70086	-62.47	-57.78	-120.25	76.19	-1.5783	196	-0.6135
1991	-380.87	-384.96	-765.83	385.85	-1.9848	1152	-0.66478	-65.17	-46.45	-111.62	85.44	-1.3064	197	-0.5666
1992	-382.96	-324.53	-707.49	465.49	-1.5199	1173	-0.60315	-64.75	-33.53	-98.28	100.04	-0.9824	198	-0.4964
1993	-290.46	-303.48	-593.94	600.73	-0.9887	1195	-0.49702	-48.84	-30.59	-79.43	121.45	-0.6540	201	-0.3952
1994	-133.38	-238.88	-372.26	844.52	-0.4408	1217	-0.30588	-23.76	-23.64	-47.4	169.34	-0.2799	217	-0.2184
1995	-43.23	-110.18	-153.41	1086.43	-0.1412	1240	-0.12372	-9.01	-30.18	-39.19	219.17	-0.1788	258	-0.1519
1996	0	0	0	1317.32	0.0000	1317	0.00000	0	0	0	260.86	0.0000	261	0.0000
1997	-36.26	-107.21	-143.47	1240.51	-0.1157	1384	-0.10366	-7.41	-16.44	-23.85	258.95	-0.0921	283	-0.0843
1998	-161.16	-10.43	-171.59	1221.84	-0.1404	1393	-0.12318	-33.69	0	-33.69	257.61	-0.1308	291	-0.1158
1999	-196.32	0	-196.32	1299.23	-0.1511	1496	-0.13123	-40.46	0	-40.46	267.73	-0.1511	308	-0.1314
2000	-174.8	0	-174.8	14245	-0.0123	1600	-0.10925	-34.11	0	-34.11	278.09	-0.1227	312	-0.1093
2001	-150.25	0	-150.25	1550.18	-0.0969	1700	-0.08838	-28.5	0	-28.5	294.01	-0.0969	323	-0.0882
2002	-84.48	0	-84.48	1844.42	-0.0458	1929	-0.04379	-14.53	0	-14.53	317.34	-0.0458	332	-0.0438
2003	0	0	0	2206.42	0.0000	2206	0.00000	0	0	0	346.11	0.0000	346	0.0000

续表

年份	煤炭 DEA 分析结果							油料 DEA 分析结果						
	径向改进值	松弛改进值	总改进值	目标值	总改进值占目标值比重	实际消耗值	改进值占实际消耗值比重	径向改进值	松弛改进值	总改进值	目标值	总改进值占目标值比重	油料消耗值	总改进值占实际消耗值比重
2004	-163.34	-364.97	-528.31	1676.77	-0.3151	2205	-0.23960	-29.89	0	-29.89	373.63	-0.0800	404	-0.0740
2005	-193.6	-85.64	-279.24	1935.15	-0.1443	2214	-0.12612	-41.28	0	-41.28	430.87	-0.0958	472	-0.0875
2006	-251.62	0	-251.62	2139.84	-0.1176	2391	-0.10524	-56.05	-34.13	-90.18	442.5	-0.2038	533	-0.1692
2007	-155.79	-151.94	-307.73	2520.52	-0.1221	2828	-0.10882	-31.89	0	-31.89	547.06	-0.0583	579	-0.0551
2008	0	0	0	2860.5	0.0000	2861	0.00000	0	0	0	648.38	0.0000	648	0.0000
2009	0	0	0	3193.02	0.0000	3193	0.00000	0	0	0	657.82	0.0000	658	0.0000
2010	-325.44	-20.38	-345.82	3205.24	-0.1079	3551	-0.09739	-68.77	0	-68.77	681.62	-0.1009	750	-0.0917
2011	0	0	0	3813.86	0.0000	3814	0.00000	0	0	0	819.81	0.0000	820	0.0000
2012	0	0	0	4034.42	0.0000	4034	0.00000	0	0	0	941.24	0.0000	941	0.0000
2013	0	0	0	4268.51	0.0000	4269	0.00000	0	0	0	954.9	0.0000	955	0.0000
2014	0	0	0	4508.09	0.0000	4508	0.00000	0	0	0	1085.68	0.0000	1086	0.0000

表 5.3 续 1　天然气和电力 DEA 分析总改进值占目标值和实际消耗值比重

年份	天然气 DEA 分析结果							电力 DEA 分析结果						
	径向改进值	松弛改进值	总改进值	目标值	总改进值占目标值比重	实际消耗量	总改进值占实际消耗值比重	径向改进值	松弛改进值	电力总改进值	目标值	总改进值占目标值比重	实际消耗值	总改进值占实际消耗值比重
1985	-32.21	0	-32.21	30.62	-1.0519	63	-0.5113	-40.78	0	-40.78	38.75	-1.0524	80	-0.5098
1986	-38.32	0	-38.32	37.29	-1.0276	76	-0.5042	-42.31	0	-42.31	41.18	-1.0274	83	-0.5098
1987	-36.68	0	-36.68	39.44	-0.9300	76	-0.4826	-42.24	0	-42.24	45.4	-0.9304	88	-0.4800
1988	-33.98	0	-33.98	46.39	-0.7325	80	-0.4248	-38.9	0	-38.9	53.1	-0.7326	92	-0.4228
1989	-32.12	0	-32.12	51.96	-0.6182	84	-0.3824	-36.89	0	-36.89	59.69	-0.6180	97	-0.3803
1990	-27.98	0	-27.98	60.02	-0.4662	88	-0.3180	-32.24	0	-32.24	69.15	-0.4662	101	-0.3192
1991	-31.96	0	-31.96	64.67	-0.4942	97	-0.3295	-37.43	0	-37.43	75.76	-0.4941	113	-0.3312
1992	-33.74	0	-33.74	69.6	-0.4848	103	-0.3276	-41.26	0	-41.26	85.11	-0.4848	126	-0.3275
1993	-26.31	0	-26.31	81.89	-0.3213	108	-0.2436	-34.3	0	-34.3	106.78	-0.3212	141	-0.2433
1994	-11.59	0	-11.59	94.11	-0.1232	106	-0.1093	-17.26	0	-17.26	140.24	-0.1231	158	-0.1092
1995	-3.59	0	-3.59	99.28	-0.0362	103	-0.0349	-6.13	0	-6.13	169.7	-0.0361	176	-0.0348
1996	0	0	0	97.39	0.0000	97	0.0000	0	0	0	195.52	0.0000	196	0.0000
1997	-3.81	0	-3.81	141.66	-0.0269	145	-0.0263	-5.69	0	-5.69	211.42	-0.0269	217	-0.0262
1998	-21.24	0	-21.24	162.38	-0.1308	184	-0.1154	-29.04	0	-29.04	222.07	-0.1308	251	-0.1157
1999	-25.77	0	-25.77	170.57	-0.1511	196	-0.1315	-36.54	-9.65	-46.19	232.15	-0.1990	278	-0.1662
2000	-22.09	0	-22.09	180.08	-0.1227	202	-0.1094	-32.41	-13.08	-45.49	251.15	-0.1811	297	-0.1532
2001	-18.22	0	-18.22	187.98	-0.0969	206	-0.0884	-30.44	-45.3	-75.74	268.79	-0.2818	345	-0.2195
2002	-9.37	0	-9.37	204.47	-0.0458	214	-0.0438	-15.26	-21	-36.26	312.18	-0.1162	348	-0.1042
2003	0	0	0	220.81	0.0000	221	0.0000	0	0	0	361.56	0.0000	362	0.0000

续表

年份	天然气 DEA 分析结果							电力 DEA 分析结果						
	径向改进值	松弛改进值	总改进值	目标值	总改进值占目标值比重	实际消耗量	总改进值占实际消耗值比重	径向改进值	松弛改进值	电力总改进值	目标值	总改进值占目标值比重	实际消耗值	总改进值占实际消耗值比重
2004	-28.15	-0.15	-28.3	351.67	-0.0805	380	-0.0745	-28.14	0	-28.14	351.7	-0.0800	380	-0.0741
2005	-36.01	0	-36.01	375.85	-0.0958	412	-0.0874	-37.5	0	-37.5	391.36	-0.0958	429	-0.0874
2006	-49.36	0	-49.36	419.75	-0.1176	469	-0.1052	-52.4	-4.4	-56.8	441.19	-0.1287	498	-0.1141
2007	-30.25	-8.32	-38.57	510.55	-0.0755	549	-0.0703	-30.41	0	-30.41	521.67	-0.0583	552	-0.0551
2008	0	0	0	600.57	0.0000	601	0.0000	0	0	0	597.2	0.0000	597	0.0000
2009	0	0	0	619.73	0.0000	620	0.0000	0	0	0	654.25	0.0000	654	0.0000
2010	-67.93	0	-67.93	673.27	-0.1009	741	-0.0917	-70.4	0	-70.4	697.78	-0.1009	768	-0.0917
2011	0	0	0	912.06	0.0000	912	0.0000	0	0	0	881.22	0.0000	881	0.0000
2012	0	0	0	933.99	0.0000	934	0.0000	0	0	0	888.6	0.0000	889	0.0000
2013	0	0	0	1030.99	0.0000	1031	0.0000	0	0	0	999.5	0.0000	1000	0.0000
2014	0	0	0	1034.39	0.0000	1034	0.0000	0	0	0	1065.8	0.00000	1066	0.0000

能源油料的径向改进量+松弛改进量：1985 年至 1995 年 11 年为 688.99+450.33 = 1139.32 万吨，平均每年需改进油料消耗量 40.99 万吨；从表 5.3 的各种能源消耗观察看，1996 年因效率值达到 1，各种能源消耗的产出最大，效率值最高，均没有改进值。

从 1997 年起到 2002 年煤炭总改进值分别为：143.47 万吨、171.59 万吨、196.32 万吨、178.8 万吨、150.25 万吨、84.48 万吨，2003 年效率值达到 1，各种能源消耗达到较好利用，产出最大，效率值最高，均没有改进值。2004 年起到 2007 年煤炭总改进值分别为：528.31 万吨，占当年消耗量的 23.96%；279.24 万吨，占当年消耗量的 12.61%；251.62 万吨，占当年消耗量的 10.52%；307.73 万吨，占当年消耗量的 10.88%；2008 年、2009 年效率值为 1，2010 年效率值达到 0.908，这一年煤炭总改进值为 345.82 万吨，占目标值的 10.79%，占当年消耗量的 9.74%，2011 到 2014 年能源消耗投入向好的方向发展，效率值达到 1。

由表 5.3 的分析表明，重庆煤炭消耗量 1985 年至 1992 年总改进值（径向改进+松弛改进）远大于目标值，从最初 1985 年的 366.64% 逐渐降至 1992 年的 151.99%，再至 1995 年的 14.12%，改进值越大说明煤炭消耗无功功率越大，反之越小，这个过程是一个由无效能耗特高逐渐变低的过程；2004 年反弹至 31.51% 后，又逐渐降低至 2007 年的 12.21%；2008 年至 2014 年（除 2010 年一年多消耗 345.82 万吨，占目标值的 10.79% 外）各年均达到投入产出 DEA 强有效值为 1。说明重庆经过几轮关停并转高耗能企业和产业结构转换升级工作特别有成效。

表 5.2 和表 5.3 的 DEA 分析结果表明：重庆能源油料在 CCR 投入导向型条件下，即在规模收益不变既定产出条件下，1985—1995 年 11 年间油料投入经济产出从 DEA 弱有效逐渐变为强有效，效率值从 0.487 逐年上升到 0.965；油料的投入改进值从 116.18 万吨、占目标值的 264.28%，逐渐下降到 1995 年的 17.88%；油料的改进值从 1985 年的 116.18 万吨、占油料消耗的 72.47%，逐年下降至 1995 年的 15.19%；油料的投入的无效益的消耗呈逐年下降趋势。1996 年 CCR 的 DEA 效率值达到 1，1997—2002 年 CCR 的 DEA 效率值又变为 0.974、0.884、0.869、0.891、0.912、0.956，1997 年油料消耗径向改进和松弛改进总值从 23.85 万吨，占目标值 258.95 万吨的 9.21%，降至 2002 年总改进值 14.53 万吨，占目标值 317.34 万吨的 5.83%，这 6 年总改进值从占实际油料消耗量的 8.43% 逐年降至 4.38%；油料消耗从 2004 年总改进值占目标值的 7.4%，逐年下降至 2007 年占油料目标值的 5.51%，2008 年、2009 年 CCR 的 DEA 效率值达到 1，2010 年稍下降，达到 0.908，2011 年至 2014 年 CCR 的 DEA 效率值又达到 1。

表 5.2 和表 5.3 续 1 的 DEA 分析结果表明：重庆能源天然气在 CCR 投入导向型条件下，即在规模收益不变既定产出条件下，1985—1995 年 11 年间天然气投入的经济产出从 DEA 弱有效逐渐变为强有效，效率值从 0.487 逐年上升到 0.965，天然气投入改进值从 32.21 万吨、占目标值的 105.19% 逐渐下降到 1995 年的 3.62%，天然气改进值从 1985 年的 32.21 万吨（折算成标准煤），占天然气消耗量的 51.13% 逐年下降至 1995 年的 3.49%，天然气投入的无效益的消耗呈逐年下降趋势。1996 年 CCR 的 DEA 效率值达到 1，1997 年至 2002 年 CCR 的 DEA 效率值又变为 0.974、0.884、0.869、0.891、0.912、0.956，1997 年天然气消耗径向改进和松弛改进总值从 3.81 万吨、占目标值 141.66 万吨

的 2.96%降至 2002 年总改进值 9.37 万吨、占目标值 204.47 万吨的 4.58%，这 6 年总改进值从占实际天然气消耗量的 5.69%、1998 年的 29.04%、1999 年的 36.54%、2000 年的 32.41%、2001 年的 30.44%、2002 年的 15.26%，这 6 年天然气消耗改进值呈由低到高又到低的变化趋势。天然气消耗量从 2004 年总改进值占目标值的 8.05%逐年下降至 2007 年占油料目标值的 7.55%，2008 年、2009 年 CCR 的 DEA 效率值达到 1，而 2010 年效率值稍下降达到 0.908 后，2011 年至 2014 年 CCR 的 DEA 效率值达到 $\theta^* = 1$。

电力消耗的变化趋势与天然气消耗改进量的百分比比较接近，具体变化趋势从略。

3. 能源投入产出 GDP、财政收入、城乡居民人均可支配收入 CCR 的 DEA 分析

从表 5.4 可以得出，重庆市能源投入产出系统从 1985—2014 年的这 30 年，在规模收益不变的假设前提下，国内亿元 GDP、万元财政收入、城镇居民人均可支配收入、农村居民人均可支配收入达到 DEA 有效的强弱是不同的，基年的 1985 年是 DEA 弱有效，GDP 实际值为 164.32 亿元，要 DEA 完全有效的 GDP 目标值是 420.05 亿元，提升空间的松弛改进值达 255.73 亿元，占实际值的 155.63%，占目标值的 60.88%；1990 年要 DEA 完全有效的 GDP 目标值是 807.35 亿元，提升空间的松弛改进值达 479.6 亿元，占实际值 327.75 亿元的 146.33%，占目标值的 59.4%；1995 年要 DEA 完全有效的 GDP 目标值是 1239.24 亿元，提升空间的松弛改进值达 116.18 亿元，占实际值（1123.06 亿元）的 10.35%，占目标值的 9.38%；这 11 年间财政收入增幅较大，与 DEA 完全有效的目标的差距到 20 世纪 90 年代逐渐缩小，到 1996 年亿元 GDP 的 DEA 分析完全有效并达到 $\theta^* = 1$。但 1997—2002 年 DEA 分析的效率值 $\theta^* = 0.974$，到 2002 年 $\theta^* = 0.956$，再到 2003 年 $\theta^* = 1$。2004 年 DEA 分析的效率值 $\theta^* = 0.926$，至 2007 年 DEA 分析的效率值 $\theta^* = 0.945$，再到 2008 年、2009 年 $\theta^* = 1$，2010 年 DEA 分析的效率值 $\theta^* = 0.908$，2011—2014 年 DEA 分析的效率值 $\theta^* = 1$，完全有效。但当 DEA 分析的效率值 θ^* 不等于 1 时，亿元 GDP 产出都有改进值，详见表 5.4。财政收入产出的效率值与松弛改进值的年份与亿元 GDP 改进值的情况相似。

表 5.4　能源投入导向 CCR 的 DEA 产出 GDP 财政收入与城乡居民人均可支配收入

年份	效率值	GDP（产出 y_1）		财政收入（产出 y_2）		城镇居民人均可支配收入（产出 y_3）		农村居民人均可支配收入（产出 y_4）	
		松弛改进值	目标值	松弛改进值	目标值	松弛改进值	目标值	松弛改进值	目标值
1985	0.487	255.73	420.05	383436.65	473448.65	133.03	945.43	0	325.24
1986	0.493	328.36	512.96	541881.61	655438.61	0	983.99	0	358.86
1987	0.518	324.78	531.51	512515.12	642833.12	0	1108.71	0	385.82
1988	0.577	375.42	636.69	638270.64	788292.64	0	1277.89	0	457.54

年份	效率值	GDP（产出 y_1）		财政收入（产出 y_2）		城镇居民人均可支配收入（产出 y_3）		农村居民人均可支配收入（产出 y_4）	
		松弛改进值	目标值	松弛改进值	目标值	松弛改进值	目标值	松弛改进值	目标值
1989	0.618	401.85	705.60	687840.04	861700.04	0	1448.98	0	510.09
1990	0.682	479.60	807.35	771810.12	973887.12	0	1691.13	0	586.73
1991	0.669	473.04	847.22	740471.08	977750.08	0	1891.90	0	628.89
1992	0.674	406.05	867.37	618552.60	899751.60	0	2195.33	0	677.46
1993	0.757	317.81	926.34	451306.99	786523.99	0	2780.62	13.67	761.75
1994	0.89	285.55	1119.15	407213.29	805216.29	0	3634.33	3.72	1021.96
1995	0.965	116.18	1239.24	240736.54	700788.54	0	4375.43	0	1270.41
1996	1	0.00	1315.12	0.00	549412.00	0	5022.96	0	1479.05
1997	0.974	403.99	1913.74	1121961.44	1715021.44	0	5302.05	0	1692.36
1998	0.884	600.19	2202.57	1546529.59	2257816.59	0	5442.84	0	1801.17
1999	0.869	549.12	2212.32	1403672.16	2171013.16	0	5828.43	0	1835.54
2000	0.891	488.70	2279.70	1257072.81	2129514.81	0	6176.30	0	1892.44
2001	0.912	365.44	2342.30	1014841.63	2076084.63	0	6572.30	0	1971.18
2002	0.956	248.65	2481.51	687377.75	1948051.75	0	7238.07	0	2097.58
2003	1	0.00	2555.72	0.00	1615618.00	0	8093.67	0	2214.55
2004	0.926	592.66	3627.24	1874650.82	3880891.82	0	9220.96	0	2510.41
2005	0.913	407.79	3875.51	1376587.26	3944659.26	0	10243.99	0	2809.32
2006	0.895	558.31	4465.54	1563242.43	4740407.43	0	11569.74	178.72	3052.55
2007	0.945	452.44	5128.57	798804.91	5225804.91	0	13715.25	79.59	3588.88
2008	1	0.00	5793.66	0.00	5775738.00	0	15708.74	0	4126.21
2009	1	0.00	6531.01	0.00	6818189.00	0	17191.10	0	4478.35
2010	0.908	273.65	8199.23	0.00	10182938.00	0	17532.43	274.41	5551.07
2011	1	0.00	10011.37	0.00	14883336.00	0	20249.70	0	6480.41
2012	1	0.00	11409.60	0.00	14658509.00	0	22968.14	0	7383.27

年份	效率值	GDP（产出 y_1）		财政收入（产出 y_2）		城镇居民人均可支配收入（产出 y_3）		农村居民人均可支配收入（产出 y_4）	
		松弛改进值	目标值	松弛改进值	目标值	松弛改进值	目标值	松弛改进值	目标值
2013	1	0.00	12783.26	0.00	16932438.00	0	25216.13	0	8331.97
2014	1	0.00	14262.60	0.00	19220159.00	0	25147.00	0	9490.00

城镇居民人均可支配收入只有 1985 年有松弛改进值 133.03 元，即目标值比实际值可改进增加 133.03 元；农村居民人均可支配收入在这 30 年中 DEA 分析表明，只有 1993 年、1994 年、2006 年、2007 年、2010 年 5 个年份存在 DEA 分析的松弛改进值，分别为 13.67 元、3.72 元、178.72 元、79.59 元、274.41 元。改进值占对应年份的实际值和目标的比重不详述。

亿元 GDP 产出、万元财政收入 DEA 分析的松弛改进值占各对应的实际值和目标值的比重计算详见表 5.4 续 1。从 1985 年能源投入实际经济产出 GDP 为 164.32 亿元，只达到目标值 420.73 亿元的 39.12%，1986 年能源投入实际经济产出 GDP 为 184.6 亿元，只达到目标值 512.96 亿元的 35.98%，至 1990 年实际经济产出 GDP 达不到目标值的 50%，DEA 分析输出表的松弛改进值为正，表示的是实际值与目标值的差距数量关系，1985 年松弛改进是实际产出 GDP 的 1.5593 倍，1986 年松弛改进是实际产出 GDP 的 1.7749 倍，后逐渐下降到 1995 年的 0.1035 倍，从 DEA 的弱有效到 1995 年 DEA 强有效，效率值为 0.965，1986 年效率值为 1，GDP 目标值等于实际值；1997 年至 2002 年这 6 年间，DEA 为强有效，GDP 产出值与 DEA 分析的目标值比较接近，表明重庆市技术经济结构比 20 世纪 80 年代大有改善，2003 年 DEA 完全有效，效率值达到 1，目标值与实际产出 GDP 值相等；2004 年至 2007 年 DEA 分析为强有效，松弛改进值占目标值均不到 20%，改进值的空间大大缩小，占实际值的倍数不到 0.2。

财政收入的产出效率虽然与 GDP 的产出效率同步变化，但实际产出财政收入与目标值是：1985 年、1986 年、1988 年、1989 年这 4 年松弛改进值占到实际财政收入的 4 倍多，1987 年、1989 年、1990 年、1991 年这 4 年松弛改进值占到实际财政收入的 3 倍多，即目标值远远大于实际产出值，财政收入的效率极其低下；从 1992 年松弛改进值占实际财政收入的 2.1997 倍下降到 1995 年的 0.5233 倍，至 1996 年 DEA 完全有效，目标值与实际财政收入相等，没有松弛改进量；1997 年到 2014 年有 3 个阶段 DEA 分析是强有效和完全有效交替变化，即 2003 年、2008—2009 年、2011—2014 年 DEA 完全有效，效率值为 1，松弛改进均值为 0；1997—2002 年、2004—2007 年、2010 年 3 段 DEA 为强有效，松弛改进值发生了从大到小的变化，根据 DEA 分析，效率强度由弱渐强。

城镇居民人均可支配收入和农村居民人均可支配收入的松弛改进值占实际值和目标值的比重变化从表 5.5 可以看出。1985 年至 2014 年这 30 年间城镇居民人均可支配收入只有 1985 年没有达到目标值，其松弛改进值为 133.03，占目标值的 14.07%，占实际值的 0.1407 倍，其余 29 年均没有松弛改进值。

表 5.4 续 1　　投入导向 CCR 的 DEA 产出 GDP 和财政收入分析改进值的变动趋势

年份	效率值	GDP（产出 y_1）					财政收入（产出 y_2）				
		松弛改进值	目标值	改进值占目标值比重	GDP 实际值	改进值占实际值 GDP 比重	松弛改进值	目标值	改进值占目标值比重	财政收入实际值	改进值占实际值比重
1985	0.487	255.73	420.05	0.6088	164.32	1.5593	383436.65	473448.65	0.8099	90012	4.2598
1986	0.493	328.36	512.96	0.6401	184.6	1.7749	541881.61	655438.61	0.8267	113557	4.7719
1987	0.518	324.78	531.51	0.6111	207.73	1.5690	512515.12	642833.12	0.7973	130318	3.9328
1988	0.577	375.42	636.69	0.5896	261.27	1.4384	638270.64	788292.64	0.8097	150022	4.2545
1989	0.618	401.85	705.6	0.5695	303.75	1.3219	687840.04	861700.04	0.7982	173860	3.9563
1990	0.682	479.6	807.35	0.5940	327.75	1.4622	771810.12	973887.12	0.7925	202077	3.8194
1991	0.669	473.04	847.22	0.5583	374.18	1.2648	740471.08	977750.08	0.7573	237279	3.1207
1992	0.674	406.05	867.37	0.4681	461.32	0.8808	618552.6	899751.6	0.6875	281199	2.1997
1993	0.757	317.81	926.34	0.3431	608.53	0.5219	451306.99	786523.99	0.5738	335217	1.3463
1994	0.89	285.55	1119.2	0.2551	833.65	0.3424	407213.29	805216.29	0.5057	398003	1.0231
1995	0.965	116.18	1239.2	0.0938	1123.02	0.1035	240736.54	700788.54	0.3435	460052	0.5233
1996	1	0	1315.1	0.0000	1315.1	0.0000	0	549412	0.0000	549412	0.0000
1997	0.974	403.99	1913.7	0.2111	1509.71	0.2675	1121961.44	1715021.44	0.6542	593060	1.8918
1998	0.884	600.19	2202.6	0.2725	1602.41	0.3747	1546529.59	2257816.59	0.6850	711287	2.1743
1999	0.869	549.12	2212.3	0.2482	1663.18	0.3302	1403672.16	2171013.16	0.6466	767341	1.8293
2000	0.891	488.7	2279.7	0.2144	1791	0.2729	1257072.81	2129514.81	0.5903	872442	1.4409
2001	0.912	365.44	2342.3	0.1560	1976.86	0.1848	1014841.63	2076084.63	0.4888	1061243	0.9563

续表

年份	效率值	GDP（产出 y_1）					财政收入（产出 y_2）				
		松弛改进值	目标值	改进值占目标值比重	GDP实际值	改进值占实际值GDP比重	松弛改进值	目标值	改进值占目标值比重	财政收入实际值	改进值占实际值比重
2002	0.956	248.65	2481.5	0.1002	2232.85	0.1114	687377.75	1948051.75	0.3529	1260674	0.5452
2003	1	0	2555.7	0.0000	2555.7	0.0000	0	1615618	0.0000	1615618	0.0000
2004	0.926	592.66	3627.2	0.1634	3034.54	0.1953	1874650.82	3880891.82	0.4830	2006241	0.9344
2005	0.913	407.79	3875.5	0.1052	3467.71	0.1176	1376587.26	3944659.26	0.3490	2568072	0.5360
2006	0.895	558.31	4465.5	0.1250	3907.19	0.1429	1563242.43	4740407.43	0.3298	3177165	0.4920
2007	0.945	452.44	5128.6	0.0882	4676.16	0.0968	798804.91	5225804.91	0.1529	4427000	0.1804
2008	1	0	5793.7	0.0000	5793.7	0.0000	0	5775738	0.0000	5775738	0.0000
2009	1	0	6531	0.0000	6531	0.0000	0	6818189	0.0000	6818189	0.0000
2010	0.908	273.65	8199.2	0.0334	7925.55	0.0345	0	10182938	0.0000	10182938	0.0000
2011	1	0	10011	0.0000	10011	0.0000	0	14883336	0.0000	14883336	0.0000
2012	1	0	11410	0.0000	11410	0.0000	0	14658509	0.0000	14658509	0.0000
2013	1	0	12783	0.0000	12783	0.0000	0	16932438	0.0000	16932438	0.0000
2014	1	0	14263	0.0000	14263	0.0000	0	19220159	0.0000	19220159	0.0000

表 5.5　能源投入导向 CCR 的 DEA 产出 GDP 财政收入与城乡居民人均可支配收入

年份	效率值	GDP（产出 y_1）		财政收入（产出 y_2）		城镇居民人均可支配收入（产出 y_3）		农村居民人均可支配收入（产出 y_4）	
		松弛改进值	目标值	松弛改进值	目标值	松弛改进值	目标值	松弛改进值	目标值
1985	0.487	255.73	420.05	383436.65	473448.65	133.03	945.43	0	325.24
1986	0.493	328.36	512.96	541881.61	655438.61	0	983.99	0	358.86
1987	0.518	324.78	531.51	512515.12	642833.12	0	1108.71	0	385.82
1988	0.577	375.42	636.69	638270.64	788292.64	0	1277.89	0	457.54
1989	0.618	401.85	705.60	687840.04	861700.04	0	1448.98	0	510.09
1990	0.682	479.60	807.35	771810.12	973887.12	0	1691.13	0	586.73
1991	0.669	473.04	847.22	740471.08	977750.08	0	1891.90	0	628.89
1992	0.674	406.05	867.37	618552.60	899751.60	0	2195.33	0	677.46
1993	0.757	317.81	926.34	451306.99	786523.99	0	2780.62	13.67	761.75
1994	0.89	285.55	1119.15	407213.29	805216.29	0	3634.33	3.72	1021.96
1995	0.965	116.18	1239.24	240736.54	700788.54	0	4375.43	0	1270.41
1996	1	0.00	1315.12	0.00	549412.00	0	5022.96	0	1479.05
1997	0.974	403.99	1913.74	1121961.44	1715021.44	0	5302.05	0	1692.36
1998	0.884	600.19	2202.57	1546529.59	2257816.59	0	5442.84	0	1801.17
1999	0.869	549.12	2212.32	1403672.16	2171013.16	0	5828.43	0	1835.54
2000	0.891	488.70	2279.70	1257072.81	2129514.81	0	6176.30	0	1892.44
2001	0.912	365.44	2342.30	1014841.63	2076084.63	0	6572.30	0	1971.18
2002	0.956	248.65	2481.51	687377.75	1948051.75	0	7238.07	0	2097.58
2003	1	0.00	2555.72	0.00	1615618.00	0	8093.67	0	2214.55
2004	0.926	592.66	3627.24	1874650.82	3880891.82	0	9220.96	0	2510.41
2005	0.913	407.79	3875.51	1376587.26	3944659.26	0	10243.99	0	2809.32
2006	0.895	558.31	4465.54	1563242.43	4740407.43	0	11569.74	178.72	3052.55
2007	0.945	452.44	5128.57	798804.91	5225804.91	0	13715.25	79.59	3588.88
2008	1	0.00	5793.66	0.00	5775738.00	0	15708.74	0	4126.21
2009	1	0.00	6531.01	0.00	6818189.00	0	17191.10	0	4478.35
2010	0.908	273.65	8199.23	0.00	10182938.00	0	17532.43	274.41	5551.07
2011	1	0.00	10011.37	0.00	14883336.00	0	20249.70	0	6480.41

续表

年份	效率值	GDP（产出 y_1）		财政收入（产出 y_2）		城镇居民人均可支配收入（产出 y_3）		农村居民人均可支配收入（产出 y_4）	
		松弛改进值	目标值	松弛改进值	目标值	松弛改进值	目标值	松弛改进值	目标值
2012	1	0.00	11409.60	0.00	14658509.00	0	22968.14	0	7383.27
2013	1	0.00	12783.26	0.00	16932438.00	0	25216.13	0	8331.97
2014	1	0.00	14262.60	0.00	19220159.00	0	25147.00	0	9490.00

农村居民人均可支配收入在 30 年间，只有 5 年略有松弛改进值，即 1993 年松弛改进值为 13.67，占目标值 761.75 的 1.79%、占实际值的 0.0183 倍；1994 年松弛改进值为 3.72，占目标值 761.75 的 0.36%、占实际值的 0.0037 倍；2006 年松弛改进值为 178.72，占目标值 3052.55 的 5.85%、占实际值的 0.0622 倍；2007 年松弛改进值为 79.59，占目标值 3588.88 的 2.22%、占实际值的 0.0227 倍；2010 年松弛改进值为 274.41，占目标值 5551.07 的 4.94%、占实际值的 0.052 倍。

重庆能源投入产出第一、第二、第三产业及零售总额的 DEA 分析表 5.5 的结果表明：从 20 世纪 80 年代中期至 90 年代中期的 11 年间，DEA 从弱有效逐渐变化，趋于强有效；1996 年、2003 年、2008—2009 年、2011—2014 年 4 个阶段的 DEA 为完全有效；1997—2002 年、2004—2007 年、2010 年这 3 个阶段 DEA 为强有效，除第一产业无松弛改进值外，在这 3 个阶段，第二产业、第三产业均有松弛改进值，其占目标值的比重和实际值的倍数均呈下降的趋势，但第三产业在 1998 年松弛改进值占目标值的 22.6%、1999 年松弛改进值占目标值的 21.25%、2005 年松弛改进值占目标值的 19.44%、2006 年松弛改进值占目标值的 12.24%，2008 年松弛改进值占目标值的 7.13%，21 世纪其他各年松弛改进值占目标值的比重均在 7% 以下。

根据表 5.6 的结果，社会零售总额在 2005 年、2008 年、2011 年、2007 年、2006 年、2011 年由强至弱呈较强反弹，2005 年松弛改进值最高，达目标值的 22.88%，2008 年松弛改进值占目标值的 10.54%，其他年份所占值均在 10% 以下。

表 5.6　能源投入导向 CCR 的 DEA 的三次产业和零售额产出结果分析

年份	效率值	第一产业（产出 y_5）		第二产业（产出 y_6）		第三产业（产出 y_7）		社会消费品零售总额（产出 y_8）	
		松弛改进值	目标值	松弛改进值	目标值	松弛改进值	目标值	松弛改进值	目标值
1985	0.487	0.00	76.59	85.18	142.83	76.08	106.16	67.93	120.64
1986	0.493	0.00	83.06	88.72	154.89	79.76	115.13	69.60	130.83

年份	效率值	第一产业 （产出 y_5）		第二产业 （产出 y_6）		第三产业 （产出 y_7）		社会消费品零售 总额（产出 y_8）	
		松弛 改进值	目标值	松弛 改进值	目标值	松弛 改进值	目标值	松弛 改进值	目标值
1987	0.518	0.00	89.18	90.07	166.31	82.30	123.61	64.29	140.47
1988	0.577	0.00	96.42	81.02	179.81	67.59	133.65	50.21	151.87
1989	0.618	0.00	103.67	81.49	193.33	55.46	143.70	41.55	163.29
1990	0.682	0.00	107.52	75.84	200.51	53.48	149.04	37.63	169.36
1991	0.669	0.00	117.44	72.48	219.01	52.58	162.79	31.74	184.98
1992	0.674	0.00	135.93	66.48	253.49	50.04	188.42	26.25	214.11
1993	0.757	0.00	170.17	73.66	323.76	59.38	247.64	35.11	277.00
1994	0.89	0.00	216.32	64.83	420.27	68.92	330.76	43.36	364.28
1995	0.965	0.00	264.19	0.00	492.67	0.00	366.20	0.00	416.13
1996	1	0.00	287.56	0.00	568.99	0.00	458.57	0.00	498.63
1997	0.974	0.00	307.21	0.00	650.40	0.00	552.14	0.00	568.19
1998	0.884	0.00	300.89	199.55	875.19	182.77	808.62	144.26	763.66
1999	0.869	0.00	286.16	224.33	922.14	183.33	862.56	137.59	804.60
2000	0.891	0.00	284.87	64.45	824.48	5.85	751.95	0.00	719.95
2001	0.912	0.00	294.9	65.52	907.47	0.00	840.01	9.74	792.05
2002	0.956	0.00	317.87	63.69	1022.56	0.00	956.12	38.62	892.22
2003	1	0.00	339.06	9.53	1144.84	0.00	1081.35	64.04	998.71
2004	0.926	0.00	428.05	0.00	1376.91	57.81	1287.43	133.08	1201.41
2005	0.913	0.00	463.4	264.08	1828.08	347.49	1787.81	364.33	1592.14
2006	0.895	0.00	386.38	0.00	1871.65	230.05	1879.25	182.73	1614.24
2007	0.945	0.00	482.39	0.00	2181.82	158.11	2170.03	188.79	1899.91
2008	1	0.00	575.4	221.66	2808.24	202.00	2833.68	253.15	2400.27
2009	1	0.00	606.8	29.14	2967.81	0.00	2984.54	68.36	2583.38
2010	0.908	0.00	685.38	119.10	3650.20	0.00	3709.10	126.00	3177.10
2011	1	0.00	844.52	149.81	4612.62	0.00	4704.04	230.87	4013.20
2012	1	0.00	940.01	0.00	5174.81	0.00	5294.78	0.00	4403.00
2013	1	0.00	1002.68	0.00	5812.29	0.00	5968.29	0.00	5055.77
2014	1	0.00	1061.03	0.00	6529.06	0.00	6672.51	0.00	5710.67

　　根据表 5.7 的结果，重庆从 1985—2014 年能源投入产出的工业产值及工业"三废"的 DEA 分析变化趋势与经济产出略有差异，工业总产值只有 1991 年、1992 年两年存在松弛改进值，分别占目标值的 14.23%、14.12%；1997 年、1998 年、1999 年、2000 年工业废气实际排放总量比 DEA 分析目标值分别低 13.36%、17.3%、14.1%、4.13%；1987 年、1989 年、1991 年、1992 年 SO_2 实际排放总量分别低于 0.14、0.54、1.31、4.39（单位：万吨）；2000 年、2001 年、2002 年、2003 年、2004 年、2006 年、2007 年、2008 年、2010 年、2011 年、2012 年工业粉尘排放量分别低于 EDA 分析目标值 4.45、3.98、5.17、7.4、5.65、0.75、2.54、2.14、6.47、0.86、2.34（单位：吨）。其余各年份工业粉尘排放量等于 EDA 分析的目标值。这些结果表明重庆市近 30 年内"三废"治理初见成效，达到 DEA 分析目标要求。

表 5.7　　能源投入导向的 CCR 的 DEA 的工业产值和三废排放产出结果分析表

年份	效率值	工业总产值（亿元）（产出 y_9）		工业废气排放总量（亿立方米）（产出 y_{10}）		二氧化硫（t）（替代 CO_2 产出 y_{11}）		工业粉尘（t）（产出 y_{12}）	
		松弛改进值	目标值	松弛改进值	目标值	松弛改进值	目标值	松弛改进值	目标值
1985	1	0	948846	0	1565	0	48.21	0	15.32
1986	1	0	1088990	0	1578	0	48.67	0	14.78
1987	0.9689	0	1254625	0	1652	0.14	49.70	0	16.45
1988	0.9799	0	1575432	0	1689	0	50.72	0	18.76
1989	0.9851	0	1783547	0	1788	0.54	52.15	0	19.61
1990	1	0	1988120	0	1795	0	52.56	0	24.16
1991	0.9819	387797.24	2724434.24	0	1810	1.31	55.09	0	25.34
1992	0.9874	490217.88	3472467.88	0	1861	4.39	60.01	0	27.67
1993	1	0	4004267	0	1897	0	67.78	0	31.45
1994	1	0	5519882	0	1934	0	70.11	0	32.65
1995	1	0	7651109	0	1979	0	71.45	0	22.39
1996	1	0	7304148	0	1697	0	72.16	0	22.36
1997	0.9293	0	7947952	276.60	2070.60	0	71.43	0	33.18
1998	0.9293	0	7667894	358.33	2071.09	0	73.64	0	28.65
1999	0.8931	0	8585525	301.85	2141.18	0	75.88	0	26.44
2000	0.7651	0	9623226	82.09	1989.99	0	66.42	4.45	26.46
2001	0.6541	0	10728325	0	1856.24	0	56.94	3.98	25.39
2002	0.6346	0	12283741	0	1978.89	0	55.18	5.17	25.48
2003	0.7047	0	15889928	0	2276.94	0	59.97	7.40	27.63
2004	0.7389	0	21427261	0	3540.86	0	64.11	5.65	27.63

年份	效率值	工业总产值（亿元）（产出 y_9）		工业废气排放总量（亿立方米）（产出 y_{10}）		二氧化硫（t）（替代 CO_2 产出 y_{11}）		工业粉尘（t）（产出 y_{12}）	
		松弛改进值	目标值	松弛改进值	目标值	松弛改进值	目标值	松弛改进值	目标值
2005	0.7495	0	25258684	0	3654.55	0	68.32	0	21.28
2006	0.8187	0	32142340	0	5066.96	0	71.08	0.75	20.76
2007	0.8467	0	43632489	0	7616.62	0	68.31	2.54	20.77
2008	0.8733	0	57558984	0	7350.73	0	62.72	2.14	17.47
2009	1	0	67729015	0	12586.52	0	58.61	0	10.77
2010	0.9620	0	91435532	0	10943.13	0	57.27	6.47	14.83
2011	0.9637	0	118470581	0	9121.07	0	53.13	0.86	17.98
2012	0.9058	0	130951235	0	8359.88	0	50.98	2.34	18.95
2013	1	0	157854080	0	9532.44	0	49.44	0	17.98
2014	1	0	187823331	0	9289.6	0	47.48	0	21.47

表 5.8 是基于产出导向投入规模不变假设的条件下，能源产出导向 DEA 的常住人口和城镇化率产出结果：根据重庆现有技术经济可容纳常住人口的目标值，1985—1996 年与实际常住人口相等；1997—2001 年、2004 年、2006—2012 年 DEA 分析结果与实际相比较：2007 年最大容纳常住人口可提高 2153.96 万人，比实际常住人口提高 76.49%，2006年可提高常住人口容纳数为 1798.75 万人，提高率达 64.06%，2008 年可提高常住人口容纳数为 1798.75 万人，提高率达 59.7%，2009 年可提高常住人口容纳数为 1691.68 万人，提高率达 59.17%，2010 年可提高常住人口容纳数为 1220.86 万人，提高率达 42.32%，其他各年可提高常住人口容纳的情况有所降低，详见表 5.7 第 8 列。

重庆 1985—2014 年通过能源投入与城镇化率的 DEA 分析表明，1985—1996 年、2002—2003 年、2005 年、2013—2014 年这 17 年城镇化率达到了 DEA 分析的目标，不存在松弛改进情况，DEA 分析完全有效；1997—2001 年、2004 年、2006—2012 年这 13 年实际值与 DEA 分析的目标值存在一定差异，在 0.03%~0.18%。这个结果表明这 13 年重庆市城镇化率通过 DEA 分析结果为强有效，存在一定的提升空间。

表 5.8 续 1 是基于产出导向的投入规模不变假设条件，能源产出导向的 CCR 的 DEA 的矿难和 R&D 经费支出：重庆 1985—1996 年、2002—2003 年、2005 年、2013—2014 年能源消费供给中矿难事故的实际死亡人数与 DEA 分析完全有效的目标控制死亡人数相同；1997—2001 年、2004 年、2006—2012 年能源消费供给中矿难事故的实际死亡人数低于 DEA 分析目标控制死亡人数的 3.71%~54.15%；即 2012 年能源消费供给中矿难事故的实际死亡人数只有 103 人，比 DEA 分析目标控制煤炭矿难死亡人数 225 人低 54.15%，说明在安全生产方面的工作做得扎实，煤炭生产事故大大降低。

表5.8 能源产出导向的CCR的DEA的常住人口和城镇化率产出结果分析表

年份	常住人口（万）（产出 y_{13}）							城镇化率（产出 y_{14}）						
	径向改进值	松弛改进值	总改进值	目标值	总改进值占目标值比（%）	实际人口	总改进值占实际消耗值比（%）	径向改进值	松弛改进值	总改进值	目标值	总改进值占目标值比重	实际值	总改进量占实际量比（%）
1985	0	0	0	2857.56	0	2857.56	0	0	0	0	19	0	19	0
1986	0	0	0	2866.54	0	2866.54	0	0	0	0	20	0	20	0
1987	0	0	0	2867.36	0	2867.36	0	0	0	0	21	0	21	0
1988	0	0	0	2868.79	0	2868.79	0	0	0	0	22	0	22	0
1989	0	0	0	2869.83	0	2869.83	0	0	0	0	23	0	23	0
1990	0	0	0	2872.15	0	2872.15	0	0	0	0	24	0	24	0
1991	0	0	0	2871.56	0	2871.56	0	0	0	0	25.1	0	25.1	0
1992	0	0	0	2870.68	0	2870.68	0	0	0	0	26.12	0	26.12	0
1993	0	0	0	2873.35	0	2873.35	0	0	0	0	27.23	0	27.23	0
1994	0	0	0	2872.67	0	2872.67	0	0	0	0	28.21	0	28.21	0
1995	0	0	0	2874.56	0	2874.56	0	0	0	0	29.3	0	29.3	0
1996	0	0	0	2875.3	0	2875.3	0	0	0	0	29.5	0	29.5	0
1997	146.73	190.59	337.32	3210.68	10.51	2873.36	11.74	1.58	0	1.58	32.58	0.0485	31	0.16
1998	27.76	330.73	358.49	3229.24	11.10	2870.75	12.49	0.32	0	0.32	32.92	0.0097	32.6	0.03
1999	83.14	529.41	612.55	3472.92	17.64	2860.37	21.42	1	0	1	35.30	0.0283	34.3	0.08
2000	109.69	666.35	776.04	3624.86	21.41	2848.82	27.24	1.37	0	1.37	36.97	0.0371	35.6	0.10
2001	115.58	926.44	1042.02	3871.23	26.92	2829.21	36.83	1.53	0	1.53	38.93	0.0393	37.4	0.11
2002	0	0	0	2814.83	0.0000	2814.83	0.0000	0	0	0	39.9	0.0000	39.9	0

续表

年份	常住人口（万）（产出 y_{13}）							城镇化率（产出 y_{14}）						
	径向改进值	松弛改进值	总改进值	目标值	总改进值占目标值比（%）	实际人口	总改进值占实际消耗值比（%）	径向改进值	松弛改进值	总改进值	目标值	总改进值占目标值比重	实际值	总改进值占实际量比（%）
2003	0	0	0	2803.19	0.0000	2803.19	0.0000	0	0	0	41.9	0.0000	41.9	0
2004	135.99	854.67	990.66	3783.98	26.18	2793.32	35.47	2.12	0	2.12	45.62	0.0465	43.5	0.11
2005	0	0	0	2798	0.0000	2798	0.0000	0	0	0	45.2	0.0000	45.2	
2006	235.04	1563.71	1798.75	4606.75	39.05	2808	64.06	3.91	0	3.91	50.61	0.0773	46.7	0.17
2007	439.68	1714.28	2153.96	4969.96	43.34	2816	76.49	7.54	0	7.54	55.84	0.1350	48.3	0.28
2008	249.42	1445.33	1694.75	4533.74	37.38	2839	59.70	4.39	0	4.39	54.39	0.0807	50	0.16
2009	288.18	1403.50	1691.68	4550.68	37.17	2859	59.17	5.20	0	5.20	56.80	0.0915	51.6	0.18
2010	261.58	959.28	1220.86	4105.48	0.2974	2884.62	42.32	4.81	0	4.81	57.81	0.0832	53	0.16
2011	95.61	556.18	651.79	3570.79	18.25	2919	22.33	1.80	0	1.80	56.80	0.0317	55	0.06
2012	217.70	787.36	1005.06	3950.06	25.44	2945	34.13	4.21	0	4.21	61.21	0.0688	57	0.12
2013	0	0	0	2979	0	2979	0.0000	0	0	0	58.3	0	58.3	0
2014	0	0	0	2991.4	0	2991.4	0.0000	0	0	0	59.6	0	59.6	0

表5.8续1　能源产出导向的CCR的DEA的矿难和R&D经费支出结果分析表

年份	煤矿事故死亡人数（产出 y_{15}）							R&D经费内部支出（万元）（产出 y_{16}）						
	径向改进值	松弛改进值	总改进值	目标值	总改进值占目标值比(%)	实际事故死亡人数	总改进值占实际值比(%)	径向改进值	松弛改进值	总改进值	目标值	总改进值占目标值比(%)	实际R&D经费支出	总改进值占实际值消耗值比(%)
1985	0	0	0	234	0	234	0	0	0	0	34102	0	34102	0
1986	0	0	0	257	0	257	0	0	0	0	35964	0	35964	0
1987	0	0	0	265	0	265	0	70.58	1145.17	1215.75	39200.75	3.10	37985	3.20
1988	0	0	0	274	0	274	0	279.87	4006.38	4286.25	43543.25	9.84	39257	10.92
1989	0	0	0	286	0	286	0	805.61	7383.44	8189.05	49045.06	16.70	40856	20.04
1990	0	0	0	295	0	295	0	873.22	10724.81	11598.03	53777.03	21.57	42179	27.50
1991	0	0	0	271	0	271	0	1802.06	47593.81	49395.87	93073.86	53.07	43678	113.09
1992	0	0	0	248	0	248	0	2861.63	61716.43	64578.06	110560.06	58.41	45982	140.44
1993	0	0	0	261	0	261	0	3756.32	59945.35	63701.67	110818.67	57.48	47117	135.20
1994	0	0	0	257	0	257	0	3762.58	51229.05	54991.63	103227.63	53.27	48236	114.01
1995	0	0	0	265	0	265	0	2622.64	33496.97	36119.61	85651.60	42.17	49532	72.92
1996	0	0	0	243	0	243	0	0	0	0	50123	0	50123	0
1997	11.18	64.45	75.63	294.64	25.67	219	34.53	11457.46	115304.77	126762.23	182320.23	69.53	55558	228.16
1998	1.84	105.86	107.7	297.70	36.18	190	56.68	16085.38	195238.28	211323.66	280031.66	75.46	68708	307.57
1999	7.44	55.97	63.41	319.42	19.85	256	24.77	16655.69	195808.57	212464.26	296666.26	71.62	84202	252.33
2000	12.44	0	12.44	335.44	3.71	323	3.85	14086.39	178594.40	192680.79	294547.79	65.42	101867	189.15
2001	12.62	25.04	37.66	346.66	10.86	309	12.19	8204.77	154167.41	162372.18	285611.18	56.85	123239	131.75
2002	0	0	0	460	0	460	0	4198.46	86912.03	91110.49	244382.49	37.28	153272	59.44
2003	0	0	0	446	0	446	0	0	0	0	192556	0	192556	0

续表

年份	煤矿事故死亡人数（产出 y_{15}）							R&D 经费内部支出（万元）（产出 y_{16}）						
	径向改进值	松弛改进值	总改进值	目标值	总改进值占目标值比(%)	实际事故死亡人数	总改进值占实际值比(%)	径向改进值	松弛改进值	总改进值	目标值	总改进值占目标值比(%)	实际 R&D 经费支出	总改进值占实际消耗值比(%)
2004	20.40	0	20.4	439.40	4.64	419	4.87	38360.72	413254.83	451615.55	694640.55	65.01	243025	185.83
2005	0	0	0	455	0	455	0	55317.26	400730.86	456048.12	760728.12	59.95	304680	149.68
2006	29.88	13.86	43.74	400.75	10.91	357	12.25	79181.03	408554.48	487735.51	868494.51	56.16	380759	128.10
2007	50.12	35.92	86.04	407.04	21.14	321	26.80	110972.30	438960.65	549932.95	1020666.95	53.88	470734	116.82
2008	24.60	59.74	84.34	364.34	23.15	280	30.12	99219.15	363615.72	462834.87	1071686.87	43.19	608852	76.02
2009	23.59	74.15	97.74	331.74	29.46	234	41.77	22127.17	394338.90	416466.07	1196031.07	34.82	779565	53.42
2010	15.78	67.69	83.47	257.46	32.42	174	47.97	60072.05	331276.00	391348.05	1394011.05	28.07	1002663	39.03
2011	4.42	42.44	46.86	181.86	25.77	135	34.71	140157.77	100400.98	240558.75	1524118.75	15.78	1283560	18.74
2012	7.61	114.03	121.64	224.65	54.15	103	118.10	85396.04	0	85396.04	1683369.04	5.07	1597973	5.34
2013	0	0	0	84	0	84	0	10129.74	0	10129.74	1775040.74	0.57	1764911	00.57
2014	0	0	0	85	0	85	0	0	0	0	2018528	0	2018528	0

根据产出导向投入规模不变假设条件，重庆 1985—2014 年 30 年间 R&D 经费内部支出的 DEA 分析，有 5 年完全有效、不存在改进值，即 1985 年、1986 年、1996 年、2003 年、2014 年 R&D 经费内部支出的 DEA 分析的实际值等于目标值。其余 1987—1995 年、1997—2002 年、2004—2013 年 R&D 经费内部支出的 DEA 分析为强有效，多数年份既有松弛改进，又有径向改进，总改进值占目标值的 3.1% ~ 69.53%；总改进值占实际值的 3.2% ~ 307.57%，其中 3.2% ~ 76.02% 占 9 年，113.09% ~ 189.15% 占 10 年，228.16% ~ 307.57% 占 3 年。说明 R&D 经费内部支出在科技方面的支撑弹性较大，即有较大提升科技研究与开发，以更好支撑重庆未来经济社会发展的操作空间。

在基于产出导向的规模投入不变假设条件下，重庆从 1985 年至 2014 年的 30 年间，R&D 项目数的 DEA 分析完全有效、不存在松弛等改进量的年份有 1985 年、1986 年、1996 年、2003—2014 年；其中，1987—1995 年、1997—2002 年、2004—2013 年这 3 个区间的 15 年，R&D 项目数总改进量占目标值在 0.19% ~ 19.08% 间变化，其中在 0.19% ~ 2.76% 的有 5 年，在 3.96% ~ 9.84% 的有 8 年，在 12.15% ~ 19.08% 的有 9 年；R&D 项目数总改进量占实际数量在 0.19% ~ 23.57% 区间变化，其中在 0.19% ~ 2.84% 的有 7 年，在 4.13% ~ 6.66% 的有 7 年，在 13.83% ~ 23.57% 的有 10 年（见表 5.9）。

表 5.10 是基于产出导向的规模投入不变假设条件重庆 CCR 的 DEA 及工业三废的分析，重庆 1985—2014 年 30 年间 SO_2 排放无改进值有 9 年，有 1985 年、1986 年、1993—1996 年、2009 年、2013—2014 年。存在松弛改进和径向改进的共有 21 年，其总改进值占目标值比重在 2.01% ~ 36.55% 之间变化，其中在 2.01% ~ 9.42% 的有 10 年、在 10.69% ~ 18.13% 的有 5 年、在 23.49% ~ 36.55% 的有 6 年，即是说重庆市有 21 年 SO_2 排放量低于 DEA 有效的目标值，表明 SO_2 相关的 CO_2 排放符合 DEA 分析有效的原则。

5.2.2 数据包络分析研究能源投入产出规模效应值的分析

笔者将 1985—2014 年的煤炭、油料、天然气、电力 4 个投入，GDP、地方一般财政收入、城镇居民人均可支配收入、常住人口、R&D 经费内部支出、工业废气排放总量 6 个指标代表经济、社会、科技产出、废气物排放，共 10 列 30 年的数据导入 MaxDEA5.2 软件，选择"包络基础模型—投入产出双向—计算规模收益"项目运行，从结果输出栏中的反映：

（1）Technical Efficiency Score（CRS）：表示假设规模收益不变情况下模型获得的技术效值。为与 VRS 模型得出的技术效率值相区别，通常将 CRS 模型得出的技术效率称为"综合技术效率"。

（2）Pure Technical Efficiency Score（VRS）：表示假设规模收益（CRS）可变情况下模型获得的技术效率称为"技术效率"，即表示 VRS 模型获得的技术效率值，称为"纯技术效率"。

（3）Scale Efficiency Score/Scale Effect Score：表示效率值或规模效应值。

表 5.11 反映了重庆 1985—2014 年这 30 年间能源投入和经济、社会、环保、科技产出的综合技术效率（CRS）、纯技术效率（VRS）、规模效率（SES）。它们三者间的关系：

表 5.9　能源产出导向的 CCR 的 DEA 的科技产出分析表

年份	R&D 项目数（项）（产出 y_{17}）							有效发明专利数（件）（产出 y_{18}）						
	径向改进值	松弛改进值	总改进值	目标值	总改进值占目标值比(%)	实际 R&D 项目数	总改进值占实际消耗值比(%)	径向改进值	松弛改进值	总改进值	目标值	总改进值占目标值比(%)	实际值	总改进值占实际量比(%)
1985	0	0	0	2923	0	2923	0	0	0	0	15.32	0	34	0
1986	0	0	0	3058	0	3058	0	0	0	0	14.78	0	39	0
1987	5.98	0	5.98	3221.98	0.19	3216	0.19	0.53	0	0.53	16.98	3.12	45	1.18
1988	23.65	0	23.65	3340.65	0.71	3317	0.71	0.38	0	0.38	19.14	1.99	53	0.72
1989	67.54	0	67.54	3492.54	1.93	3425	1.97	0.30	0	0.3	19.91	1.51	62	0.48
1990	73.39	0	73.39	3618.39	2.03	3545	2.07	0	0	0	24.16	0	71	0
1991	151.66	0	151.66	3827.66	3.96	3676	4.13	0.47	0	0.47	25.81	1.82	83	0.57
1992	233.75	0	233.75	3989.75	5.86	3756	6.22	0.35	0	0.35	28.02	1.25	96	0.36
1993	306.54	0	306.54	4151.54	7.38	3845	7.97	0	0	0	31.45	0	110	0
1994	308.50	0	308.5	4263.50	7.24	3955	7.80	0	0	0	32.65	0	121	0
1995	212.38	0	212.38	4223.38	5.03	4011	5.29	0	0	0	22.39	0	136	0
1996	0	0	0	4212	0	4212	0	0	0	0	22.36	0	156	0
1997	912.75	0	912.75	5338.75	17.10	4426	20.62	2.52	0	2.52	35.70	7.06	182	1.38
1998	1161.66	0	1161.66	6123.66	18.97	4962	23.41	2.18	0	2.18	30.83	7.07	211	1.03
1999	1080.81	0	1080.81	6544.81	16.51	5464	19.78	3.16	0	3.16	29.60	10.68	240	1.32
2000	830.94	0	830.94	6839.94	12.15	6009	13.83	6.76	5.82	12.58	34.58	36.38	291	4.32
2001	442.07	0	442.07	7082.07	6.24	6640	6.66	11.32	6.09	17.41	38.824081	44.84	343	5.08
2002	201.66	0	201.66	7563.66	2.67	7362	2.74	11.70	8.15	19.85	40.16	49.43	395	5.03
2003				8107		8107		8.48	10.50	18.98	39.21	48.41	470	4.04

续表

年份	R&D 项目数（项）（产出 y_{17}）							有效发明专利数（件）（产出 y_{18}）						
	径向改进值	松弛改进值	总改进值	目标值	总改进值占目标值比（%）	实际R&D项目数	总改进值占实际消耗值比（%）	径向改进值	松弛改进值	总改进值	目标值	总改进值占目标值比（%）	实际值	总改进值占实际量比（%）
2004	1405.94	0	1405.94	10312.94	13.63	8907	15.78	7.77	7.64	15.41	37.391203	4121	521	2.96
2005	1813.23	0	1813.23	11800.23	15.37	9987	18.16	7.11	0	7.11	28.39	25.04	612	1.16
2006	2316.84	0	2316.84	13457.84	17.22	11141	20.80	4.43	0.91	5.34	25.35	21.07	762	0.70
2007	2843.06	0	2843.06	14903.06	19.08	12060	23.57	3.30	2.30	5.6	24.53	22.83	1719	0.33
2008	2288.79	0	2288.79	16333.79	14.01	14045	16.30	2.22	2.45	4.67	20.00011	23.35	2465	0.19
2009	474.38	0	474.38	17187.38	02.76	16713	2.84	0	0	0	10.77		3652	
2010	1111.08	0	1111.08	19656.08	05.65	18545	5.99	0.33	6.72	7.05	15.41	45.75	3575	0.20
2011	2115.64	0	2115.64	21490.64	09.84	19375	10.92	0.64	0.89	1.53	18.66	8.20	5109	0.03
2012	1164.78	775.35	1940.13	23736.13	08.17	21796	8.90	1.73	2.59	4.32	20.92	20.65	6741	0.06
2013	142.29	94.44	236.73	25028.74	00.95	24792	0.95	0	0	0	17.98	0	8669	0
2014	0	0	0	28462	0	28462	0	0	0	0	21.47	0	11192	0

表 5.10　能源产出导向的 CCR 的 DEA 的工业"三废"产出分析表

年份	工业废气排放总量（万吨）							二氧化硫（替代二氧化碳）（万吨）						
	径向改进值	松弛改进值	总改进值	目标值	总改进值占目标值比（%）	工业废气排放实际总量	总改进值占实际消耗值比（%）	径向改进值	松弛改进值	总改进值	目标值	总改进值占目标值比（%）	实际值	总改进值占实际量比（%）
1985	0	0	0	1565	0	1565	0	0	0	0	48.21	0	48.21	0
1986	0	0	0	1578	0	1578	0	0	0	0	48.67	0	48.67	0
1987	52.97	0	52.97	1704.97	3.11	1652	0.08	1.59	0.15	1.74	51.30	3.39	49.56	3.51
1988	34.47	0	34.47	1723.47	2.00	1689	0.05	1.04	0	1.04	51.76	2.01	50.72	2.05
1989	27.02	0	27.02	1815.02	1.49	1788	0.03	0.78	0.55	1.33	52.94	2.51	51.61	2.58
1990	0	0	0	1795	0	1795	0	0	0	0	52.56	0	52.56	0
1991	33.35	0	33.35	1843.35	1.81	1810	0.04	0.99	1.34	2.33	56.11	4.15	53.78	4.33
1992	23.82	0	23.82	1884.82	1.26	1861	0.03	0.71	4.45	5.16	60.78	8.49	55.62	9.28
1993	0	0	0	1897	0	1897	0	0	0	0	67.78	0	67.78	0
1994	0	0	0	1934	0	1934	0	0	0	0	70.11	0	70.11	0
1995	0	0	0	1979	0	1979	0	0	0	0	71.45	0	71.45	0
1996	0	0	0	1697	0	1697	0	0	0	0	72.16	0	72.16	0
1997	136.51	297.65	434.16	2228.16	19.49	1794	0.43	5.44	0	5.44	76.87	7.08	71.43	7.62
1998	130.25	385.58	515.83	2228.59	23.15	1712.76	0.55	5.60	0	5.6	79.24	7.07	73.64	7.60
1999	220.16	337.98	558.14	2397.47	23.28	1839.33	0.62	9.08	0	9.08	84.96	10.69	75.88	11.97
2000	585.76	107.30	693.06	2600.96	26.65	1907.9	0.82	20.39	0	20.39	86.81	23.49	66.42	30.70
2001	981.78	0	981.78	2838.02	34.59	1856.24	1.21	30.12	0	30.12	87.06	34.60	56.94	52.90
2002	1139.65	0	1139.65	3118.54	36.54	1978.89	1.43	31.78	0	31.78	86.96	36.55	55.18	57.59
2003	954.35	0	954.35	3231.29	29.53	2276.94	1.16	25.14	0	25.14	85.11	29.54	59.97	41.92

续表

年份	工业废气排放总量（万吨）							二氧化硫（替代二氧化碳）（万吨）						
	径向改进值	松弛改进值	总改进值	目标值	总改进值占目标值比(%)	工业废气排放实际总量	总改进值占实际消耗值比(%)	径向改进值	松弛改进值	总改进值	目标值	总改进值占目标值比(%)	实际值	总改进值占实际量比(%)
2004	1251.36	0	1251.36	4792.22	26.11	3540.86	1.51	22.66	0	22.66	86.77	26.12	64.11	35.35
2005	1221.69	0	1221.69	4876.24	25.05	3654.55	1.44	22.84	0	22.84	91.16	25.05	68.32	33.43
2006	1122.01	0	1122.01	6188.97	18.13	5066.96	1.31	15.74	0	15.74	86.82	18.13	71.08	22.14
2007	1378.56	0	1378.56	8995.18	15.33	7616.62	2.00	12.36	0	12.36	80.67	15.32	68.31	18.09
2008	1066.71	0	1066.71	8417.44	12.67	7350.73	1.59	9.10	0	9.1	71.82	12.67	62.72	14.51
2009	0	0	0	12586.52	0	12586.52	0	0	0	0	58.61	0	58.61	0
2010	432.21	0	432.21	11375.34	3.80	10943.13	0.96	2.26	0	2.26	59.53	3.80	57.27	3.95
2011	343.51	0	343.51	9464.58	3.63	9121.07	1.01	2.00	0	2	55.13	3.63	53.13	3.76
2012	869.01	0	869.01	9228.89	9.42	8359.88	2.84	5.30	0	5.3	56.28	9.42	50.98	10.40
2013	0	0	0	9532.44	0	9532.44	0	0	0	0	49.44	0	49.44	0
2014	0	0	0	9289.6	0	9289.6	0	0	0	0	47.48	0	47.48	0

表 5.11　　　　　**包络基础模型-径向和非径向-投入产出双向的规模效率值**

序号	生产单元（DMU）	综合效率（CRS）	纯技术效率（VRS）	规模效率	RTS
1	1985	1	1	1	Constant
2	1986	1	1	1	Constant
3	1987	1	1	1	Constant
4	1988	1	1	1	Constant
5	1989	1	1	1	Constant
6	1990	1	1	1	Constant
7	1991	0.990554	1	0.990554	Decreasing
8	1992	0.986503	1	0.986503	Decreasing
9	1993	1	1	1	Constant
10	1994	1	1	1	Constant
11	1995	1	1	1	Constant
12	1996	1	1	1	Constant
13	1997	0.985286	1	0.985286	Decreasing
14	1998	0.991162	1	0.991162	Decreasing
15	1999	0.96082	1	0.96082	Decreasing
16	2000	0.954905	1	0.954905	Decreasing
17	2001	0.956696	0.956696	1	Constant
18	2002	0.978344	0.978344	1	Constant
19	2003	1	1	1	Constant
20	2004	0.97107	0.97107	1	Constant
21	2005	0.932599	0.932599	1	Constant
22	2006	0.943291	0.943291	1	Constant
23	2007	0.947284	0.947284	1	Constant
24	2008	1	1	1	Constant
25	2009	1	1	1	Constant
26	2010	0.981463	0.981909	0.999545	Decreasing
27	2011	1	1	1	Constant
28	2012	1	1	1	Constant
29	2013	1	1	1	Constant
30	2014	1	1	1	Constant

$$规模效应值＝综合技术效率/纯技术效率 \qquad (5.11)$$
$$综合技术效率＝规模效应值×纯技术效率 \qquad (5.12)$$

表 5.11 第 7 行 1991 年，规模效率＝0.990554，综合技术效率＝0.990554，纯技术效率＝1，将该组数据代入式（5.11）、（5.12）验证如下：

规模效应值＝综合技术效率/纯技术效率＝0.990554/1＝0.990554，

综合技术效率＝规模效应值×纯技术效率＝0.990554×1＝0.990554。

从表 5.11 可以看出，重庆 30 年 DMU 的数据包络分析（DEA）结果表明：规模效率具有：递减→递增→递减→递增变化过程；纯技术效率则具有：递增→递减→递增变化过程；综合技术效率则具有：递增→递减→递增变化过程，它们较客观地测度了重庆能源投入产出的 DEA 效率状态。

5.3　能源绿色低碳可持续利用的结构优化分析

从前面数据包络分析的结果看出，重庆自 1985—2014 年的 30 年间，在历史和现实的经济技术状态下，煤炭、油料等高碳能源的消耗存在大量冗余投入。即：DEA 弱有效以及 DEA 强有效、松弛改进、径向改进潜力较大，且有些年份的总改进值大大超过了能源消耗的 DEA 有效的目标值，既存在能源总量浪费、又存在能源结构不优化的问题。所以，应在最大限度上满足重庆经济社会协调可持续发展，有效地解决重庆能源集约利用问题，大幅降低 CO_2、SO_2、工业粉尘等对环境的污染，减少废弃物的排放。这些就是重庆市能源供给与经济社会可持续发展中，必须解决的重大战略问题。

从表 4.4 的重庆能源消耗结构中可以看出，占能源消耗主体部分的煤炭在 1987—2014 年，其实际消耗的比重每年以 0.52% 速度递减，若剔除煤炭消耗占能源总耗中 7 年比重有所反弹的数据之后，煤炭消耗占能源总耗比重平均每年以 0.68% 的速度递减。随着全市经济社会快速发展，加上兑现中央下达的节能减排任务要求，重庆关停并转了许多高投入、低产出、产能过剩的高耗能企业，高碳化石能源的消耗有所降低。未来几年，为更好地完成中央给重庆下达的节能减排任务，确保能源高效清洁利用、低碳排放，从重庆现实经济技术条件出发，既考虑能源供需总量平衡，又考虑制度机制和科技创新等因素，笔者以乐观准则、悲观准则、等可能准则的决策方法来制定 2015—2020 年能源和电力结构优化方案，为重庆未来一段时间的能源有效地支撑经济社会的发展，实现国家节能减排目标任务提供重要决策支撑。

表 5.12 中列出的是乐观准则、悲观准则、等可能准则的决策过程，采用第 4 章第 4.5.1 节表 4.16 中三种可能的预测方案，结合重庆具体实际为基准数，再减去第 4 章第 4.5.1 节计算出的三种预测方案相对应的煤炭、油料、天然气、电力的剩余标准差（其中乐观准则决策方案取灰色神经网络预测值减该方案对应的标准差，等可能准则方案取复合预测值减该方案对应的标准差，悲观准则决策方案取非线性多元回归预测值减对应的标准差），得出 4 种能源的乐观、悲观和等可能准则的三种预测值。

表 5.12　重庆 2015—2020 年能源需求的三种准则预测值分列表（调整剩余标准差后）

年份	煤炭（万吨标准煤）			油料（万吨标准煤）			天然气（万吨标准煤）			电力（万吨标准煤）		
	乐观	悲观	等可能	乐观	悲观	等可能	乐观	悲观	等可能	乐观	悲观	等可能
2015	4550.34	4821.46	4714.99	1074.95	1156.88	1120.53	1176.63	1233.92	1175.87	1105.07	1151.76	1127.76
2016	4766.83	5156.16	5000.77	1132.34	1258.72	1197.98	1283.46	1353.92	1287.61	1180.49	1253.31	1219.88
2017	4975.88	5505.26	5293.13	1187.14	1366.01	1276.72	1394.58	1481.81	1404.82	1257.55	1360.08	1316.80
2018	5033.25	5868.76	5520.40	1204.24	1478.77	1339.19	1466.94	1596.60	1527.5	1298.24	1472.08	1399.74
2019	5183.34	6246.66	5805.29	1241.91	1597.00	1414.48	1570.68	1733.92	1655.63	1363.88	1589.31	1499.64
2020	5216.48	6638.96	6043.49	1251.6	1720.70	1478.23	1642.75	1862.90	1789.23	1400.62	1711.77	1589.88

5.3.1　按乐观准则预测量结合历年实际制定的结构优化方案

第一步计算基年 2015 年 CO_2 的排放量及 GDP 数量。

因为用 DEA 分析的 2010—2014 年重庆能源投入与经济社会产出完全有效，说明这 5 年经济社会发展符合国家产业政策要求，节能减排任务基本达到了国家规定的目标。同时，根据相关研究资料得到各项能源折合标准煤的系数和消耗产生 CO_2 排放量的技术指标如下：

（1）因为 1 吨标准煤燃烧产生 CO_2 是 2.6885319t，所以 $\lambda_1 = 2.6885319$。

（2）根据《中国能源统计年鉴》计算的 2001—2013 年重庆油料消耗中的柴油、汽油和煤油、重油和燃料油各自比重：依国家有关部门测算的柴油、汽油和煤油、重油和燃料油燃烧产生的 CO_2 的系数分别为 3.115、2.5745、3.366，再以观测的 2001—2013 年油料消耗结构变化趋势，以 2013 年为基点，汽油和煤油每年比重平均上升 0.05%，柴油每年比重平均下降 0.024%，重油和燃油比重平均每年下降 0.026%，测算 2014—2020 年每万吨（折标准煤）油料消耗排放 CO_2 的综合数 λ_2，根据这个系数，推算（2001—2013 年相同）2001—2020 年消耗油料的 CO_2 排放数量。

（3）根据天然气主要成分 CH_4 燃烧的化学性质知，$1m^3 CH_4$ 可产生 $1m^3 CO_2$，常温下 $1m^3$ 天然气等于 0.714kg，$1m^3$ 天然气折合标准煤为 1.33kg，则 1kg 天然气折算标准煤为 1.8627448 kg，所以 1t 天然气折算标准煤为 1.8627448t；则 1t 标准煤的天然气燃烧产生 CO_2 系数 $\lambda_3 = 0.536844$。

（4）电力中不包括火电的情况下，属于清洁能源，不排放 CO_2；$\lambda_4 = 0$。

根据前述表 5.12 乐观准则的能源消耗预测值，依据该方案测算出的 2015—2020 年能源消费排放的 CO_2 总量，计算每亿元 GDP 的 CO_2 排放强度不再作能源内部结构优化已达到国家排放强度要求的目标，将它的数据进行数据包络分析，其结果已达到满意值，该方案的约束方程如下：

$$\begin{cases} E_1 + E_2 + E_3 + E_4 = E_{总} \\ E_1\lambda_1 + E_2\lambda_2 + E_3\lambda_3 + E_4\lambda_4 = B \\ E_{1预} - E_1 + E_{2预} - E_2 = E_3 - E_{3预} + E_4 - E_{4预} \\ E_1 = E_{1预} \\ E_2 = E_{2预} \\ E_3 = E_{3预} \\ E_4 = E_{4预} \end{cases} \qquad (5.13)$$

取表 5.12 中乐观准则预测的 2015—2020 年重庆能源消耗量填入表 5.13 中，在满足未来重庆经济社会等发展条件（按重庆"十三五"规划目标，GDP 年均增长 9%）进行能源需求量间结构优化，第一步测算 2015 年煤炭消耗 4550.34 万吨标准煤、油料消耗 1074.95 万吨标准煤、天然气消耗 1176.63 万吨标准煤、电力消耗 1105.07 万吨标准煤，依据上述 4 种能源消耗排放 CO_2 的综合折算系数，求出 2015 年亿元 GDP 排放 CO_2 如下：

$$\begin{aligned} B_{2015} &= E_1\lambda_1 + E_2\lambda_2 + E_3\lambda_3 + E_4\lambda_4 \\ &= 4550.34\times2.6885319 + 1074.95\times2.945225 + 1176.63\times0.53684 + 1105.07\times0 \\ &= 12233.73 + 3165.97 + 631.66 + 0 = 16031.36 \text{（万吨）} \end{aligned}$$

结果表明，2015 年（2015 年 GDP 比 2014 年按增长 9% 测算为 15546.23 亿元）每亿元 GDP 排放 CO_2 量为 1.03120564 万吨，比 2014 年每亿元 GDP 排放 CO_2 量 1.11291209 万吨，降低 7.34%，已远高于国家要求的水平。所以乐观准则预测 2015 年的能源消耗结构已符合结构优化标准，不再进行结构调整，未来几年的亿元 GDP 的 CO_2 排放以此为基准进行优化。

按重庆未来几年经济发展，平均每年 GDP 增长仍按 9% 计算，到 2020 年 GDP 达到 23919.8 亿元，则有：

$[(x/23919.8) - 0.995026]/0.995026 = -20\%$（重庆市每亿元 GDP 的 CO_2 排放量在 17%~20% 之间符合国家任务要求，当然降低 20% 以上更符合任务要求）

解以上方程式有：$x = 19732.99$ 万吨，因 2020 年 GDP 为 23919.8 亿元，则 2020 年 CO_2 控制排放量（$B_{2020} = 10732.99$ 万吨）、每亿元 GDP 的 CO_2 排放量为 0.82496467 万吨，验证：

$$[(0.796021 - 0.995026)/0.995026]\times100\% = -20\%$$

用乐观准则预测能源消耗情况数据测算 2020 年重庆 CO_2 排放量为：

$B_{2020} = E_1\lambda_1 + E_2\lambda_2 + E_3\lambda_3 + E_4\lambda_4 = 5216.48\times2.6885319 + 1251.6\times2.943547 + 1642.75\times$ 0.53684 + 1400.62×0 = 14024.67 + 3684.14 + 881.89 = 18590.70 万吨；按此方案执行，2020 年亿元 GDP 的 CO_2 排放量为 0.77720968 万吨，每亿元 GDP 的 CO_2 排放量与该方案 2015 年相比，降低速度为 24.63%，远远低于国家下达的任务，该方案是较优方案，不再作能源结构优化问题。详见表 5.13。

表 5.13　2015—2020 年能源支撑经济社会产出的结构优化表（乐观估计）

能源投入（万吨标准煤）

年份	煤炭			油料			天然气			电力			GDP（亿元）	CO_2排放量（万吨）
	预测量	比预测减	减少（%）	预测量	比预测减	减少（%）	预测量	比预测增	增加（%）	预测量	比预测增	增加（%）		
2015	4550.34	—	—	1074.95	—	—	1176.63	—	—	1105.07	—	—	15546.23	16031.37
2016	4766.83	—	—	1132.34	—	—	1283.46	—	—	1180.49	—	—	16945.39	16839.40
2017	4975.88	—	—	1187.14	—	—	1394.58	—	—	1257.55	—	—	18470.48	17622.08
2018	5033.25	—	—	1204.24	—	—	1466.94	—	—	1298.24	—	—	20132.82	17865.11
2019	5183.34	—	—	1241.91	—	—	1570.68	—	—	1363.88	—	—	21944.77	18434.82
2020	5216.48	—	—	1251.6	—	—	1642.75	—	—	1400.62	—	—	23919.80	18590.71

根据上述方法测算重庆 2001—2020 年能源投入、GDP 产出、CO_2 排放数据，如表 5.14 所示（其中 2001—2014 年煤炭、油料、天然气、电力 4 种能源消耗未优化数据取实际消耗值，优化数据取表 5.2 中 DEA 分析结果的目标值，2015—2020 年未优化数据取乐观准则预测值，本表优化值与乐观准则预测值相等，所以 2015—2020 年优化值与预测值取值相等，取表 5.13 中四种能源数据结构优化值）。

表 5.14　　　　　　　乐观预测优化前后 DEA 比较分析数据表　　　　（单位：万吨标准煤）

年份	煤炭投入		油料投入		天然气投入		电力投入		产出 GDP（亿元）	排放 CO_2 量（万吨）	
	未优化	优化数	未优化	优化数	未优化	优化数	未优化	优化数		未优化	优化数
2001	1700.43	1550.18	322.51	294.01	206.2	187.98	344.54	268.79	1976.86	5599.63	5104.84
2002	1928.9	1844.42	331.87	317.34	213.84	204.47	348.44	312.18	2232.86	6245.53	5972.00
2003	2206.42	2206.42	346.11	346.11	220.81	220.81	361.56	361.56	2555.72	7037.46	7037.46
2004	2205.08	1676.77	403.52	373.63	379.97	351.67	379.84	351.70	3034.58	7316.95	5793.64
2005	2214.39	1935.15	472.15	430.87	411.86	375.85	428.86	391.36	3467.72	7563.66	6672.13
2006	2391.46	2139.84	532.67	442.5	469.11	419.75	497.98	441.19	3907.23	8238.16	7271.64
2007	2828.25	2520.52	578.95	547.06	549.12	510.55	552.08	521.67	4676.13	9604.49	8662.48
2008	2860.5	2860.5	648.38	648.38	600.57	600.57	597.2	597.20	5793.66	9922.26	9922.27
2009	3193.02	3193.02	657.82	657.82	619.73	619.73	654.25	654.25	6531.01	10859.90	10859.90
2010	3551.05	3205.24	750.39	681.62	741.2	673.27	768.18	697.78	7925.58	12166.33	10996.57
2011	3813.86	3813.86	819.81	819.81	912.06	912.06	881.22	881.22	10011.37	13155.17	13155.17
2012	4034.42	4034.42	941.24	941.24	933.99	933.99	888.6	888.60	11409.6	14120.03	14120.03
2013	4268.51	4268.51	954.9	954.90	1030.99	1030.99	999.5	999.50	12783.26	14842.56	14842.56
2014	4508.09	4508.09	1085.68	1085.68	1034.39	1034.39	1065.8	1065.80	14262.6	15873.38	15873.38
2015	4550.34	4550.34	1074.95	1074.95	1176.63	1176.63	1105.07	1105.07	15546.23	16031.37	16031.37
2016	4766.83	4766.83	1132.34	1132.34	1283.46	1283.46	1180.49	1180.49	16945.39	16839.40	16839.40
2017	4975.88	4975.88	1187.14	1187.14	1394.58	1394.58	1257.55	1257.55	18470.48	17622.08	17622.08
2018	5033.25	5033.25	1204.24	1204.24	1466.94	1466.94	1298.2	1298.20	20132.82	17865.11	17865.11
2019	5183.34	5183.34	1241.91	1241.91	1570.68	1570.68	1363.88	1363.88	21944.77	18434.82	18434.82
2020	5216.48	5216.48	1251.6	1251.6	1642.75	1642.75	1400.62	1400.62	23919.80	18590.71	18590.71

将表 5.14 中的未优化和结构优化数据导入 MaxDEA5.2 软件包，选择 CCR 投入导向运行数据，得到表 5.15 所示的重庆能源消耗结构：重度排放粉尘、废气、CO_2、SO_2 等污染物的煤炭消耗结构由 2001 年的 66.07% 上升至 2003 年的 70.38%，再下降至 2005 年的 62.78%，再下降至 2010 年的 61.11%，降至 2014 年的 58.59%，按现有技术经济条件乐观准则预测，至 2020 年，煤炭消耗结构将降至 54.84%，根据前述 DEA 分析，煤炭冗余消耗量从 1985 年的 737.16 万吨、占目标值 201.06 万吨的 3.66 倍降至 1995 年冗余消耗量

149

表 5.15　2015—2020 年能源支撑经济社会产出的结构优化（等可能估计）

年份	能源投入（万吨标准煤）															GDP 增幅	CO₂排放（万吨）
	煤炭			油料			天然气			电力							
	预测量	比预测减	减少（%）	预测量	比预测减	减少（%）	预测量	比预测增	增加（%）	预测量	比预测增	增加（%）					
2015	4714.99			1120.53			1175.87		0	1127.76		0				15546.23	16607.87
2016	4950.76	50.01	1	1186.00	11.98	1	1313.36	25.75	2	1256.12	36.24	2.97				16945.39	17507.98
2017	5187.27	105.86	2	1251.19	25.53	2	1461.01	56.19	4	1382.00	75.2	5.71				18470.48	18414.67
2018	5354.79	165.61	3	1299.01	40.18	3	1619.15	91.65	6	1513.88	114.14	8.15				20132.82	19090.32
2019	5573.08	232.21	4	1357.90	56.58	4	1788.08	132.45	8	1665.98	156.34	9.84				21944.77	19940.81
2020	5741.32	302.17	5	1404.32	73.91	5	1968.15	178.92	10	1787.04	197.16	12.4				23919.80	20625.99

的 153.41 万吨标准煤，占目标值 1083.83 万吨的 0.142 倍；1997 年煤炭冗余消耗量 143.47 万吨（占目标值的 0.1157），降至 2002 年煤炭冗余消耗量 84.48 万吨（占目标值的 0.0458），从 2004 年冗余消耗量 528.31 万吨、冗余消耗率 0.3151 降至 2007 年冗余消耗量 307.73 万吨、冗余消耗率 0.1221。

以此为基础将 2001—2014 年实际消耗煤炭数量替换成 DEA 有效的目标消耗量，2015—2020 年采用乐观准则预测煤炭消耗量，导入 MaxDEA5.2 软件包运行 CCR 投入导向的 DEA 分析，结果是 2001—2020 年煤炭冗余消耗量最大的 2006 年不超过 4.2 万吨标准煤，占当年 DEA 有效的目标值 0.001945 万吨标准煤，几乎可忽略不计；油料没有哪一年超过 0.9 万吨标准煤的，其他从略，DEA 效率值均大于 0.99 以上强有效或完全有效，经济产出 GDP 和 CO_2 排放没有哪一年有改进值，DEA 完全有效，达到了结构优化的前提假设。

5.3.2　按等可能准则预测能源消耗量的结构优化方案

煤炭、油料、天然气消耗排放 CO_2 的系数测算方法同上，电力中不包括火电，所以不排放 CO_2。

根据前述各种能源消耗预测、数据包络分析结果，以及重庆 2020 年 GDP 增长和重庆单位 GDP 的 CO_2 排放目标必须达到下降 20% 的要求，计算 2020 年 CO_2 排放量及能源内部结构优化预测值，建立以下约束方程：

$$\begin{cases} E_1 + E_2 + E_3 + E_4 = E_{\text{总}} \\ E_1 \lambda_1 + E_2 \lambda_2 + E_3 \lambda_3 + E_4 \lambda_4 = B \\ E_{1\text{预}} - E_1 + E_{2\text{预}} - E_2 = E_3 - E_{3\text{预}} + E_4 - E_{4\text{预}} \\ 1\% < \dfrac{E_{1\text{预}} - E_1}{E_{1\text{预}}} < 10\% \\ 1\% < \dfrac{E_{2\text{预}} - E_2}{E_{2\text{预}}} < 10\% \\ \dfrac{E_3 - E_{3\text{预}}}{E_{3\text{预}}} < 15\% \\ \dfrac{E_4 - E_{4\text{预}}}{E_{4\text{预}}} < 15\% \end{cases} \quad (5.14)$$

用等可能准则测算 CO_2 排放量为：

$$\begin{aligned} B_{2015} &= E_1 \lambda_1 + E_2 \lambda_2 + E_3 \lambda_3 + E_4 \lambda_4 \\ &= 4714.99 \times 2.6885319 + 1120.53 \times 2.945225 + 1127.76 \times 0.53684 + 1105.07 \times 0 \\ &= 12728.27 + 3300.21 + 605.43 + 0 \\ &= 16633.91 \text{（万吨）} \end{aligned}$$

2015 年 GDP 仍为 15546.23 亿元，则每亿元 GDP 排放 CO_2 量为 1.06996423 万吨，比 2014 年降低 3.86%（2014 年每亿元 GDP 排放 CO_2 的量为 1.11291209 万吨），这一结果表明重庆 2015 年等可能准则预测的方案达到国家下达的 CO_2 排放要求，2015 年不再优化，并以此为基础作等可能准则预测方案的结构优化。

$$B_{2020} = E_1\lambda_1 + E_2\lambda_2 + E_3\lambda_3 + E_4\lambda_4$$
$$= 5741.32 \times 2.6885319 + 1404.32 \times 2.943547 + 1968.15 \times 0.53684 + 1787.04 \times 0$$
$$= 15435.72 + 4133.68 + 1056.58$$
$$= 20625.98 \text{（万吨）}$$

2020 年 GDP 为 23919.8 亿元，每亿元 GDP 的 CO_2 排放量为 0.862297 万吨，进而每亿元 GDP CO_2 排放量的下降速度达到 19.41%。

用插值法解上述联立方程，依次计算 2016 年、2017 年、2018 年、2019 年、2020 年的能源煤炭、油料减少用量，以及天然气、电力增加用量后产出 CO_2 的数量，经多次验证，2020 年煤炭消耗量在等可能准则指导下的预测值降低 5%，油料降低 5%，在等可能准则预测值上调整剩余标准差后的能源消耗总量平衡情况下，天然气在其预测值上增加 10%，电力在其预测值上增加 12.4%。其中结构优化的电力需求增加量，其主要来源可以考虑长江上游的水电、其他省份的风电、太阳能发电、垃圾焚烧发电以及核电等清洁电力。进而通过结构优化，新增电力量折算标准煤的情况为，比 2020 年等可能准则预测的 1589.88 万吨标准煤上增加 197.16 万吨标准煤，但是该部分不会增加 CO_2 的排放。等可能准则预测优化前后的 DEA 比较分析数据见表 5.16。

表 5.16　　　　等可能准则预测优化前后 DEA 比较分析数据表（万吨标准煤）

| 年份 | 煤炭投入 | | 油料投入 | | 天然气投入 | | 电力投入 | | 产出 GDP（亿元） | 排放 CO_2 量（万吨） | |
	未优化	优化数	未优化	优化数	未优化	优化数	未优化	优化数		未优化	优化数
2001	1700.43	1550.18	322.51	294.01	206.2	187.98	344.54	268.79	1976.86	5599.63	5104.84
2002	1928.9	1844.42	331.87	317.34	213.84	204.47	348.44	312.18	2232.86	6245.53	5972.00
2003	2206.42	2206.42	346.11	346.11	220.81	220.81	361.56	361.56	2555.72	7037.46	7037.46
2004	2205.08	1676.77	403.52	373.63	379.97	351.67	379.84	351.70	3034.58	7316.95	5793.64
2005	2214.39	1935.15	472.15	430.87	411.86	375.85	428.86	391.36	3467.72	7563.66	6672.13
2006	2391.46	2139.84	532.67	442.5	469.11	419.75	497.98	441.19	3907.23	8238.16	7271.64
2007	2828.25	2520.52	578.95	547.06	549.12	510.55	552.08	521.67	4676.13	9604.49	8662.48
2008	2860.5	2860.5	648.38	648.38	600.57	600.57	597.2	597.20	5793.66	9922.27	9922.27
2009	3193.02	3193.02	657.82	657.82	619.73	619.73	654.25	654.25	6531.01	10859.90	10859.90
2010	3551.05	3205.24	750.39	681.62	741.2	673.27	768.18	697.78	7925.58	12166.33	10996.57
2011	3813.86	3813.86	819.81	819.81	912.06	912.06	881.22	881.22	10011.37	13155.17	13155.17
2012	4034.42	4034.42	941.24	941.24	933.99	933.99	888.6	888.60	11409.6	14120.03	14120.03
2013	4268.51	4268.51	954.9	954.90	1030.99	1030.99	999.5	999.50	12783.26	14842.56	14842.56

年份	煤炭投入		油料投入		天然气投入		电力投入		产出 GDP（亿元）	排放 CO_2 量（万吨）	
	未优化	优化数	未优化	优化数	未优化	优化数	未优化	优化数		未优化	优化数
2014	4508.09	4508.09	1085.68	1085.68	1034.39	1034.39	1065.8	1065.80	14262.6	15873.38	15873.38
2015	4714.99	4714.99	1120.53	1120.53	1175.87	1175.87	1127.76	1127.76	15546.23	16607.87	16607.87
2016	5000.77	4950.76	1197.98	1186.00	1287.61	1313.36	1219.88	1256.12	16945.39	17663.89	17507.98
2017	5293.13	5187.27	1276.72	1251.19	1404.82	1461.01	1316.80	1382.00	18470.48	18744.28	18414.67
2018	5520.40	5354.79	1339.19	1299.01	1527.5	1619.15	1399.74	1513.88	20132.82	19604.66	19090.32
2019	5805.29	5573.08	1414.48	1357.90	1655.63	1788.08	1499.64	1665.98	21944.77	20660.58	19940.81
2020	6043.49	5741.32	1478.23	1404.32	1789.23	1968.15	1589.88	1787.04	23919.80	21559.89	20625.99

表 5.16 的数据说明：2001—2014 年煤炭、油料、天然气、电力 4 种能源消耗未优化数据取实际消耗值，优化数据取表 5.3 中 DEA 分析结果的目标值，2015—2020 年未优化数据取乐观准则预测值，2015—2020 年优化后值取表 5.14 的 4 种能源数据结构优化值。

将表 5.16 中能源结构优化前 4 种能源数据和 GDP 及 CO_2 排放数据导入 MaxDEA5.2 软件，再选择"CCR 投入导向"运行软件，经过能源全要素生产率分析表明（DEA 结果表略）：重庆能源投入产出都属于 DEA 强有效和完全有效，煤炭和石油产品消耗没有冗余投入，仅天然气在 2011 年、2016 年、2017 年、2019 年有较小的冗余投入，即分别为 48.21 万吨、10.95 万吨、11.21 万吨、2.8 万吨；电力消耗仅在 2011 年有冗余投入 48.21 万吨；以 GDP 为代表的经济产出没有增加空间，环境保护以 CO_2 为代表的污染物排放完全符合 DEA 目标有效，但亿元 GDP 的 CO_2 排放尚未达到国家规定的任务，还需进行能源消耗结构优化。

同理，将表 5.16 中能源结构优化后的 4 种能源数据和 GDP 及相应测算出来的 CO_2 排放数据导入 MaxDEA5.2 软件，采取同样的方式分析，其结果见表 5.17，其中有 8 年 DEA 强有效，除煤炭在 2004 年、2006 年、2011 年仅有冗余投入 1.31 万吨、4.15 万吨、2.45 万吨外，其他 5 个年份的冗余投入均不超过 0.33 万吨，最大的 2006 年仅占 DEA 目标值的 0.19%；石油有 8 年 DMU 的冗余投入，但最大的不超过 0.86 万吨，占当年 DEA 目标值的 0.195%；天然气 2011 年冗余投入 65.97 万吨，占当年 DEA 目标值的 7.8%，其余 7 年 DMU 冗余投入最大不超过 2.18 万吨，占当年 DEA 目标值的 0.62%，电力分析略。

根据表 5.18 的投入产出规模效率的分析结果，2001—2020 年重庆能源结构优化的综合技术效率（Technical Efficiency Score（CRS））、纯技术效率（Pure Technical Efficiency Score（VRS））、规模效应值（Scale Efficiency Score）都处于 DEA 分析的强有效和完全有效的技术测度范围内。

表 5.17　等可能准则预测能源消耗及经济环保产出的 DEA 分析结果（万吨标准煤）

DMU 年份	效率值	煤炭（投入）x_1 冗余消耗	目标值	油料量（投入）x_2 冗余消耗	目标值	天然气（投入）x_3 冗余消耗	目标值	电力（投入）x_4 冗余消耗	目标值	经济增长 GDP产出 产出增加潜力	目标值	环保排放 CO_2产出 还可承受排放量	目标值
2001	1	−0	1550.18	−0	294.01	−0	187.98	−0	268.79	0	1976.86	0	5104.84
2002	0.999824	−0.324193	1844.10	−0.055779	317.28	−0	204.43	−1.190511	310.99	16.869465	2249.73	0	5972.00
2003	1	−0	2206.42	−0	346.11	−0	220.81	−0	361.56	0	2555.72	0	7037.46
2004	0.999218	−1.311109	1675.46	−0.292151	373.34	−2.176026	349.49	−0.275003	351.42	471.690845	3506.27	0	5793.64
2005	1	−0	1935.15	−0	430.87	−0	375.85	−0	391.36	0	3467.72	0	6672.13
2006	0.998058	−4.154525	2135.69	−0.859119	441.64	−1.691895	418.06	−0.856576	440.33	550.410308	4457.64	0	7271.64
2007	0.999869	−0.329089	2520.19	−0.071426	546.99	−0.066659	510.48	−0.068111	521.60	451.791188	5127.92	0	8662.48
2008	1	−0	2860.50	−0	648.38	−0	600.57	−0	597.20	0	5793.66	0	9922.27
2009	1	−0	3193.02	−0	657.82	−0	619.73	−0	654.25	0	6531.01	0	10859.90
2010	1	−0	3205.24	−0	681.62	−0	673.27	−0	697.78	0	7925.58	0	10996.57
2011	0.999357	−2.454134	3811.41	−0.527529	819.28	−65.974512	846.09	−17.652309	863.57	0	10011.37	0	13155.17
2012	1	−0	4034.42	−0	941.24	−0	933.99	−0	888.60	0	11409.60	0	14120.03
2013	1	−0	4268.51	−0	954.90	−0	1030.99	−0	999.50	0	12783.26	0	14842.56
2014	1	−0	4508.09	−0	1085.68	−0	1034.39	−0	1065.80	0	14262.60	0	15873.38
2015	1	−0	4714.99	−0	1120.53	−0	1175.87	−0	1127.76	0	15546.23	0	16607.87
2016	0.999991	−0.046029	4950.71	−0.011027	1185.99	−0.012211	1313.35	−0.011679	1256.11	4.348449	16949.74	0	17507.98
2017	1	−0	5187.27	−0	1251.19	−0	1461.01	−0	1382.00	0	18470.48	0	18414.67
2018	0.999996	−0.021896	5354.77	−0.005312	1299.00	−0.006621	1619.14	−0.00619	1513.87	109.027428	20241.85	0	19090.32
2019	0.999989	−0.059307	5573.02	−0.01445	1357.89	−0.019028	1788.06	−2.39	1653.59	168.785464	22113.56	0	19940.81
2020	1	−0	5741.32	−0	1404.32	−0	1968.15	−0	1787.04	0	1976.86	0	20625.99

表5.18 等可能准则预测能源结构优化后规模效率、纯技术效率、技术效率值DEA分析表

No.	年份DMU	综合效率（CRS）	纯技术效率（VRS）	规模效率	RTS
1	2001	1	1	1	Constant
2	2002	0.999827	1	0.999827	Increasing
3	2003	1	1	1	Constant
4	2004	0.999283	1	0.999283	Increasing
5	2005	1	1	1	Constant
6	2006	0.998149	1	0.998149	Increasing
7	2007	0.999873	1	0.999873	Increasing
8	2008	1	1	1	Constant
9	2009	1	1	1	Constant
10	2010	1	1	1	Constant
11	2011	1	1	1	Constant
12	2012	1	1	1	Constant
13	2013	1	1	1	Constant
14	2014	1	1	1	Constant
15	2015	1	1	1	Constant
16	2016	0.999991	1	0.999991	Decreasing
17	2017	1	1	1	Constant
18	2018	0.999996	1	0.999996	Decreasing
19	2019	0.99999	1	0.99999	Decreasing
20	2020	1	1	1	Constant

2001—2020年规模效应值（Scale Efficiency Score，SES）基本上是微弱递增，即除DEA完全有效外，2002年规模效应值从0.999827增至2019年的0.99999，再到2020年的1。

结构优化后能源投入产出的规模效率（也称规模效应值）递增，综合技术效率、纯技术效率也递增。

以上分析结果证明，等可能准则预测的重庆能源消耗量，经结构优化后的数据包络分析反映出，按该方案实施完全达到DEA的生产前沿面，属于DEA强有效和完全有效的结论，它验证了能源结构优化的可行性。

5.3.3 按悲观准则计算CO_2预测能源消耗进行结构优化后的经济环保产出

煤炭、油料、天然气消耗排放CO_2的系数测算同上，电力中不包括火电，所以不排放CO_2。

根据前述悲观准则预测结果，以及重庆2020年GDP增长和重庆单位GDP的CO_2排放目标必须达到下降20%的要求，计算悲观准则预测基础上的2020年CO_2排放量及能源内

部结构优化预测值，建立以下约束方程：

$$
\begin{cases}
E_1 + E_2 + E_3 + E_4 = E_{总} \\
E_1\lambda_1 + E_2\lambda_2 + E_3\lambda_3 + E_4\lambda_4 = B \\
E_{1预} - E_1 + E_{2预} - E_2 = E_3 - E_{3预} + E_4 - E_{4预} \\
1\% < \dfrac{E_{1预} - E_1}{E_{1预}} < 15\% \\
1\% < \dfrac{E_{2预} - E_2}{E_{2预}} < 15\% \\
\dfrac{E_3 - E_{3预}}{E_{3预}} < 35\% \\
\dfrac{E_4 - E_{4预}}{E_{4预}} < 35\%
\end{cases}
\tag{5.15}
$$

悲观准则预测的 CO_2 排放量为：

$$
\begin{aligned}
B_{2015} &= E_1\lambda_1 + E_2\lambda_2 + E_3\lambda_3 + E_4\lambda_4 \\
&= 4700.92 \times 2.6885319 + 1146.74 \times 2.945225 + 1311.66 \times 0.5368 + 1239.15 \times 0 \\
&= 12638.57 + 3377.41 + 704.10 + 0 \\
&= 16720.08.14 \text{（万吨）}
\end{aligned}
$$

2015 年 GDP 仍为 15546.23 亿元，则每亿元 GDP 排放 CO_2 量为 1.07550705 万吨，比 2014 年降低 3.36%（2014 年每亿元 GDP 排放 CO_2 的量为 1.11291209 万吨），这一结果表明 2015 年等可能准则预测的方案达到国家下达的 CO_2 排放要求，2015 年不再优化，并以此为基础作等可能准则预测方案的结构优化。

$$
\begin{aligned}
B_{2020} &= E_1\lambda_1 + E_2\lambda_2 + E_3\lambda_3 + E_4\lambda_4 \\
&= 5669.67 \times 2.6885319 + 1469.48 \times 2.943547 + 2491.46 \times 0.5368 + 2303.72 \times 0 \\
&= 15243.09 + 4325.48 + 1337.17 + 0 \\
&= 20905.74 \text{（万吨）}
\end{aligned}
$$

2020 年 GDP 为 23919.8 亿元，每亿元 GDP 排放 CO_2 量为 0.873993 万吨，进而每亿元 GDP 排放 CO_2 量的下降速度达到 18.74%。

用插值法解上述联立方程，依次计算 2016 年、2017 年、2018 年、2019 年、2020 年的煤炭、油料减少用量以及天然气、电力增加用量后的 CO_2 排放量，经多次验证，2020 年煤炭消耗量在悲观准则指导下的预测值降低 14.6%，油料降低 14.6%，在等可能准则预测值上调整剩余标准差后的能源消耗总量平衡情况下，天然气在其预测值上增加 33.74%，电力在其预测值上增加 34.58%。其中结构优化的电力需求增加量，其主要来源可以考虑长江上游的水电、其他省份的风电、太阳能发电、垃圾焚烧发电以及核电等清洁电力。进而通过结构优化，新增电力量折算标准煤的情况为，比 2020 年悲观准则预测的 1711.77 万吨标准煤上增加 591.95 万吨标准煤，该部分不会增加 CO_2 的排放量。悲观准则预测优化前后 DEA 比较分析数据见表 5.20。

表5.19　2015—2020年能源支撑经济社会产出的结构优化表（悲观估计）

年份	能源投入（万吨标准煤）												GDP增幅	CO₂排放量（万吨）
	煤炭			油料			天然气			电力				
	预测量	比预测减	减少（%）	预测量	比预测减	减少（%）	预测量	比预测增	增加（%）	预测量	比预测增	增加（%）		
2015	4700.92	120.54	2.5	1146.74	29.04	2.5	1311.66	77.74	6.2	1223.96	72.2	6.27	15546.23	16720.13
2016	4755.73	245.04	4.9	1197.04	61.68	4.9	1512.61	158.69	11.72	1401.34	148.03	11.81	16945.39	17123.11
2017	5103.38	401.88	7.3	1266.29	99.72	7.3	1625.34	259.33	17.5	1602.35	242.27	17.81	18470.48	18321.81
2018	5293.62	575.14	9.8	1333.85	144.92	9.8	1968.87	372.27	23.32	1819.87	347.79	23.635	20132.82	19216.18
2019	5484.57	762.09	12.2	1402.17	194.83	12.2	2229.6	495.68	28.59	2050.55	461.24	29.02	21944.77	20070.20
2020	5669.67	969.29	14.6	1469.48	251.22	14.6	2491.46	628.56	33.74	2303.72	591.95	34.58	23919.80	20906.09

表 5.20　　　　　　　悲观准则预测优化前后 DEA 比较分析数据表

年份	煤炭投入		油料投入		天然气投入		电力投入		产出 GDP（亿元）	排放 CO$_2$ 量（万吨）	
	未优化	优化数	未优化	优化数	未优化	优化数	未优化	优化数		未优化	优化数
2001	1700.43	1550.18	322.51	294.01	206.2	187.98	344.54	268.79	1976.86	5599.63	5104.84
2002	1928.9	1844.42	331.87	317.34	213.84	204.47	348.44	312.18	2232.86	6245.53	5972.00
2003	2206.42	2206.42	346.11	346.11	220.81	220.81	361.56	361.56	2555.72	7037.46	7037.46
2004	2205.08	1676.77	403.52	373.63	379.97	351.67	379.84	351.70	3034.58	7316.95	5793.64
2005	2214.39	1935.15	472.15	430.87	411.86	375.85	428.86	391.36	3467.72	7563.66	6672.13
2006	2391.46	2139.84	532.67	442.5	469.11	419.75	497.98	441.19	3907.23	8238.16	7271.64
2007	2828.25	2520.52	578.95	547.06	549.12	510.55	552.08	521.67	4676.13	9604.49	8662.48
2008	2860.5	2860.5	648.38	648.38	600.57	600.57	597.2	597.20	5793.66	9922.27	9922.27
2009	3193.02	3193.02	657.82	657.82	619.73	619.73	654.25	654.25	6531.01	10859.90	10859.90
2010	3551.05	3205.24	750.39	681.62	741.2	673.27	768.18	697.78	7925.58	12166.33	10996.57
2011	3813.86	3813.86	819.81	819.81	912.06	912.06	881.22	881.22	10011.37	13155.17	13155.17
2012	4034.42	4034.42	941.24	941.24	933.99	933.99	888.6	888.60	11409.6	14120.03	14120.03
2013	4268.51	4268.51	954.9	954.90	1030.99	1030.99	999.5	999.50	12783.26	14842.56	14842.56
2014	4508.09	4508.09	1085.68	1085.68	1034.39	1034.39	1065.8	1065.80	14262.6	15873.38	15873.38
2015	4821.46	4700.92	1156.88	1146.74	1233.92	1311.66	1151.76	1223.96	15546.23	17032.34	16720.13
2016	5156.16	4755.73	1258.72	1197.04	1353.92	1512.61	1253.31	1401.34	16945.39	18296.13	17123.11
2017	5505.26	5103.38	1366.01	1266.29	1481.81	1625.34	1360.08	1602.35	18470.48	19618.85	18321.81
2018	5868.76	5293.62	1478.77	1333.85	1596.60	1968.87	1472.08	1819.87	20132.82	20989.29	19216.18
2019	6246.66	5484.57	1597.00	1402.17	1733.92	2229.6	1589.31	2050.55	21944.77	22426.56	20070.20
2020	6638.96	5669.67	1720.70	1469.48	1862.90	2491.46	1711.77	2303.72	23919.80	23914.10	20906.09

表 5.20 采用数据的来源说明：2001—2014 年煤炭、油料、天然气、电力的四种主要能源消耗结构"未优化"数据采用统计报告中实际消耗值，"优化数"采用表 5.21 中 DEA 分析结果的目标值；而 2015—2020 年"未优化"的数据采用表 5.12 即"重庆 2015—2020 年能源需求的三种准则预测值分列表（调整剩余标准差后）"中悲观准则预测值，2015—2020 年能源结构优化后的"优化数"采用表 5.19 中即"2015—2020 年能源支撑经济社会产出的结构优化表（悲观估计）"中四种能源数据值。

表5.21 悲观准测预测能源消耗及经济环保产出的DEA分析结果

DMU 年份	效率值	煤炭(投入) x_1 冗余消耗	目标值	油料量(投入) x_2 冗余消耗	目标值	天然气(投入) x_3 冗余消耗	目标值	电力(投入) x_4 冗余消耗	目标值	经济增长 GDP产出 产出增加潜力	目标值	环保排放 CO_2产出 还可承受排放量	目标值
2001	1	-0	1550.18	-0	294.01	-0	187.98	-0	268.79	16.87	1976.86	0	5104.84
2002	0.99984	-0.324193	1844.10	-0.055779	317.28	-0.03594	204.43	-1.190511	310.99	0.00	2249.73	0	5972
2003	1	-0	2206.42	-0	346.11	-0	220.81	-0	361.56	471.69	2555.72	0	7037.46
2004	0.999218	-1.311109	1675.46	-0.292151	373.34	-2.176026	349.49	-0.275003	351.42	0.00	3506.27	0	5793.64
2005	1	-0	1935.15	-0	430.87	-0	375.85	-0	391.36	550.41	3467.72	0	6672.13
2006	0.998058	-4.154525	2135.69	-0.859119	441.64	-1.691895	418.06	-0.856576	440.33	451.79	4457.64	0	7271.64
2007	0.999869	-0.329089	2520.19	-0.071426	546.99	-0.066659	510.48	-0.068111	521.60	0.00	5127.92	0	8662.48
2008	1	-0	2860.50	-0	648.38	-0	600.57	-0	597.20	0.00	5793.66	0	9922.27
2009	1	-0	3193.02	-0	657.82	-0	619.73	-0	654.25	0.00	6531.01	0	10859.9
2010	1	-0	3205.24	-0	681.62	-0	673.27	-0	697.78	0.00	7925.58	0	10996.57
2011	0.999636	-1.388505	3812.47	-0.298467	819.51	-50.01745	862.04	-0.320824	880.90	0.00	10011.37	0	13155.17
2012	1	-0	4034.42	-0	941.24	-0	933.99	-0	888.60	0.00	11409.60	0	14120.03
2013	1	-0	4268.51	-0	954.90	-0	1030.99	-0	999.50	0.00	12783.26	0	14842.56
2014	1	-0	4508.09	-0	1085.68	-0	1034.39	-0	1065.80	0.00	14262.60	0	15873.38
2015	1	-0	4700.92	-0	1146.74	-0	1311.66	-0	1223.96	0.00	15546.23	0	16720.13
2016	1	-0	4755.73	-0	1197.04	-0	1512.61	-0	1401.34	0.00	16945.39	0	17123.11
2017	1	-0	5103.38	-0	1266.29	-0	1625.34	-0	1602.35	0.00	18470.48	0	18321.81
2018	0.99997	-0.158444	5293.46	-0.039924	1333.81	-0.625606	1968.24	-0.054471	1819.82	0.00	20132.82	0	19216.18
2019	1	-0	5484.57	-0	1402.17	-0	2229.60	-0	2050.55	0.00	21944.77	0	20070.2
2020	1	-0	5669.67	-0	1469.48	-0	2491.46	-0	2303.72	16.87	23919.80	0	20906.09

　　将表 5.20 中能源结构优化前 4 种能源数据和 GDP 及 CO_2 排放数据导入 MaxDEA5.2 软件，再选择 "CCR 投入导向" 运行软件，经过能源全要素生产率分析表明（DEA 结果表略）：重庆能源投入产出都属于 DEA 强有效和完全有效，只有 2016 年和 2018 年有很小的冗余投入，均不超过 0.12 万吨，以 GDP 为代表的经济产出没有增加空间，环境保护以 CO_2 为代表的污染物排放完全符合 DEA 目标有效，但亿元 GDP 的 CO_2 排放尚未达到国家规定的任务，还需进行能源消耗结构优化。

　　同理，将表 5.20 中能源结构优化后的 4 种能源数据和 GDP 及相应测算出来有 CO_2 排放的数据导入 MaxDEA5.2 软件，采取同样的方式分析，得到 DEA 分析结果见表 5.21，表明：有 6 年 DEA 强有效，能源有冗余投入的煤炭 2006 年仅有 4.15 万吨，占 DEA 目标值的 0.19%，2004 年和 2011 年煤炭冗余投入分别为 1.31 万吨、1.39 万吨，分别占当年 DEA 目标值的 0.08%、0.04%，其余 3 年均不超过 0.33 万吨，其他品种分析略；分析结果证明，能源结构优化后经数据包络分析验证，按此方案实施达到 DEA 有效。

表 5.22　悲观准则预测能源优化后规模效率、纯技术效率、技术效率值 DEA 分析表

序号	年份	综合技术效率（CRS）	纯技术效率（VRS）	规模效率	RTS
1	2001	1	1	1	Constant
2	2002	0.999827	1	0.999827	Increasing
3	2003	1	1	1	Constant
4	2004	0.999283	1	0.999283	Increasing
5	2005	1	1	1	Constant
6	2006	0.998149	1	0.998149	Increasing
7	2007	0.999873	1	0.999873	Increasing
8	2008	1	1	1	Constant
9	2009	1	1	1	Constant
10	2010	1	1	1	Constant
11	2011	1	1	1	Constant
12	2012	1	1	1	Constant
13	2013	1	1	1	Constant
14	2014	1	1	1	Constant
15	2015	1	1	1	Constant
16	2016	1	1	1	Constant
17	2017	1	1	1	Constant

序号	年份	综合技术效率（CRS）	纯技术效率（VRS）	规模效率	RTS
18	2018	0.999972	1	0.999972	Decreasing
19	2019	1	1	1	Constant
20	2020	1	1	1	Constant

悲观准则预测重庆能源消耗结构优化后的 DEA 包络基础径向与非径向混合的投入导向的规模效应值、纯技术效率值基本保持不变。通过效率值数据表（见表 5.22），不难看出该情景下 2001—2020 年的 20 年间，有 6 年 DMU 的 DEA 为强有效，有 14 年 DMU 完全有效，达到生产前沿面。

规模效应值（Scale Efficiency Score）= 综合技术效率（CRS）/纯技术效率（VRS）；

第 2 个 DMU 的 2002 年：规模效应值 = 0.999827/1 = 0.999827；

第 4 个 DMU 的 2004 年：规模效应值 = 0.999283/1 = 0.999283；

第 6 个 DMU 的 2006 年：规模效应值 = 0.998149/1 = 0.998149；

第 7 个 DMU 的 2007 年：规模效应值 = 0.999873/1 = 0.999873；

第 11 个 DMU 的 2018 年：规模效应值 = 0.999972/1 = 0.999972。

综合技术效率（CRS）= 规模效应值（SES）×纯技术效率（VRS）；

第 2 个 DMU 的 2002 年：综合技术效率（CRS）= 0.999827×1 = 0.999827；

第 11 个 DMU 的 2018 年：综合技术效率（CRS）= 0.999972×1 = 0.999972。

其他各 DMU 计算的综合技术效率值从略。它们都达到生产前沿面的 DEA 有效，因此该结构优化方案接受 DEA 运行验证，证明可行。

结构优化后能源投入产出的规模效率（也称规模效应值）递增，综合技术效率、纯技术效率也递增。

以上系列的分析结果证明，悲观准则预测的重庆能源消耗量，经结构优化后的数据包络分析反映，按该方案实施也能完全达到 DEA 的生产前沿面，属于 DEA 强有效和完全有效的结论，此方案能源控制总量宽松，但结构优化后高含碳的煤炭用量下降了，提高天然气、电力用量的压力太大，完成任务难度相当大。

5.3.4　三种决策的能源结构优化方案 2020 年达到的主要指标

三种能源消耗的结构优化决策方案至 2020 年煤炭、石油、天然气、电力各自占比见图 5.1 和图 5.2。

通过测算至 2020 年每亿元 GDP 的 CO_2 排放情况：①乐观准则方案下，2020 年每亿元 GDP 的 CO_2 排放量为 0.77720968 万吨，同比该方案 2015 年单位 GDP 的 CO_2 排放量降低 24.63%；②等可能准则方案下，2020 年每亿元 GDP 的 CO_2 排放量为 0.862297 万吨，同比该方案 2015 年单位 GDP 的 CO_2 排放量降低 19.41%；③悲观准则方案下，2020 年每亿元 GDP 的 CO_2 排放量为 0.873993 万吨，同比该方案 2015 年单位 GDP 的 CO_2 排放量降低

乐观准则	煤炭5216.48万吨	占比54.84%
CO_2排放量18590.71万吨	石油1251.60万吨	占比13.16%
能源消耗总量9511.45万吨	天然气1642.75万吨	占比17.27%
	电力1400.62万吨	占比14.73%

三种决策情景结构优化方案	等可能准则	煤炭5741.32万吨	占比52.67%
	CO_2排放量20625.99万吨	石油1404.32万吨	占比12.88%
	能源消耗总量10900.83万吨	天然气1968.15万吨	占比18.06%
		电力1787.04万吨	占比16.39%

悲观准则	煤炭5669.67万吨	占比47.51%
CO_2排放量20906.019万吨	石油1469.48万吨	占比12.31%
能源消耗总量11934.33万吨	天然气2491.46万吨	占比20.88%
	电力2303.72万吨	占比19.30%

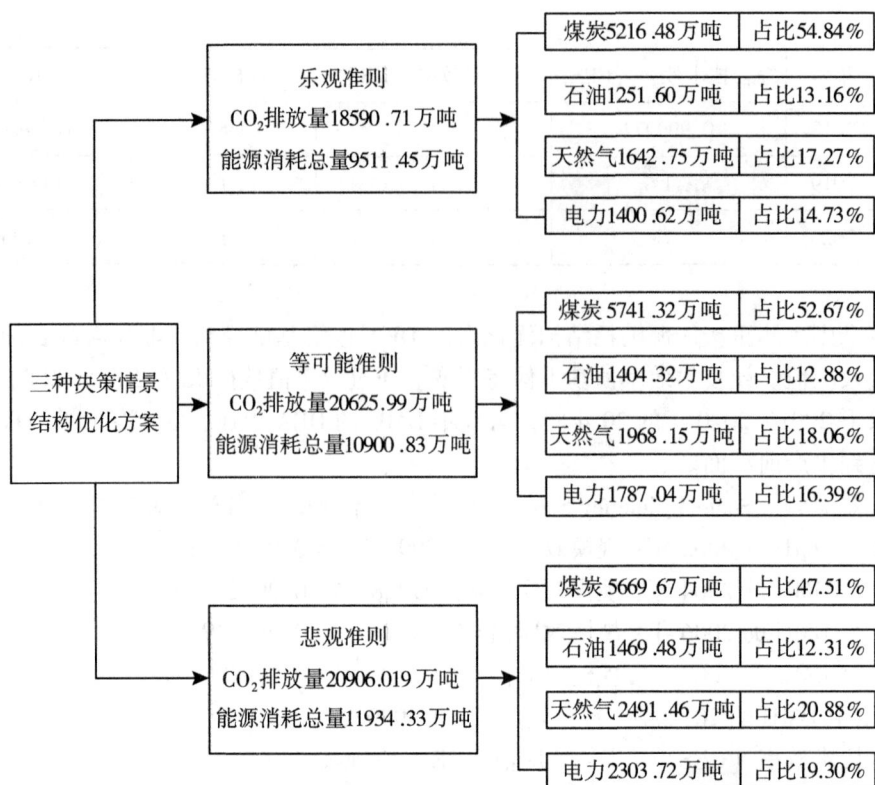

图 5.1　重庆 2020 年能源结构优化三种决策方案（能源计量全部折算为标准煤）

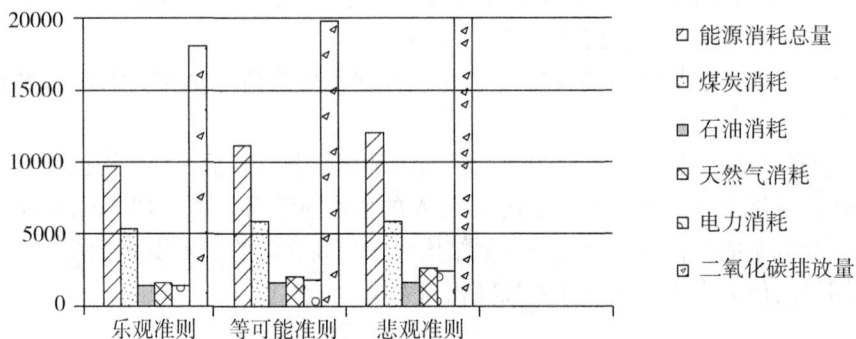

图 5.2　重庆 2020 年能源结构优化三种方案

18.74%。三个方案都达到 CO_2 经济排放强度要求，而不同的是，第一个方案能源消耗量较低，将碳排放与能源消耗控制联动起来，实践实施有一定难度，第二个方案容易得到落实，第三个方案能源需求量控制较宽，但结构优化后的压力较大。

为使"十三五"重庆能源消费结构优化更具可操作性，笔者根据《中国能源统计年鉴》《重庆市统计年鉴》的数据，剖析重庆电力生产供应结构后发现：由于节能减排和能源绿色低碳发展的进程日益深化，2000—2005 年水电占比从 22.76% 上升至 28.17%，火电占比从 77.24% 上升至 77.74%，2006—2014 年水电占比从 20.19% 上升至 35.67%，火电占比从 79.81% 下降至 64.07%，风电占比从无到 0.26%；根据这一趋势及重庆能源规划，"十三五"时期重庆能源绿色发展，将发展垃圾焚烧发电项目和因地制宜开发风电等其他清洁电力。可以预测从 2016—2020 年重庆电力内部结构火电占比将降至 60%，水电占比将提高至 38%，风电及其他清洁电力供应消费占比将提高至 2% 左右；到"十三五"期末，重庆能源发展前景会更加低碳化。

以上一系列 DEA 的研究结果表明，重庆能源投入产出效率变化规律是：从 20 世纪 80 年代的低效率，到 90 年代的较高效率，再到 21 世纪初，效率提高至"十二五"期末的高效率的渐进发展的转变过程（图 5.3）。到 2020 年各种能源的投入产出效率值均将达到由 0.99999 到 1 的水平。

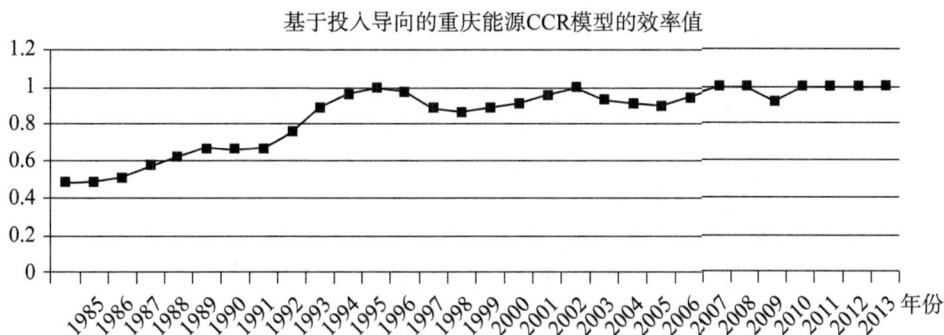

图 5.3　1985—2014 年重庆能源投入效率（根据表 5.5 分析）

5.3.5　"十三五"重庆能源消费结构优化后的能源供应缺口分析

根据重庆技术经济现状，结合重庆能源绿色低碳发展要求，选择等可能准则对重庆能源结构进行优化，将优化后的方案作为"十三五"时期重庆能源需求量，根据《中国能源统计年鉴》数据反映的重庆"十一五""十二五"时期煤炭、油料、天然气、电力的生产和净调入量的情况，采取趋势预测法和经验估计相结合的方法，测算"十三五"时期重庆的煤炭、油料、天然气、电力的生产量，用重庆能够实施的等可能准则能源消费结构已优化的方案作为需求值，减去"十三五"时期重庆能源生产估计值，得到"十三五"时期重庆煤炭、油料、天然气、电力需求缺口，即应从市外净调入的能源量（表 5.23），即 2016—2020 年应从市外净调入：煤炭由 1903.57 万吨上升至 2263.8 万吨，油料（全部调入）由 1120.53 万吨上升至 1357.9 万吨，天然气由 428.81 万吨上升至 693.97 万吨，电力由 740.73 万吨上升至 1084.2 万吨（均为标准煤）。2016—2020 年各能源需求：煤炭平均每年增速控制在 3.77% 左右，比 GDP 增速低 5.23%，油料平均每年增速控制在 4.92% 左右，比 GDP 增速低 4.08%，天然气每年增速尽量达到 10.62%，比 GDP 增速高 1.62%，电力每年增速尽量达到 9.21%，比 GDP 增速高 0.21%。

表 5.23　"十三五"时期重庆能源消费需求、生产、净调入量情况表

（单位：万吨标准煤）

年份	能源总需求量				能源生产量				能源净调入量				GDP（亿元）
	煤炭	油料	天然气	电力	煤炭	油料	天然气	电力	煤炭	油料	天然气	电力	
2016	4950.76	1120.53	1313.36	1256.12	3047.19	0	884.548	515.386	1903.57	1120.5	428.81	740.73	16400.06
2017	5187.27	1186.00	1461.01	1392.00	3169.94	0	976.831	565.987	2017.33	1186	484.18	826.01	17544.87
2018	5354.79	1251.19	1619.15	1513.88	3260	0	1072.2	607.217	2094.79	1251.2	546.95	906.66	18275.03
2019	5573.08	1299.01	1788.08	1665.98	3381.74	0	1170.48	662.893	2191.34	1299	617.6	1003.1	19004.42
2020	5741.32	1357.90	1968.15	1787.04	3477.52	0	1274.18	702.843	2263.8	1357.9	693.97	1084.2	19715.13

5.4 本章小结

本章从能源消耗和经济、社会、人口、科技、环境保护等因素分析入手，针对能源是多投入、多产出的系统状态，而且各项指标存在量纲难统一的差异，放弃"参数形式的随机前沿分析法（SFA）"，选取"非参数的数据包络分析法（DEA）"，将重庆 2014 年以前的 30 年作为 30 个 DMU，选择 CCR 投入导向和产出导向的 DEA 研究模型，分若干组合进行能源投入产出分析研究，找出 DEA 的弱有效和强有效的能源冗余投入（松弛改进和径向改进）程度、变化发展趋势，揭示重庆能源利用的 DEA 弱有效→DEA 强有效→DEA 完全有效，达到"生产前沿面"的规模效应值、综合技术效率、纯技术效率；规模效率的变化过程：递减→递增→递减→递增；纯技术效率的变化过程：递增→递减→递增；综合技术效率的变化过程：递增→递减→递增，它较客观测度了重庆能源投入产出的 DEA 效率状态。结合前文对重庆能源"十三五"期间的预测量，建立能源结构优化平衡方程，求出既符合重庆未来几年经济社会发展要求，又能达到国家环境排放的每亿元 GDP 的 CO_2 排放任务的能源结构优化的三种方案，并针对各个方案，测算 CO_2 排放量，将煤炭、油料、天然气、电力消耗结构优化前、结构优化后的数据及以 GDP 为代表的经济产出、CO_2 为代表的污染物排放的 DEA 研究数据，进行 CCR 投入导向的数据包络分析（DEA）、包络基础——混合（径向和非径向）径向的规模效应值分析，揭示了能源结构优化规模效率递增、综合技术效率、纯技术效率递增变化发展趋势，验证了重庆能源结构优化的可行性。进一步揭示出：乐观准则预测的结构优化方案能源消耗控制总量较低，节能降耗的压力较大，落实具有较强的挑战性（详见表 5.13）；等可能准则预测的能源消耗控制总量适度，结构优化方案实施较为可行；悲观准则预测的结构优化方案能源消耗控制量较宽松，但能源内部结构调整——煤炭和油料的降幅 2020 年要达到 14.6%、天然气 2020 年用量要提高 33.74%、电力 2020 年用量要提高 34.58%，要达到这个目标能源结构调整压力相当大（详见表 5.17）。总之三种方案均符合经济社会发展和节能减排要求，根据重庆市的实际选择最适合的方案实施。从最可行的等可能准则结构优化决策方案结果分析，并能使"十三五"重庆能源消费结构优化更具可操作性，可以得出以下结论：

（1）2016—2020 年，煤炭和油料消费量每年比预测量降低 1%，到 2020 年煤炭和油料消费量将比预测消费量降低 5% 及以上，2016—2020 年煤炭消费量从预测占比的 56.86% 将下降至 49.9% 及以下，2016—2020 年油料消费量将从预测占比的 13.62% 下降至 12.2% 及以下；天然气消费量占比将平均每年提高 2%，到 2020 年消费量将提高到 10% 及以上，2016—2020 年天然气消费量占比将从预测占比 15.09% 提高到 19.7% 及以上，电力消费量将平均每年提高 2.48%，到 2020 年消费量将提高到 12.4% 以上，2016—2020 年电力消费量占比将从预测的 14.43% 提高到 18.2% 及以上。

（2）2016—2020 年各种能源需求：煤炭平均每年增速将控制在 3.77% 左右，比 GDP 增速低 5.23%；油料平均每年增速将控制在 4.92% 左右，比 GDP 增速低 4.08%；天然气每年增速将尽量达到 10.62%，比 GDP 增速高 1.62%；电力每年增速将尽量达到 9.21%，比 GDP 增速高 0.21%。

（3）2016—2020 年各种能源净调入：煤炭由 1903.57 万吨上升到 2263.8 万吨，油料（全部调入）由 1120.53 万吨上升到 1357.9 万吨，天然气由 428.81 万吨上升到 693.97 万吨，电力由 740.73 万吨上升到 1084.2 万吨（均为标准煤）。

（4）到 2020 年每亿元 GDP 排放 CO_2 的量为 0.862297 万吨，五年内每亿元 GDP 排放 CO_2 的量速度下降 19.41%，能全面完成低碳发展与国家节能减排任务。

（5）2016—2020 年重庆电力内部结构至少维持火电占比降至 60%，水电占比提高至 38%，风电及其他清洁电力供应消费占比 2% 左右。

（6）重庆能源投入产出效率变化规律是：从 20 世纪 80 年代的低效率、到 90 年代的较高效率、再到 21 世纪初效率提高至"十二五"期末的高效率的渐进转变、逐步发展提高的过程。到 2020 年各种能源的投入产出效率值均达到由 0.99999 到 1 的水平。

综上所述，重庆市"十三五"时期的经济社会"创新、协调、绿色、开放、共享"发展，将步入更加快速的发展过程。

第6章 重庆典型工业园区能源资源高效利用及节能研究

改革开放四十年来中国工业飞速发展奇迹的产生是以高投入为基础的，其最沉重的代价就是造成能源的巨大消耗和环境的严重污染。近年来，中国工业能源消耗占全部能源消耗的比重一直保持在60%~70%。同时中国约40%的经济总量和60%的能耗来自工业。工业园区是实现中国经济发展的重要载体，是能源消耗的高度密集区，也是绿色发展及减少碳排放的主力军，是"打造中国经济升级版"的重要组成部分。2000年以来，在中央政府的引导下，各地积极创建"生态园区"和"循环经济园区"，关注全产业链资源综合利用、打造园区宜居环境。自2009年起，各地开始关注园区如何低碳转型升级，启动低碳工业园区创建工作。重庆以雄厚的工业基础成为中国老工业基地之一，近年来取得了突出的成绩，目前这种"高投入、高消耗、高污染"以及"低效率"的粗放式经济增长方式使得重庆工业对资源环境的承载能力接近极限。在新形势下，工业园区是工业部门实现能源结构优化与低碳转型必须牵住的"牛鼻子"。笔者选择重庆典型工业园区探讨其在能源消费量与强度"双控"下的能源需求、结构优化及绿色发展问题，以此探索工业园区绿色低碳发展之路。

6.1 重庆工业园区发展概况及某典型工业园区发展情况

6.1.1 重庆工业园区发展概况

工业园区是重庆经济发展的重要引擎，也是温室气体排放和能源资源利用集中区域。全市工业园区以0.84%的土地面积实现对全市工业增长贡献率超过83.4%，同时园区能耗占到全市工业能耗的76.3%和全市碳排放量的62.6%，因而全市工业园区成为精准碳减排的关键靶点。整体来看，近年来，重庆着力在产业转型升级上下功夫，推动园区建设发展蹄疾步稳，建成国家新型工业化示范基地13个，形成以两江新区、重庆高新区为双核的"2+10+36"园区发展架构体系，建成区面积超700km²，涌现出诸如两江新区的新能源汽车产业示范园、经开区的物联网示范基地以及铜梁的汽车零部件产业示范园、江津园区的粮油加工产业、垫江园区的装配式建筑产业、秀山园区的中医药等各类特色产业基地，产业业态十分丰富，成为推动全市经济稳增长的战略支撑。

绿色发展持续推进。全市紧扣长江经济带建设，坚持工业绿色发展，深入推进绿色园区建设。市发展改革委、市经济信息委联合印发《关于严格工业布局和准入的通知》，明确了沿江产业布局的有关要求；市生态环境局、市经济信息委共同督促推进12个工业集聚区污水集中处理设施建设，督促做好 7 个化工产业集聚区空间布局优化、基础设施完善、管理责任强化三项化工污染整治专项工作。

园区发展中存在的突出问题。一是区域发展不均衡不协调，用能高度集中在大都市区。大都市区（主城、渝西片区，下同）占全市园区的 90% 以上，渝东北、渝东南仅占不到 10%；大都市区园区平均产值 545 亿元，而渝东北、渝东南平均产值只有 90 亿元，产值最低的不到 10 亿元。同时，大都市区集群发展态势明显，上下游协同配套能力较强，而渝东北、渝东南仍然停留在项目集聚的初级阶段。二是产业绿色发展生态比较脆弱。从区域协同发展、单个园区产业布局来看，区域同质竞争、特色不够鲜明、产业链条还不完整等问题仍然十分突出，园区特色发展、集群发展、智能发展的产业生态还比较脆弱。

6.1.2　某典型工业园区发展情况

笔者选择重庆某典型工业园区为对象，对其进行深入分析，该工业园区（以下简称 KG 工业园区）于 2002 年 1 月正式动工建设，是市政府首批批准设立的市级特色工业园区，也是国家核准的省级开发（园）区、商务部确定的加工贸易梯度转移重点承接地和渝北建设"重庆对外开放第一门户"攻坚战的一大"战区"，国家临空经济示范区和自贸区建设的重要战略开放平台，自 2010 年以来，园区综合实力位居全市特色工业园区之首。园区辖重庆临空科技城（以下简称临空科技城片区）、创新经济走廊建成区（以下简称创新经济走廊片区），其中，KG 工业园片区占地面积约 16.79 km²、临空科技城片区占地面积 19.1 km²、创新经济走廊建成片区占地面积 26.67 km²。空港工业园区位于重庆主城北大门、两江新区核心区，与江北国际机场、保税港空港功能区、铁路东环线木耳客货站"零距离"，紧邻重庆火车北站、寸滩港和果园港，二环高速横贯东西，轻轨三号线联通南北，可通过"渝新欧"铁路直抵德国杜伊斯堡，区位交通优势得天独厚。

KG 工业园区集聚了 300 余家企业，形成了五个主导产业。一是现代交通设备研发制造，基本形成了以长安、恒通、银翔为龙头的轿车、客车、摩托车"三车"研发制造基地，年产能分别达 42 万辆、1 万辆和 200 万辆；二是动力装备制造，以美国科勒和日本本田为代表，通机年产能达 800 万台套；三是电气设备制造，聚集了鸽牌电线电缆、施能电力等一批重点项目；四是临空智能终端产业，聚集了"非洲之王"传音手机、维示泰克 3D 打印等一批项目，涵盖手机方案设计、整机及零部件制造等领域；五是临空物流业，聚集了远成物流、复星国药、圆通快递、东方嘉盛、宝能供应链、长安民生、重百物流等一批项目。

KG 工业园区产业产值占比见图 6.1。

6.1.3　园区产业发展规划概况

迎着"一带一路"和长江经济带发展战略、国家临空经济示范区、自由贸易试验区和中新（重庆）战略性互联互通示范项目建设发展等重大机遇，紧扣"增量调结构、存量促转型"的工作思路，园区正瞄准临空航空、现代物流、商务商贸、新能源汽车等产业方向，着力推进以下建设工作：

（1）大力发展临空智能终端产业

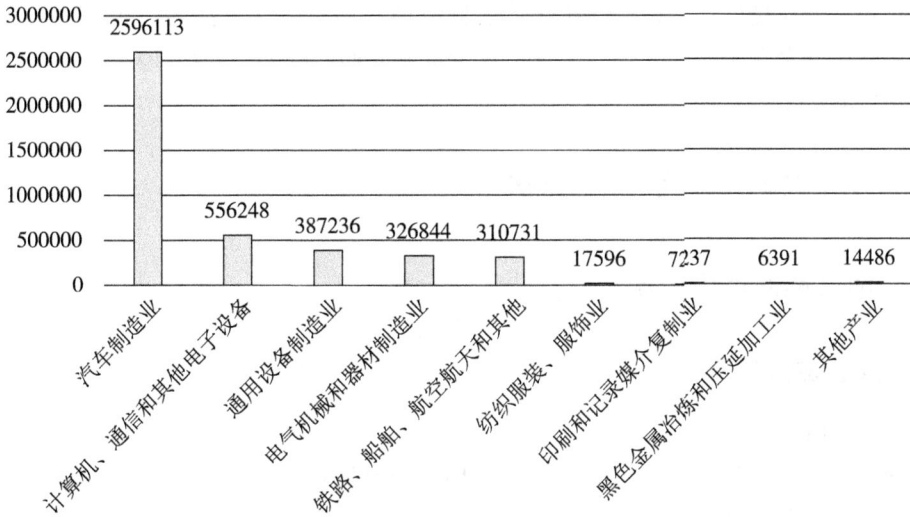

图 6.1 KG 工业园区产业产值图（单位：万元）

依托园区内的临空智能终端制造产业园 34 万方标准厂房，重点瞄准智能终端、智能装备、机器人、3D 打印、消费电子等产业，引进培育发展临空指向性强、市场前景好、有核心技术能力的产业集群。

（2）大力发展新能源汽车产业

依托长安汽车、长安新能源、恒通客车等整车厂，以新能源、车联网、自主品牌汽车为主攻方向，加快引入电动汽车"三电"系统、车联网、辅助驾驶、无人驾驶系统等项目，构建和完善新能源汽车产业创新发展生态圈。

（3）大力发展临空物流业

依托园区内 2.2km² 临空物流园，携手江北机场和保税港区，推进打造多式联运示范中心，发展航空物流、仓储配送、冷链物流、国际分拨、保税贸易、转口贸易以及对欧商品的集散。

（4）大力发展航空制造和航空服务产业

在翔宇路以东、空港东路以西 2.2km² 片区，转型发展航空装备生产、航空零部件加工、航空耗材生产、航空维修维护、航空技术研发等产业，打造航空制造产业基地。配合航空产业园和中新合作项目展示区，聚焦航空、物流和金融三大方向，吸引航空货运、航空货代、第三方物流、快件集散、飞机融资租赁、航空保险、跨境贸易等产业进驻。

（5）大力发展临空商务业

加快园区 2.9km² 航空小镇开发建设，培育发展航空公司生活服务、航空高端人士居住、航空培训、国际教育医疗等航空配套服务业，致力于建设成为航空主题突出、山城特色鲜明的国际航空社区。

（6）大力发展现代建筑业

依托 345 亩古路装配式建筑产业园和 3.5km² 的重庆现代建筑智慧产业园，集聚人工智能（AI）公司、头部创新企业和标准制定企业，形成研发创新与智能制造相结合的新型现代化建筑产业集群；全过程运用建筑信息模型（BIM），打通项目从设计到生产、安装、物业管理等全寿命周期管理，实现建筑全寿命周期内的信息共享和对建筑详细的物理和功能特点的数字化呈现。

6.2　园区能源供应与消费现状

6.2.1　园区能源供应现状

1. 电力供应情况

①KG 工业园区片区

国网重庆市电力公司江北供电分公司为 KG 工业园区唯一供电单位，现有为园区供电的变电站 3 个，分别为：110kV 空港变电站、110kV 高堡湖变电站、110kV 佛寺村变电站，规划建设变电站 3 个；园区现有 10kV 公用开闭所 25 个、110kV 空港变电站下接 14 个、110kV 高堡湖变电站下接 6 个、110kV 佛寺村变电站下接 5 个，园区内在建的木耳物流园现有开闭所 1 个，规划建设开闭所 3 个。变电站明细见表 6.1。

表 6.1　　　　　　　　　　　　　　　　园区变电站明细表

序号	名称	位置	供电范围	电压等级	建设情况
1	空港变电站	佳渝燃气对面	空港开闭所	110kV	已建成
			锦绣丽舍开闭所		
			尚阳康城开闭所		
			伯爵世家开闭所		
			银翔开闭所		
			翔宇路开闭所		
			宇通开闭所		
			高堡湖开闭所		
			狮子山开闭所		
			仁睦开闭所		
			桃源居开闭所		
			桃源居七区二期开闭所		
			机场三期安置房开闭所		
			职业学院开闭所		

序号	名称	位置	供 电 范 围	电压等级	建设情况
2	高堡湖变电站	宏碁大道旁	环湖雅居 B 区 BC 组团开闭所	110kV	已建成
			标准厂房开闭所		
			空港园区开闭所		
			泽科空港明珠开闭所		
			长安安置房 1#开闭所		
			长安安置房 2#开闭所		
3	佛寺村变电站	佛寺村	金科空港城开闭所	110kV	已建成
			北港御庭开闭所		
			美墅澜湾开闭所		
			桥达漫生活开闭所		
			空港天地开闭所		
4	规划 1 变电站	U13-3/01 地块旁		220kV	规划
5	规划 2 变电站	U09-1/01 地块旁		110kV	规划
6	规划 3 变电站	I19-4/03 地块旁		110kV	规划

（2）临空科技城片区

临空科技城供电单位为国网重庆电力公司江北供电分公司，从 2016 年起至 2019 年 12 月底，共建施工箱式变电站 14 台，变电站容量 400~800kVA，为园区建设提供临时电源，供电服务半径为 0.6km。

目前岸湾 110kV 变电站及皂角村 220kV 变电站均为在建状态，建设时间为 2018—2020 年，在此期间只有江北区 110kV 庆坪变电站为园区提供正式电源，供电情况非常严峻。

（3）创新经济走廊片区

为创新经济走廊供电的单位为国网重庆电力公司江北供电分公司，变电站有 220kV 环山变电站、110kV 岳岩变电站、110kV 食品城变电站。

2. 天然气供应情况

（1）工业园区片区

根据重庆市经济委员会文件（渝经运行〔2005〕36 号）"关于明确重庆市渝北区佳渝天然气有限公司供气区域的批复"明确重庆市渝北区佳渝天然气有限公司为重庆市渝北区空港工业园区唯一供气单位。该公司位于空港工业园区长凯路 508 号，有两个配气站为园区供气，其中第一配气站在空港工业园区长凯路 508 号；第二配气站位于空港工业园区 100-2 号地块。

目前重庆市渝北区佳渝天然气有限公司为旱土站及相渝线双气源供气，空港配气站及空港配气新站输气量合计为 $100\times10^4m^3/d$，实际运行日输气量为 $24\times10^4m^3/d$，高峰输气瞬量为 $34\times10^4m^3/d$，气源供应充足。旱土站至空港配气新站已建有"双佳线"输气管线，设计规模 $80\times10^4m^3/d$，目前"双佳线"实际输气量为 $11\times10^4m^3/d$，预留输气量较大。另一条气源管线为重庆气矿相渝线，相渝线原设计压力为 4.0MPa，相渝线输往空港配气站的压力为 $0.55\sim0.65MPa$，并且公司已在南北大道引入聚祥燃气空港分输站第三气源，第三气源可提供 21.6 万 m^3 输气能力，因此佳渝公司不存在气源瓶颈问题，可满足空港配气站 $20\times10^4m^3/d$ 的输气规模。

（2）临空科技城片区

临空科技城预计总用气量为 $27.5\times10^4m^3/d$，于 N4-2-3/02 地块设有 1 座石坪调压站，气源来自 N4-4/02 地块内的白果树阀室，目前日供气量为 10 万 m^3，待配气站建成后日供气量为 35 万 m^3。

3. 油品供应情况

园区内的油品消耗主要是汽油、柴油等，由企业自行采购，市场供应可满足企业需求。

6.2.2　园区内主要能源使用情况

据统计，2017 年三园区规模以上企业合计综合能耗当量值为 123445tce，单位工业增加值能耗为 0.056tce/万元，到 2019 年合计综合能耗当量值为 76922tce，单位工业增加值能耗为 0.043tce/万元。园区规模以上企业主要能源消耗指标见表 6.2、表 6.3 所示。

表 6.2　　　　　**2017—2019 年三园区规模以上企业综合能源消耗一览表**

年份	电力（10^4kW·h）	天然气（10^4m^3）	综合能源消耗量（tce）
2017	52683.43	4755.43	123445
2018	45339.49	3983.37	105045
2019	32990.69	2917.26	76922

表 6.3　　**2017—2019 年三园区规模以上企业万元增加值及万元产值能耗情况一览表**

年份	工业总产值（亿元）	工业增加值（亿元）	综合能源消耗量（当量值 tce）	万元工业增加值能耗（tce/万元）	万元产值能耗（tce/万元）
2017	9151555	2196373	123445	0.056	0.013
2018	8357178	2005723	105045	0.052	0.013
2019	7523966	1805752	76922	0.043	0.010

根据曲线图 6.2 可知，2017—2019 年园区的能源消耗呈下降趋势，主要是近两年入

驻园区的企业存在减产及停产的情况。

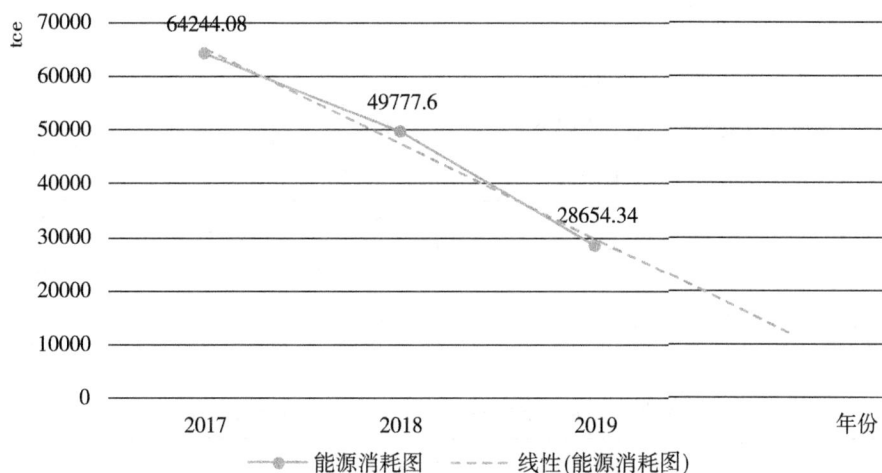

图 6.2 2017—2019 年度能源消费曲线图

1. 电力消耗情况

空港工业园、临空科技城及创新经济走廊三园区内规模以上企业 2017 年电力总消耗量为 52683.43×10⁴kW·h，电力消耗总量当量值为 64747.93tce，到 2019 年电力总消耗量为 32990.69×10⁴kW·h，电力消耗总量当量值为 40545.56tce，电力消耗呈下降趋势。规模以上企业电力消耗情况见表 6.4、表 6.5、表 6.6。

表 6.4 **2017—2019 年空港工业园区规模以上企业电力消耗情况表**

序号	企业名称	电力消耗量（×10⁴kW·h）		
		2017 年	2018 年	2019 年
1	重庆长安汽车股份有限公司	8993.28	4320	4580
2	重庆佛吉亚长鹏汽车部件有限公司	1505	2340.29	397
3	重庆驰骋轻型汽车部件股份有限公司	1002.66	658.75	317.09
4	重庆鸽牌电线电缆有限公司	1018.75	992.66	586.36
5	嘉陵-本田发动机有限公司	1513.88	1577.41	901.6
6	南方英特空调有限公司	1188.59	1227.95	599.89
7	万向钱潮重庆汽车部件有限公司	1085	887.26	520.44
8	重庆旺林汽车配件有限公司	856.13	644.15	300.26
9	重庆远翅塑料有限公司	433.16	242.12	137.41
10	重庆风华标准件制造有限公司	714.5	561.33	225.58

序号	企业名称	电力消耗量（×10⁴kW·h）		
		2017 年	2018 年	2019 年
11	重庆瀚海塑胶制品有限公司	515	590.75	297
12	重庆双英汽车配件制造有限公司	872.51	595.54	199.83
13	重庆日永光学科技有限公司	50.54	70.28	25.91
……	……	17088.39	13579.37	7089.18
合计		36837.39	28287.86	16177.55
综合能源消耗量（当量值 tce）		45273.15	34765.78	19882.21

表 6.5　　　　2017—2019 年创新经济走廊建成区规模以上企业电力消耗情况表

序号	企业名称	电力消耗量（×10⁴kW·h）		
		2017 年	2018 年	2019 年
1	重庆市天友乳业股份有限公司	2231.21	2198.43	2093.56
2	重庆再升科技股份有限公司	1093	783	991.23
3	重庆娃哈哈昌盛饮料有限公司	150.11	1913.52	1699.26
4	重庆红岩方大汽车悬架有限公司	986.29	1006.98	839.97
5	重庆创隆实业有限公司	346	325	281.57
6	重庆泰山电缆有限公司	3125	3008	2514
7	重庆金山科技（集团）有限公司	1250	1347	1511.94
8	重庆龙华电脑设计制造有限公司	186.6	202.46	150.33
9	重庆嘉士德食品有限责任公司	115	122	126
10	有友食品股份有限公司	248.27	165.07	132.07
11	重庆百事天府饮料有限公司	423.04	422.68	412.62
12	重庆市朗萨家私（集团）有限公司	879.14	495.89	418.43
…	……	4215.83	3625.50	3525.77
合计		15249.49	15615.53	14696.75
综合能源消耗量（当量值 tce）		18741.62	19191.49	18062.31

表 6.6　　　　2017—2019 年临空科技城区规模以上企业电力消耗情况表

序号	企业名称	电力消耗量（×10⁴kW·h）		
		2017 年	2018 年	2019 年
1	oppo（重庆）智能科技有限公司	14.77	24.78	230.34
2	重庆市中光电显示技术有限公司	581.78	891.4	1254.11

序号	企 业 名 称	电力消耗量（×10⁴kW·h）		
		2017 年	2018 年	2019 年
3	重庆澳腾汽车部件有限责任公司	—	68.44	51.09
4	利纳马重庆有限公司	—	448.48	393.6
5	重庆爱驰威汽车零部件有限公司	—	—	71.45
6	重庆中利凯瑞汽车部件有限公司	—	—	115.8
合计		596.55	1436.1	2116.39
综合能源消耗量（当量值 tce）		733.16	1764.97	2601.04

2017—2019 年，园区入驻企业数量虽有小幅度增长，但原有企业中部分停产或减产，导致电力消耗呈逐年下降趋势。

图 6.3　2017—2019 年度电力消耗曲线图

园区内规模以上企业按行业划分，汽车制造业电力消耗最高，占比 48%。分行业电力消耗情况见表 6.7。

表 6.7　　　　**2017—2019 年三园区规模以上企业分行业电力消耗情况表**

序号	所 属 行 业	电力消耗量（×10⁴kW·h）		
		2017 年	2018 年	2019 年
1	纺织服装、服饰业	445.79	419.27	263.73
2	造纸和纸制品业	211.4	212.24	160

序号	所属行业	电力消耗量（×10⁴kW·h）		
		2017 年	2018 年	2019 年
3	印刷和记录媒介复制业	112.78	166.58	121.4
4	化学原料和化学制品制造业	28.98	17.93	16.96
5	黑色金属冶炼和压延加工行业	27	28	12
6	金属制品业	260.33	231.32	62.45
7	通用设备制造业	3333.39	3252.36	1753.14
8	汽车制造业	31671.09	24243.15	16444.88
9	铁路、船舶、航空航天和其他运输设备制造业	3970.35	3461.61	1846.49
10	电气机械和器材制造业	1505.69	1506.19	861.59
11	计算机、通信和其他电子设备制造业	1405.43	1334.68	1708.35
12	仪器仪表制造业	286.25	248.45	115.23
13	农副食品加工业	911.73	795.74	417.79
14	食品制造业	312.65	338.38	311.59
15	酒、饮料和精制茶制造业	2804.36	4534.63	4205.44
16	皮革、毛皮、羽毛及其制品和制鞋业	13.3	13.51	5.67
17	家具制造业	944.14	620.89	528.43
18	医药制造业	120	168	163
19	橡胶和塑料制造业	460.8	466.29	437.94
20	专用设备制造业	1596	1672	1793.51
21	非金属矿物制造业	1374.68	1005	1268.23
22	其他	887	603.67	1199.57
	合计	52683.43	45339.49	32990.69

2. 天然气消费情况

如图 6.4 所示，三园区 2017 年天然气总消耗量为 4755.43 万 m³，天然气消费总量当量值为 57745.13tce，到 2019 年天然气总消耗量为 2917.26 万 m³，天然气消费总量当量值为 35424.28tce，因园区内部分企业停产或减产，天然气消耗量呈下降趋势。三园区规模以上企业天然气消耗情况见表6.8、表6.9。

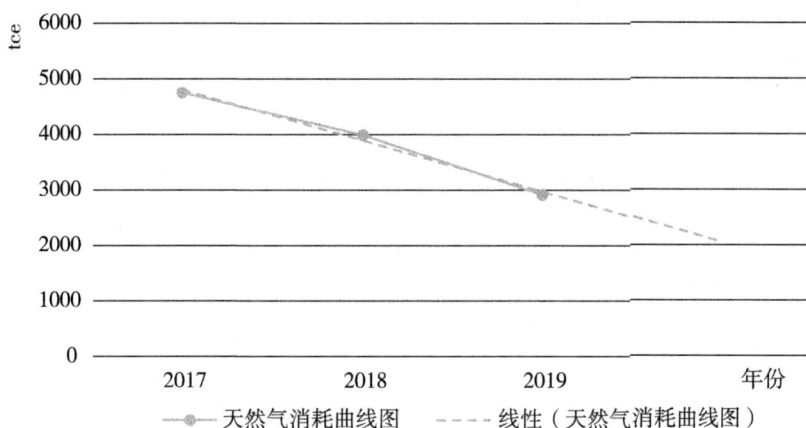

图 6.4 2017—2019 年度天然气消耗曲线图

表 6.8 **2017—2019 年空港工业园区规模以上企业天然气消耗情况表**

序号	企 业 名 称	天然气消耗量（万 m³）		
		2017 年	2018 年	2019 年
1	重庆长安汽车股份有限公司	948.76	478	482
2	重庆佛吉亚长鹏汽车部件有限公司	215.30	400.30	61.50
3	重庆驰骋轻型汽车部件股份有限公司	0.3	6.8	2.6
4	重庆鸽牌电线电缆有限公司	20	21.77	11.48
5	嘉陵-本田发动机有限公司	52.68	33.66	16.65
6	南方英特空调有限公司	0	0	0
7	万向钱潮重庆汽车部件有限公司	0	0	0
8	重庆旺林汽车配件有限公司	0	11.94	5.28
9	重庆远翅塑料有限公司	15.53	7.82	3.75
10	重庆风华标准件制造有限公司	0	0	0
11	重庆瀚海塑胶制品有限公司	0	0	0
12	重庆双英汽车配件制造有限公司	0	0	0
13	重庆日永光学科技有限公司	0	0	0
...	……	232	216.16	109.71
合计		1484.57	1176.45	692.97
综合能源消费量（当量值 tce）		18027.08	14285.63	8414.73

表 6.9　　　　　**2017—2019 年创新经济走廊规模以上企业天然气消耗情况表**

序号	企业名称	天然气消耗量（万 m³）		
		2017 年	2018 年	2019 年
1	重庆市天友乳业股份有限公司	374.33	300.76	277.06
2	重庆再升科技股份有限公司	596	455	580.66
3	重庆娃哈哈昌盛饮料有限公司	234.21	275.02	228.55
4	重庆红岩方大汽车悬架有限公司	423.16	462.66	376.48
5	重庆创隆实业有限公司	596	412	0
6	重庆泰山电缆有限公司	4	5	5
7	重庆金山科技（集团）有限公司	15	17.85	14.6
8	重庆龙华电脑设计制造有限公司	201.89	162.07	182.45
9	重庆嘉士德食品有限责任公司	110	110	125
10	有友食品股份有限公司	95.8	20.76	29.41
11	重庆百事天府饮料有限公司	77.26	39.43	44.91
12	重庆市朗萨家私（集团）有限公司	7.67	4.79	3.61
...	......	535.54	541.58	356.56
	合计	3270.86	2806.92	2224.29
	综合能源消耗量（当量值 tce）	9718.05	34084.43	27009.55

　　园区内规模以上企业按行业分，汽车制造业天然气消耗量最高，占天然气总消耗量的 37%。分行业天然气消耗情况见表 6.10。2018 年天然气消耗比例图如图 6.5 所示。

表 6.10　　　　**2017—2019 年三园区规模以上企业分行业天然气消耗情况表**

序号	所属行业	天然气消耗量（万 m³）		
		2017 年	2018 年	2019 年
1	汽车制造业	1698.75	1484.08	1024.17
2	酒、饮料和精制茶制造业	685.8	615	550
3	非金属矿物制品业	650	511	616
4	专用设备制造业	611	430	15
5	食品制造业	191.44	193.67	196.62
6	造纸和纸制品业	201.89	162	182
7	农副食品加工业	212.29	126.89	61.11
8	医药制造业	48	101	111

续表

序号	所 属 行 业	天然气消耗量（万 m³）		
		2017 年	2018 年	2019 年
9	纺织服装、服饰业	106.95	100	37
10	皮革、毛皮、羽毛及其制品和制鞋业	79.2	74.8	33.8
11	通用设备制造业	125.76	35.41	17.87
12	电气机械和器材制造业	53.66	68.14	47.25
13	铁路、船舶、航空航天和其他运输设备制造业	43.4	35.3	11.2
14	家具制造业	14.67	11.99	8.71
15	橡胶和塑料制品业	15.53	7.82	3.75
16	金属制品业	4.27	3.9	1.85
17	计算机、通信和其他电子设备制造业	0.68	0	0
	合计	4755	3983	2917

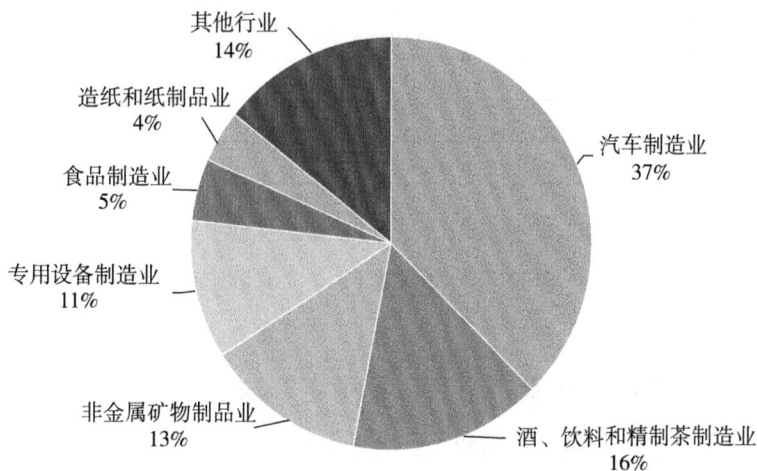

图 6.5 2018 年三园区规模以上企业分行业天然气消耗比例图

6.3 基于双控要求的园区综合能源消耗量与强度目标分析

6.3.1 园区综合能源消耗量与强度目标确定依据

园区内的三片区 2017—2019 年规模以上企业工业增加值、能源消耗总量如表 6.11 所示。

表 6.11　　**2017—2019 年园区规模以上企业综合能源消耗量和工业增加值情况**

名　　称	单位	2017 年	2018 年	2019 年
综合能源消耗量	tce	123445	105045	76922
规模以上企业工业增加值	万元	2196373	1721806	1805752
万元工业增加值能耗	tce/万元	0.056	0.061	0.043

根据园区规划，园区规模以上企业 2020 年工业增加值总值约 227.97 亿元，2021 年工业增加值总值约 231.95 亿元。

根据图 6.6、图 6.7 可以看出，2017—2019 年园区内工业增加值呈下降趋势，综合能源消耗量同时逐年减少。

图 6.6　2017—2019 年三园区规模以上企业工业增加值变化趋势图

6.3.2　园区综合能源消耗量与强度目标确定方法

近年来，国内外学者运用不同的能源需求模型和方法对全球、国家、地区的能源系统发展、能源消耗趋势进行了大量的预测。主要模型有：时间序列模型、回归模型、计量经济模型、投入-产出模型等。

运用能源需求模型进行预测时选择的方法可分为两大类：趋势外推法和情景分析法。

其中趋势外推法根据历史发展趋势，从现状出发，依据人们对过去发展趋势的认识，预测未来可能的状态。具体方法多采用各种数量经济模型对能源需求进行预测，一般不需要外生变量。

情景分析法认为未来并不只是简单地沿袭过去的发展模式，而是在正确描述现状的条件下，根据未来可能发生的变化，固定未来的不同情景目标，模拟实现未来目标需要从现在到未来采取什么路径，为决策者制定战略提供科学依据。在设置多种可能会发生的情景

图 6.7　2015—2018 年园区规模以上企业能源消耗趋势图

时，可能参考历史发展情况、未来社会经济发展的目标规划。

6.3.3　园区综合能源消耗量与强度目标设定

1. 园区综合能源消耗量目标

采用弹性系数法、线性回归法、目标预测法以及根据园区的实际情况，对园区内综合能源消耗量进行预测。

（1）弹性系数法

2017—2019 年，园区规模以上企业能源消耗弹性系数分别为 1.72、2.69，平均值为 2.20，具体数值见表 6.12。

表 6.12　　　　　　　　　　　园区规模以上企业能源消耗弹性系数表

名　　　称	单位	2017 年	2018 年	2019 年
综合能源消耗量	tce	123445	105045	76922
能源消耗增长率	%		−0.15	−0.27
规模以上企业工业增加值	万元	2196373	1721806	1805752
工业增加值增长率	%		−0.22	0.05
弹性系数			0.69	−5.49
平均值		−2.40		

使用能源弹性系数法的基本前提是假定该地区在未来预测年份的经济发展趋势与过去相比无明显的改变，而园区在 2017—2019 年产值及能源消耗量均为负增长，随着各类项

目开发建设完毕，将在 2020—2021 年正式投产，未来经济发展和能源消耗趋势发生巨大的变化，因此无法使用该方法准确预测园区的能源消耗情况。

（2）线性回归法

将规模以上企业能源消耗总量设为因变量 y，规模以上企业工业增加值设为自变量 x，建立一元回归模型。

$$y = a + bx \tag{6.1}$$

利用最小二乘法，计算如下：

2017—2019 年规模以上企业各年工业增加值的平均值 $\bar{x} = 143.1$ 亿元。

2017—2019 年规模以上企业各年能源消费总量的平均值 $\bar{y} = 76353$ tce。

$$b = \frac{\sum x_i y_i - \bar{x} \sum y_i}{\sum x_i{}^2 - \bar{x} \sum x_i} = 538 \tag{6.2}$$

$$a = \bar{y} - bx = -669.1 \tag{6.3}$$

经计算后，一元回归模型为：$y = a + bx = 122033$。

由前文可知，2020 年园区规模以上企业工业增加值预计达 227.97 亿元，预测到 2020 年园区能源消耗总量为 122033tce。

（3）目标预测法

根据重庆市节能减排领导小组下发的《关于下达"十三五"能耗强度和增速"双控"目标的通知》（渝节减办〔2017〕7 号），"十三五"期间，渝北区能耗强度下降16.5%，能耗总量控制年均增速 3.4%（表 6.13）。由于园区在 2017—2019 年，能耗总量及工业增加值均随企业减产或停产呈下降趋势，但 2020 年部分在建企业即将投入正式生产运营阶段，届时综合能耗消耗量将有大幅增加，故目标预测法预测的能源消耗量与事实不符。

表 6.13　　　　　　　　　　"十三五"期间渝北区能耗双控目标

序号	指 标 名 称	"十 三 五" 期 间
1	能耗强度下降（%）	16.5
2	能耗年均增速（%）	3.4

（4）根据园区实际情况及规划进行预测

由于园区能源消耗总量变化巨大，因此采用弹性系数法、线性回归法、目标预测法无法准确预测园区的能源消耗总量，这些预测方法适用于经济、能源消耗量在一定时间内相对稳定发展的情形。

通过调查，根据园区 2020—2021 年预计投产企业新增能耗及新增的项目预测，合计预计新增能耗 36417tce。以 2019 年为基准，到 2020 年，预计园区年用能总量为113339tce。

（5）园区综合能源消耗量汇总

综上所述，由于园区 2020 年经济发展和能源消耗趋势将发生巨大的变化，最终根据实际情况及规划预测园区 2020 年用能总量为 113339tce。

2. 园区能源消耗强度目标

（1）指标预测法

由上一节可知，园区 2020 年规模以上企业工业增加值预计为 227.97 亿元，能源消耗总量预测为 113339tce，到 2020 年，园区能耗强度为 0.05tce/万元。

（2）目标预测法

根据《关于下达"十三五"能耗强度和增速"双控"目标的通知》（渝节减办〔2017〕7 号），巴南区"十三五"期间能耗强度下降控制目标为 16.5%，由于园区没有双控目标约束，本报告暂按区县双控目标指标进行预测。

由前文可知，园区规模以上企业 2017 年工业增加值为 2196373 万元，能源消耗总量为 123445tce，能耗强度为 0.056tce/万元，到 2020 年能耗强度控制目标应为 0.033tce/万元。

（3）园区能源消耗强度确定

由前文可知，根据目标预测法，园区 2019 年能耗强度应为 0.039tce/万元，实际为 0.043tce/万元，因此，目标预测法预测的能源消耗强度参考意义不大。

在制定园区双控目标时，需要结合实际，充分考虑该园区的实际情况，结合园区项目规划，合理制定双控目标。

按上述指标预测方法，能耗强度目标以指标预测法为准，至 2020 年，园区规模以上企业能耗强度为 0.05tce/万元（表 6.14）。

表 6.14　　　　　"十三五"期间园区规模以上企业双控指标控制目标表

序号	指标名称	"十三五"期间
1	能耗总量控制（tce）	113339
2	能耗强度（tce/万元）	0.05

笔者按照园区目前的经济发展状况和能源消耗情况，以及园区 2020 年计划新增项目情况，充分考虑园区的实际以及未来的规划，来确定"双控"指标。由于园区计划新增项目与企业的经营状况密切相关，存在一定的随机性，因此园区实际的能耗水平可能有一定的不确定性。

3. "双控"指标汇总

综上可得，2020 年园区规模以上企业能源消耗总量及能耗强度控制目标分别为

113339tce、0.05tce/万元。

6.4　园区能源利用状况分析

6.4.1　园区能耗指标总体情况分析

总体来看，园区 2017—2019 年万元产值能耗整体呈下降趋势，万元产值能耗均低于重庆市当年制造业万元产值能耗，具体数值见表 6.15。

表 6.15　　　　　　　　　　园区能耗强度总体情况一览表

年份	万元产值能耗 （当量值，tce/万元）	重庆市制造业万元产值能耗 （当量值，tce/万元）
2017	0.056	0.16
2018	0.061	0.16
2019	0.043	0.14

6.4.2　园区各行业能耗分析

1. 园区各行业能源消耗情况

截至 2018 年年底，园区共有 200 家规模以上企业，涉及 20 余种行业。通过对园区规模以上企业进行现场调研和数据收集分析得出，2018 年各行业的能源消耗情况如下：

2018 年，园区内的规模以上企业中，汽车制造业综合能耗为 47811.56tce，占园区规模以上企业总能耗的 46.6%，其余行业 2018 年的能源消耗情况见表 6.16。

表 6.16　　　　　　　2018 年各行业规模以上企业主要能源消耗统计表

序号	行 业 名 称	电力 （万 kW·h）	天然气 （万 m³）	综合能耗 （tce）	综合能耗 占比（%）
1	汽车制造业	24243.15	1484.08	47811.56	46.60
2	酒、饮料和精制茶制造业	4534.63	615	13039.16	12.71
3	非金属矿物制造业	1005	511	7438.69	7.25
4	专用设备制造业	1672	430	7275.09	7.09
5	铁路、船舶、航空航天和其他运输设备制造业	3461.61	35.3	4682.86	4.56
6	通用设备制造业	3252.36	35.41	4427.03	4.32
7	食品制造业	338.38	193.67	2767.02	2.70

序号	行 业 名 称	电力 （万 kW·h）	天然气 （万 m³）	综合能耗 （tce）	综合能耗 占比（%）
8	电气机械和器材制造业	1506.19	68.14	2678.33	2.61
9	农副食品加工业	795.74	126.89	2518.41	2.45
10	造纸和纸制品业	212.24	162	2227.52	2.17
11	计算机、通信和其他电子设备制造业	1334.68	—	1640.32	1.60
12	医药制造业	168	101	1432.61	1.40
13	皮革、毛皮、羽毛及其制品和制鞋业	13.51	74.8	924.68	0.90
14	家具制造业	620.89	11.99	908.63	0.89
15	其他行业	603.67	—	741.91	0.72
16	橡胶和塑料制造业	466.29	7.82	668.01	0.65
17	纺织服装、服饰业	419.27	—	515.28	0.50
18	金属制品业	231.32	3.9	331.64	0.32
19	仪器仪表制造业	248.45	—	305.35	0.30
20	印刷和记录媒介复制业	166.58	—	204.73	0.20
21	黑色金属冶炼和压延加工行业	28	—	34.41	0.03
22	化学原料和化学制品制造业	17.93	—	22.04	0.02

2. 园区内行业产值能耗

通过以上分析，得出各行业的综合能耗情况，结合各行业产值数据，进一步计算各行业的万元产值能耗。在园区内的 200 家规模以上企业中，2018 年各行业万元产值能耗见表 6.17。

表 6.17　　　　　　　　　**2018 年各行业万元产值能耗表**

序号	行 业 名 称	产值 （万元）	综合能耗 （tce）	万元产值能耗 （tce/万元）
1	汽车制造业	2755046	47811.56	0.017
2	酒、饮料和精制茶制造业	194372	13039.16	0.067
3	非金属矿物制造业	47219	7438.69	0.158
4	专用设备制造业	66959	7275.09	0.109
5	铁路、船舶、航空航天和其他运输设备制造业	325248	4682.86	0.014
6	通用设备制造业	419762	4427.03	0.011

续表

序号	行 业 名 称	产值（万元）	综合能耗（tce）	万元产值能耗（tce/万元）
7	食品制造业	62120	2767.02	0.045
8	电气机械和器材制造业	599948	2678.33	0.004
9	农副食品加工业	79246	2518.41	0.032
10	造纸和纸制品业	11838	2227.52	0.188
11	计算机、通信和其他电子设备制造业	2290379	1640.32	0.001
12	医药制造业	17054	1432.61	0.084
13	皮革、毛皮、羽毛及其制品和制鞋业	6222	924.68	0.149
14	家具制造业	94108	908.63	0.010
15	其他行业	6430	741.91	0.115
16	橡胶和塑料制造业	7367	668.01	0.091
17	纺织服装、服饰业	112648	515.28	0.005
18	金属制品业	48911	331.64	0.007
19	仪器仪表制造业	17382	305.35	0.018
20	印刷和记录媒介复制业	9258	204.73	0.022
21	黑色金属冶炼和压延加工行业	6391	34.41	0.005
22	化学原料和化学制品制造业	2712	22.04	0.008

3. 园区内行业能效水平

根据以上分析得出的园区内各行业万元产值能耗指标，结合重庆市统计年鉴中的相关数据，对园区内规模以上企业 2018 年的能效水平进行对标分析。在园区内的 200 家规模以上企业中，与重庆市各行业平均水平相比，大部分行业万元产值能耗都高于重庆市同行业水平或与其持平，仅有酒、饮料和精制茶制造业、专用设备制造业、医药制造业、皮革、毛皮、羽毛及其制品和制鞋业、橡胶和塑料制造业、仪器仪表制造业低于重庆市同行业平均水平。各行业 2018 年的能效对标情况见表 6.18。

表 6.18　　　　　　　　　　**2018 年园区各行业能效对标表**

序号	行 业 名 称	万元产值能耗（tce/万元）	重庆市行业万元产值能耗（tce/万元）	对标情况
1	汽车制造业	0.017	0.02	低于同行业平均值
2	酒、饮料和精制茶制造业	0.067	0.06	高于同行业平均值

续表

序号	行 业 名 称	万元产值能耗（tce/万元）	重庆市行业万元产值能耗（tce/万元）	对标情况
3	非金属矿物制造业	0.158	0.62	低于同行业平均值
4	专用设备制造业	0.109	0.01	高于同行业平均值
5	铁路、船舶、航空航天和其他运输设备制造业	0.014	0.03	低于同行业平均值
6	通用设备制造业	0.011	0.02	低于同行业平均值
7	食品制造业	0.045	0.07	低于同行业平均值
8	电气机械和器材制造业	0.004	0.01	低于同行业平均值
9	农副食品加工业	0.032	0.03	与同行业平均值持平
10	造纸和纸制品业	0.188	0.48	低于同行业平均值
11	计算机、通信和其他电子设备制造业	0.001	0.01	低于同行业平均值
12	医药制造业	0.084	0.04	高于同行业平均值
13	皮革、毛皮、羽毛及其制品和制鞋业	0.149	0.01	高于同行业平均值
14	家具制造业	0.010	0.02	低于同行业平均值
15	橡胶和塑料制造业	0.091	0.06	高于同行业平均值
16	纺织服装、服饰业	0.005	0.01	低于同行业平均值
17	金属制品业	0.007	0.06	低于同行业平均值
18	仪器仪表制造业	0.018	0.01	高于同行业平均值
19	印刷和记录媒介复制业	0.022	0.03	低于同行业平均值
20	黑色金属冶炼和压延加工行业	0.005	0.77	低于同行业平均值
21	化学原料和化学制品制造业	0.008	1.13	低于同行业平均值

6.5 园区节能措施及能源低碳发展策略

结合《国家重点节能低碳技术推广目录》《重庆市重点节能技术（设备）推广目录（2017版）》，为落实园区重点用能行业先进的节能技术措施，主要对生产工艺、动力、控制、电气等方面提出具体节能措施。鼓励各行业采用各项节能管理措施，包括行业能源管理体系建设、生产成本数字化管理系统建设、能源统计和能源计量器具配备和管理措施等，不断提高园区能源利用效率。

6.5.1　进一步推进园区能源资源高效利用

园区内行业先进节能技术推广，根据《国家重点节能低碳技术推广目录》《重庆市重点节能技术（设备）推广目录（2017 版）》，推荐适合园区的 10 类共 24 项重点通用节能技术。

引导企业实施清洁生产。依托园区自身的天然气清洁能源和周边区县丰富的天然气储量及基础配套设施，加快推进"油改气、煤改气"工程的改造进度，逐步推动企业能源结构的转换，调整园区能源结构。园区管理机构及地方政府通过制定清洁生产实施办法和相关鼓励措施，从正面鼓励和负面约束合力推动入驻企业全面实施清洁生产。鼓励并监督企业加强和改善经营管理水平、采用适合自身特点的清洁生产技术，减少生产过程的物质损耗，促进企业内部的物质循环和能量高效利用，提高资源利用效率，减少环境污染。把推行清洁生产与产品结构调整、技术改造、节能降耗提高效益紧密结合起来，使清洁生产成为生产发展主体的要求。

鼓励企业开展生产全过程控制。园区管委会层面通过制定诸如资金奖励、专项补贴等措施，鼓励入驻企业在清洁生产理念的指导下，开展从产品设计到产品生产、销售的全过程控制。对于新建企业和项目，加强准入制度建设和环保评估考核系统建设，严格限制和禁止工艺落后、能耗高、污染严重的小企业发展。严格控制高能耗的现状工业项目，考核重点能耗指标，主要考核是否有效降低废气、废水、电等资源消耗，是否减少水资源的需求，是否改善大气污染物的排放等。加快推进高耗能、高污染等产业技术改造和技术创新投入，提高资源利用效率和减少污染排放。企业加强技能培训、进行科学管理、构建企业信息化体系、改善生产环境，构建企业内部良性运转机制。

完善清洁生产服务体系建设。加强清洁生产审核，对污染物排放量大及能耗高的企业，严格按照《清洁生产促进法》和《清洁生产审核暂行办法》等相关法律规定开展强制性生产审核。加强清洁生产技术服务单位管理，建立清洁生产技术服务单位考核制度，加强审核监督和质量评估，为企业开展清洁生产提供高效、专业化的服务。建立一个涵盖工业、农业、交通、建筑、旅游、商贸服务等领域的清洁生产专家库，建立专家入选制度和退出制度。建立完整的清洁生产统计体系，根据各行业的特点，制定清洁生产经济和环境效益统计方法，规范统计流程，建立工业园区清洁生产企业数据库。

6.5.2　强化能源资源技术研发和应用

加强资源能源高效利用技术研发。鼓励园区内大型企业技术中心、高新技术企业积极开展拥有自主知识产权的资源能源高效利用技术研发。建立健全园区公共技术服务平台，建设循环经济技术孵化基地，提升再生塑料、集成电路、环保产业、不锈钢制造等行业循环技术的研发能力。鼓励企业通过联合高等院校、科研机构等开展科研攻关，创新生产工艺，不断提升企业技术水平，实现资源能源的高效利用和污染物排放的降低。

积极推广先进适用技术。围绕园区循环经济产业链，引导高耗能企业加强资源能源高效利用和技术研发，推广相关先进适用技术，逐步淘汰同类产品生产的落后生产工艺，有效提升资源能源利用水平。重点推进再生塑料产业、集成电路、垃圾处理等先进技术的研发及运用。积极引导园区企业在引进、消化、吸收国际先进生产技术和设备的基础上，不断改进工艺参数，提高生产效率。

推进企业节能降耗。大力推进燃煤工业锅炉（窑炉）改造、建筑节能、绿色照明、节能监测和技术服务体系、能量系统优化等重点节能工程。抓好重点节能工程项目建设和管理，使企业节能降耗取得实效。利用新技术对生产装置进行节能改造等，有效提升能源利用效率，进一步降低单位产品能耗。

6.5.3　促进废弃物交换利用推进循环经济建设

园区各产业副产物及废物交换利用是提升资源利用水平，促进循环经济发展的重要环节。通过构建副产物及废物链和建设废物交换平台，提高资源利用效率，减少废物排放。废物交换利用，即把上一个生产过程（或企业）中所产生的废物作为下一个生产过程（或企业）的原材料，循环、梯级利用直至最终处置、排放，形成园区副产物链或废物链。废物交换利用过程示意图如图 6.8 所示。

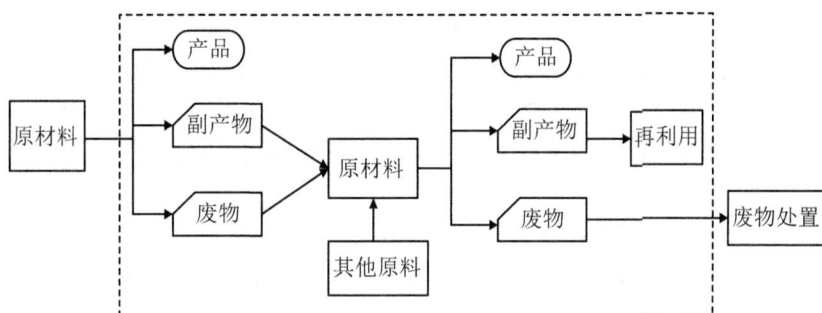

图 6.8　园区废物利用过程示意图

根据园区主要副产物及废物产生情况，其废物利用主要体现在两个方面：一是园区内外产生的各种废旧塑料、废旧汽车经回收处理后作为塑料加工企业的原材料。二是优化工艺流程，强化装备制造业生产加工过程中产生的废旧料、边角料等废物回收利用，提高废旧资源回收利用水平。三是园区内外城市生活、餐厨及建筑垃圾回收，通过环保公司加工处理。四是城市污泥、养殖业的粪便、农业废弃物经过回收后，集中处理加工作为生产有机肥的原料。

6.5.4　积极推进开展管理节能

1. 加强节能监管

按照《重庆市区域节能评价审查管理暂行办法》（渝发改环〔2019〕479 号）和《关于推行建设项目区域节能审查实行告知承诺制的通知》（渝发改环〔2019〕505 号）的要求，实施区域能评后，对园区内的企业实行分类管理制度，一般行业实行承诺备案管理，对照区域节能审查意见的总量控制目标、能耗准入等要求，对符合要求的实行备案管理，对不符合要求的项目不予备案。

需单独开展节能审查的项目，开展项目节能审查工作，并在建成投产前，进行节能竣工验收，验收通过后方可投产运行。

区域节能主管部门应加强对区域内用能企业的节能监察，督促企业进行整改。

2. 建立能源管理体系

能源管理体系是从体系的全过程出发，遵循系统管理原理，通过实施一套完整的标准、规范，在企业内建立起一个完整有效的、形成文件的能源管理体系，注重建立和实施过程的控制，使企业的活动、过程及其要素不断优化，通过例行节能监测、能源审计、能效对标、内部审核、组织能耗计量与测试、组织能量平衡统计、管理评审、自我评价、节能技改、节能考核等措施，不断提高能源管理体系持续改进的有效性，实现能源管理方针和承诺并达到预期的能源消耗或使用目标。

园区内企业应参照《企业节能标准体系编制通则》（GB/T 22336—2008）、《工业企业能源管理导则》（GB 15587—2008）、《能源管理体系要求》（GB/T 23331—2009），修改完善企业能源管理制度；研究制定能源统计专项制度。

参照《用能单位能源计量器具配备和管理通则》（GB 17167—2006），完善企业能源计量制度；做好用能单位、次级用能单位和基本用能单位计量器具配置工作的同时，加强对计量器具的完好率和检定率的统计工作，降低计量器具的误差，尽量避免因计量器具的误差导致的能源消耗浪费。

参照《评价企业合理用电技术导则》（GB/T 3485—1998）和《节水型企业评价导则》（GB/T 7119—2006），制定专项的节电和节水管理制度，进一步规范企业能源使用制度。

加强员工能源管理方面专业知识学习，鼓励从事能源管理工作的员工参加能源管理师培训，并获得资格证书；鼓励企业积极参加市经委、区经委和其他节能服务机构开展的节能培训学习会议，了解先进的节能管理方法和节能技术，进一步提升企业能源管理水平。

加强能源管理体系建设是建立节能长效机制、实现"十三五"节能目标的重要抓手。重点用能单位通过建立能源管理体系，能够将现有能源管理手段进行整合、提升，并逐步形成节能工作持续改进、能源消耗持续降低、能源效率持续提高的良性机制。在企业能源成本降低的同时，也实现了企业经济效益的最大化，最大限度地实现了企业的社会效益。

6.5.5　通过数字赋能促进能源低碳发展

数字经济在各领域发挥出强大的能力，通过数字赋能特别是以能耗在线监测平台为转手，主要依托云计算技术、网络通信技术、传感器技术等先进技术，建立一套科学客观的工业能源利用监督评价体系、工业能耗监督管理模式和工业能耗云服务中心，利用能耗信息在线监测平台云服务中心，及时掌握区域内重点用能企业的能源消耗状况，为区域内节能主管部门实现节能目标管理和科学制定产业政策提供决策依据，实现对企业用能过程的数字化和精细化管理。能耗在线监测平台实现的主要功能包括：节能目标管理、用能计划管理、能耗在线监测、能源统计分析、用能考核评价、预警预测、用能指导、提供能源信息在线服务等八大功能。其主要作用在于：

（1）为整个园区区域控制能源消费总量提供有效手段

"十三五"以来，国家正加大对控制能源消费总量的重视，要求把总量控制目标科学分解到各地区，地方各级政府对本行政区域的控制能源消费总量工作负总责。通过在线监测平台，不仅能够随时掌握区域内耗能企业能源消耗状况，而且能够及时对能源消耗增长过快的企业和行业进行限制，进而有效地控制区域内能源消费总量。

（2）为科学制定节能目标提供现实依据

目前各区域对企业节能目标的制定缺少科学的方法。通过在线监测平台，区域节能主管部门可以及时有效地了解企业真实的能耗情况，运用对标分析，挖掘企业节能潜力，找出企业存在的节能空间，从而制定并下达企业节能目标，改变以往单纯地以企业能源消耗总量来核定企业节能目标的粗放式做法。

（3）为实现政府对企业的监管提供技术保障

目前重庆市对工业企业能源使用情况的监管主要采用企业自行上报与监测中心检查相结合的方式（针对万家企业）。企业每年向市发改委上报能源利用状况报告，相关数据均是企业自行统计、分析及填报，这样很难保持数据的客观性。通过在线监测平台，政府有关部门可以实时掌握企业的能源消耗状况，了解企业的能源消耗水平，能够体现企业能源消耗的真实情况；同时还可以及时发现企业在能源消耗中出现的异常情况，便于实现对区域内工业企业和重点行业的精确监控管理。

（4）提高企业信息化管理水平

通过在线监测平台，可以使企业由以往的手动填报能源消耗数据改变成为实时自动化采取模式，企业不再需要每天抄表、人工数据统计和汇总、报表制作、上报数据制作等，大大减轻了企业的劳动负荷，同时提高了企业信息化管理水平。

（5）提高企业能源管理水平

企业用户可以借助在线平台，实现对企业内部的能源消耗实时监测、汇总、指标统计和分析、对标管理、报表管理、上报管理，并可通过平台获得行业数据、用能指导数据、能源预测和预警数据，为企业的生产提供有力的保障，提高企业能源管理水平。

（6）提高企业用能计划的精确性

通过在线监测平台，系统所采集的数据都是基于企业实际发生的能源消耗状况，数据的真实性较高，结合企业将来发展规划，可以预测企业在下一年度的能源消耗状况，且预测结果具有较高的准确性，这样可以为企业制定下一年度的用能计划奠定较为坚实的基础。

第7章 重庆能源绿色低碳发展的建议

在第2章对重庆能源绿色低碳发展现状研究、第3章对重庆能源绿色低碳发展的相关性分析、第4章对重庆能源绿色低碳发展的需求量预测研究和第5章重庆能源绿色低碳发展结构优化数据包络分析实证研究结果以及第6章对园区实践研究的基础上，本章将从能源结构优化、化石能源清洁利用、政策管理三个角度，对重庆能源绿色低碳发展提出相应对策建议，以此为加快推进全市能源消费、供给等领域的改革，建设清洁低碳、安全高效的现代能源保障体系，实现创新、协调、绿色、开放、共享发展提供决策参考。

7.1 在优化能源消费结构方面的建议

7.1.1 大幅降低煤炭使用比重，不断提升煤炭绿色低碳利用效率

（1）大幅降低煤炭消费比重。按照优化和调整能源消费结构的要求，尤其是降低单位 GDP 能耗和环境减排的需要，2016—2020 年重庆煤炭消费应压低增速，从预测占比的56.86%下降至49.9%及以下，限制高耗煤产业发展，煤炭消费增量主要用于坑口电站发电。

（2）淘汰落后小煤矿，巩固五大国有矿区生产能力，挖潜确保市内煤炭产量稳定。按国家"去产能"的要求，下决心加快关闭淘汰年产 9 万吨以下的小煤矿，并做好相关安全监管工作，处理好小煤矿关停过程带来的社会稳定及风险问题。加强松藻矿区等煤炭基地建设，加快沥鼻峡等煤炭新井建设，稳定中小煤矿生产能力，确保"十三五"时期重庆煤炭年产量稳定在 4000 万吨左右。

（3）拓宽和加强市外煤炭输入，加强与周边地区和大型煤炭企业建立战略合作关系。形成近期以陕西省、贵州省、宁夏回族自治区和甘肃省为重点，远期以新疆为主体的"X+1"煤炭输入格局。

（4）增强电煤储备能力。结合万州发电项目建设煤炭储运基地，鼓励发电企业增加电煤储备能力，研究优化调整煤电补贴政策，从补贴存煤调整到补贴发电量，更好发挥激励传导作用。尽量减少煤炭开采对地表植被的破坏和地下水疏干，采用新型煤炭发电技术，减少煤电的 SO_2、烟尘等的排放。在高碳因子煤炭的高效清洁利用上下工夫，在开采、洗煤、使用等环节转变粗放方式，走安全、高效、清洁的发展道路。

（5）注重工业节能技术的研发，降低工业用能比重。研究表明工业节能中的结构节能、技术节能和管理节能的贡献率分别约为60%、30%和10%（韩永滨，曹红梅，

2014）。重庆要通过地方规制完善区域发展管控措施，从优先发展节能新技术入手，制定鼓励高效节能设备的差异化技术发展战略，促进先进流体机械负荷节能共性技术运用并快速实现节能目标；政府牵头推进生产生活节能措施的优化管理与对信息化监控技术进行重点突破，同时构建政府主导、企业和社会各界积极参与的快速响应全面节能的联动机制。

7.1.2 降低油料消费比重，提高油料使用标准，加大油料储备力度

根据重庆能源消费结构优化和减排目标任务，应适度降低油料消费比重。2016—2020年油料从占比的 13.62% 下降至 12.2% 及以下，油料消耗量从 1120.53 万吨标准煤增加到 1257.50 万吨标准煤。按照国家清洁能源利用总体部署，尽快启动新标准油料开发利用。加快提升油气跨区输送能力，推进遵义至重庆成品油入渝输送管道扩道建设，优化兰成渝成品油管道，协调上游企业优化油源调度，提高我市成品油输入与仓储能力。实施市级成品油应急储备，利用当前油价较低的历史机遇，加快推进航油仓储设施建设，确保常年 30 万吨柴油和 10 万吨汽油的应急实物储备，探索扩大成品油储备规模，解决中长期成品油保障。引进有实力的石油销售企业，合理布局城区加油站，促进良性竞争。

7.1.3 提高天然气和非常规天然气消费比重

根据重庆经济发展、能源供给方式以及环境要求，采取有效措施提高天然气和非常规天然气的利用，2016—2020 年占比从 15.09% 提高到 19.7% 及以上，天然气消耗量从 1313.36 万吨标准煤增加到 1968.5 万吨标准煤，确立其在重庆能源系统中的战略地位。

非常规天然气产业发展要优先发展 LNG，然后发展页岩气，最后发展煤层气等新兴化石能源，通过网管建设增加居民天然气用量。要进一步落实国务院办公厅公开发布的"能源发展战略行动计划（2014—2020 年）"政策，加强页岩气和煤层气的开发。特别要大力发展页岩气和煤层气制 LNG 项目，着力推广车用天然气，降低车用燃油数量，从而有效降低车辆尾气对大气的污染。

7.1.4 大力提高非化石能源比重，加大能源保障体系的建设

大力提高清洁电力消费比重是世界发展趋势和重庆市未来的努力方向。2016—2020年电力占比从 14.43% 提高到 18.2% 及以上，电力消耗量从 1256.12 万吨标准煤增加到 1787.04 万吨标准煤；以降低 CO_2、SO_2 等能源消耗污染物排放量。具体措施有：一是加强市内水电流域整体开发，挖掘中小水电开发潜力，尽快开工并建成一批中小水电项目。重点加强流域水电规划，统筹中小流域开发与保护，科学论证、因地制宜积极开发小水电，合理布局抽水蓄能电站。二是加快推进贵州习水电厂等"点对网"区域能源合作项目建设，做好外电入渝电网通道建设，用好三峡水电，合理消纳四川水电。三是加强市内骨干电网建设，形成 500kV "目"字形双环网。四是抓好安稳电厂扩建、重庆电厂搬迁等市内火电项目建设，完善激励机制，促进采用低碳的火电转化技术[117]。同时，要大力发展风电、太阳能发电应用、城市垃圾、大型养殖场废弃物沼气等发电项目，着眼长远稳步推进核电项目前期工作，提高清洁电力供应的比重，最大

限度地减轻环境承载压力。

7.2　对新能源开发和能源清洁利用科技方面的建议

7.2.1　大力推广节能新技术，提高能源投入产出的 DEA 效率

推进能源的清洁利用科学技术是关键，需要在煤炭利用、工业与民用燃油燃气标准提升和电器节能技术方面加大创新力度，努力提高能源的使用效率，努力使全市能源投入产出的 DEA 效率达到从 0.9999 到 1 的水平。一是大力推广节能高效的煤炭利用与转化技术，2016—2020 年煤炭平均每年增速控制在 3.77% 左右、低于 GDP 增速 5.23%。二是提升节能减排的燃料发动机准入标准，2016—2020 年油料平均每年增速控制在 4.92% 左右、低于 GDP 增速 4.08%，加快淘汰落后的汽柴油发动机汽车的使用。三是引进和消化吸收国外先进技术，提高工业、交通和民用天然气的使用效率，2016—2020 年天然气每年增速尽量达到 10.62%，高于 GDP 增速 1.62%。四是大力推广电器节能新技术，逐步淘汰四级能效以下的电器设备的使用，火电占电总耗的 60% 以下、水电占电总耗的 38% 以上、风电等清洁电力占电总耗的 2% 以上。

7.2.2　大力推广清洁利用的煤化工技术

（1）大力开发煤炭气化制备技术。本质上讲，燃煤发电只用了煤炭中的能量而没有利用好物质，如采用煤炭气化一次通过法制甲醇，剩余组分发电，整合效率将超过 80%；如果将低温余热利用起来，使用效率会更高。研究表明，我国发电效率约为 33%，整体煤气化联合循环发电效率可以达到 45%，甚至可提高到 48% 左右。

（2）整合煤炭气化技术与利用能源化工过程中的 CO 和 H_2 还原铁矿石中的铁等技术，提高煤炭使用效率。能源化工中的 CO 和 H_2 还原铁矿石中的铁等技术，不仅可以生产海绵铁，还可以减少钢铁生产的能耗，减少 SO_2、CO_2 等的排放，形成能源、化工、钢铁、环境一体化系统。不仅可以助推煤炭资源清洁利用，还形成了以甲醇生产的能源化工系统替代烯烃、乙烯、丙烯（三烯）和苯、甲苯、二甲苯（三苯）体系的石油化工，形成石油化工所没有的碳化工——醇、醛、酸、醚、酯等含氧化物类的重要系列产品及其衍生物柔性生产系统（周宏春，吴平，2012）。

7.2.3　加强 CO_2 化工利用关键技术研发

目前，减少大气中 CO_2 排放的措施，一方面要减少工业中的 CO_2 排放以控制增量，另一方面要加大 CO_2 的处置和利用（Duren，Miller，2012），这包括捕集和封存技术、进行油气开采以及化工利用等。以 CO_2 为原料制备的化合物种类很丰富，包括各种碳酸盐、尿素、加氢化学品、氨基甲酸酯、聚碳酸酯、内酯、碳酸酯和羧酸，以 CO_2 为氧化剂还可进行烷烃耦合脱氢，CO_2 和 CH_4 反应制合成气，并进一步反应生产甲醇、乙醇等化学产品。尿素、碳酸亚乙酯、水杨酸和脂肪族聚碳酸酯以及碳酸钠等碳酸盐已经实现了工业化生产。CO_2 的化工利用是有选择性的，从能量利用或者经济性的角度，CO_2 为原料生产的有

机化合物更有利，值得大力研究（王献红，王佛松，2011），尤其是由 CO_2 合成含羧基或酯类的各种化合物具有很好的经济效益。

7.2.4　提升煤炭绿色生产技术

逐步完成煤炭清洁发展要实现四大转变（申宝宏，赵路正，2010；戴东宝，2011；张玉巧，2012；陈薪，李小春，2013）。一是由煤炭资源引擎向煤炭合成产品的开发创新转变；二是由煤炭燃烧利用向煤燃料与煤化工利用转变；三是由煤粗放开发向煤集约、低碳+互联网⁺的智能模式转变；四是由老的煤高污染环境运用向绿色低碳近零排放高效率方式转变。同时深入研究煤炭深加工综合利用的制备工艺技术，将选煤、型煤、水煤浆产品结合，推广煤炭循环流化床、煤气化联合循环发电、煤炭液化、燃料电池等产品工艺生产；将煤污染控制与高效利用相结合，对煤燃烧烟气脱硫除尘、煤层气和粉煤灰利用、煤矸石发电、中小锅炉技术改造升级进行重点管控，最大限度降低燃煤企业对环境污染的压力。

7.2.5　加强新能源特别是动力电池与纯电动汽车开发使用力度

根据不同功能用途，重庆要大力开发插电式、增程混合动力汽车、纯电动汽车、燃料电池汽车、氢发动机等新能源汽车，加载能量回收技术在汽车制动中回收能量提高功效10%以上，比燃油汽车废气排放降低30%以上，充分利用水电夜间使用低谷进行充电，既降低了油料的使用，减少了对燃油的进口依赖，提高了水电利用效率，又方便百姓绿色出行，大大缓解了汽车排放 CO_2、SO_2 等尾气污染环境的压力，又启动了新的消费需求，带动相关产业低碳可持续绿色发展。特别是要依托汽车制造基础，加强与大专院校科研院所的科技协作，大力开发能量密度、循环寿命、工作温度范围适合普通纯电动汽车要求的动力电池，学习借鉴波士顿混合三元锂电池等技术，大力提高单体电芯技术水平，力争能量密度从150Wh/kg提高到230Wh/kg，能量体积比从现在的490Wh/L提高到550Wh/L，循环寿命在3000次以上，完全满足"马力大、体积小、转速快、重量轻、效率高"装载的汽车，老百姓买得起、功能全面、质量有保证、续航里程和电池寿命长、用了放心的纯电动汽车要求。

7.2.6　加强对化石能源开采时造成的环境污染治理

加大化石能源开采后的土地资源污染的治理力度，使化石能源开采后废弃的土地重获新生，将塌陷区用近山丘石料填埋、面置表土复耕、或造经济林木、或作规模化种养植场地。加大矿区水污染的防控力度，对含硫量高、酸性矿井水引至工业污水处理厂集中处理，并用处理后的中水输送给洗煤厂使用。强化能源生产噪声污染的管控，煤矿要将噪声高的机械更换成噪声低的机械，严格遵守保养维护规程，尽量降低噪声污染，严禁有噪声的机械夜晚作业和能源运输车辆夜晚进出。坚持政府社会和个人联动，采取经济与法律手段进行干预，从源头着手严格监管过渡造成的环境破坏问题，保护能源开采在合理的范围内有序进行。

7.3　完善能源管理方面的政策建议

7.3.1　加强能源供给侧结构改革与能源需求结构优化引导,更好地消纳新能源,多层次、多维度、多环节的集成改革

（1）加强能源供给侧结构改革与能源需求结构优化引导。提高清洁能源在能源消费中的比重；形成合力大力推动科技创新、提高清洁能源利用的技术水平；强化构建清洁能源的产业体系,坚持国际国内先进技术融合,促进"十三五"重庆能源绿色低碳发展上一个新台阶。

（2）有效解决清洁新能源消纳问题。对市场需求进行科学分类,通过财政"引子钱"的手段开发市场潜力,以促进清洁新能源的高效利用。根据不同能源消费类型分级分类管理,通过科技创新手段提升能源投入产出效益,降低清洁能源的生产成本,引导更多的用户和行业使用清洁新能源,同时可拿出电价收益的一部分来补偿使用清洁新能源客户,从政策规制方面营造全社会使用清洁新能源的氛围。

（3）在能源消费管理方面借鉴国际先进经验。中心城市和乡镇推进清洁能源供热,减少能源消耗对大气的污染程度,强化混合动力的城市公共汽车、轻轨电车和动力电池方面的开发利用,提高电能使用的占比和效率。

（4）摒弃"点式"寻找"集成改革"。改革传统的能源管理体制,提高能源的生产消费的节能减排新技术覆盖能力,国家尽早出台用能设备节能减排新标准,使能源的生产、供给、消费多方面、多维度、多环节进行"改革集成",促进重庆能源供给侧结构性改革与能源需求结构优化的整体性、全面性和系统性。

7.3.2　加快对接国家能源战略,提升重庆能源综合保障能力

重庆要积极融入国家"一带一路"和长江经济带,加快布局沿江绿色能源产业带水电基地和输送通道建设。到 2020 年保障重庆能源净调入煤炭 2263.8 万吨（以下为标准煤）、油料 1357.9 万吨、天然气 693.97 万吨、电力 1084.2 万吨；积极争取国家能源部门和中石油、中石化等企业加大对重庆能源建设的支持力度,对重庆分配更多天然气用气指标,加快推进天然气主干管网等基础设施建设,提高天然气供应覆盖能力。适时启动规划设计页岩气沿江储备设施及管网建设。强化重庆电网 500 千伏网架结构,加大主城新区输配电设施增容,加强智能电网建设,实现电网信息化、自动化和智能化。继续加强与周边特别是川陕黔等省的能源合作,加快推进重点项目建设,促进能源互补发展、协调发展。

7.3.3　统筹优化区域能源发展布局,提高城乡区域能源保障整体水平

研究推进工业园区天然气资源高效综合利用助力碳达峰行动方案,统筹碳排放权、用能权,坚持政府引导、企业主体、市场驱动、标准倒逼的原则,科学施策全力破解目前面临的困局。其一,深化能源体制改革,创新天然气资源开发利用和利益分享体制机制,在区内优先平衡和调峰调度,鼓励重点企业直供,降低用气成本,提高天然气消纳规模与消

费水平。其二，积极发展天然气分布式能源，在园区热力规划中，保留热电联产供热区域，避免与其他能源竞争，建立合理的热电联产-电力定价规则。其三，加强部门协作，从财政、金融监管机构、金融机构等多方面，参考污染物（NO_x，CO_2）等排放税收/补贴条例完善低碳能源税收政策，投资补贴支持资源高效利用项目建设与运营。其四，加大科技创新力度，支持天然气勘探开发与综合利用技术创新，结合实际抓好低碳前沿技术研究，促进绿色低碳技术应用。

推进"一区两群"协调发展，对重庆主城都市区，应积极顺应现代制造业和高端服务化加速发展、人口密度持续加大的变化，优化能源供应布局，加快环状管网建设，推动供电供气设施特别是城市汽车充电设施建设步伐。要立足新型工业化城镇化主战场的要求，优化能源基础设施建设，全面提升主城新区能源保障能力。应根据"两群"地区天然气市场容量小、地形复杂、管道建设成本较高，企业投资积极性不高，天然气供气保障压力较大，建设实施输气管网与全市管网互联互通工程，降低天然气用气价格，增强其能源保障能力。

7.3.4 以能源节约集约利用为引领，大力推广绿色低碳能源

加快产业结构调整步伐，在工业领域严格实施投资负面清单，控制高耗能项目增长，适当转移不具备优势的高能耗项目。一是加大城市节能减排力度，优化城市能源基础设施布局，增加太阳能等可再生能源在建筑用能中的比重，推广新型建筑节能建材和绿色照明，优先发展公共交通，提高城市智能化管理水平。二是认真实施国家《页岩气产业政策》，加大勘查力度，认真编制及实施页岩气输配管网规划，为"十三五"页岩气大规模商业化开发利用打好基础。三是推进企业燃煤设施改造清洁能源的优惠鼓励政策。加大天然气、页岩气、电等清洁能源的供应力度，优先保障用电、用气，实行减免煤改气初装费，电价执行居民电价、峰谷电价、阶梯电价等优惠政策。要认真落实液化天然气、页岩气、煤层气和煤制气四种气源市场化自主定价机制，利用好常规天然气价格不断上涨，非常规天然气不受中石油气源价格限制的价格优势，将页岩气、煤层气等发展受运输基础设施限制的不利因素消纳，除采用管道输送外，将它们液化为 LNG 产品进行非常规天然气运输和销售方式替代使用，使其得到长足发展。加快细化重庆市对煤层气抽采利用的财政资金支持，税费政策扶持，科技发展等六个方面的实施细则，给予煤矿瓦斯利用适当财政补贴配套，进一步推进市内煤层气产业化。

7.3.5 深入推进碳排放权交易试点

重庆是国家确定的 7 个碳排放权交易试点省（市）之一。2014 年，出台了《重庆市人民政府关于印发重庆市碳排放权交易管理暂行办法的通知》，碳排放权交易在重庆联合产权交易所正式开市。进一步完善重庆碳排放权交易制度，努力控制温室气体排放，建设重庆生态文明。从西方国家经验看，碳排放交易制度是行之有效的，有利于降低 CO_2 减排成本和提高减排速度。重庆要借鉴相关节能减排配额贸易补偿经济激励来提高能源效率模式（Manoa et al. , 2017），结合地处西部，经济社会发展水平尚处于欠发达地区和欠发达阶段，工业化、城镇化和农业现代化加快发展，资源能源环境的约束日益趋紧的实际，建

立政府指导下的市场化碳排放权交易机制（Ekins，Barker，2001），对于提高企业控制碳排放的意识，引导企业实现较低成本的主动减排，促进全市碳排放强度和能耗强度持续下降，实现经济社会又好又快发展意义重大。下一步，要通过建立在总量控制前提下的碳排放交易制度，促进 CO_2 减排从单一末端治理向广义的多方位控制策略方向转变。进一步提高碳排放交易规模，以此引导经济社会发展朝着低碳方向发展。

7.3.6　大力加强碳金融创新

（1）打造高碳产业低碳化发展融资氛围。打造能源绿色低碳化的直接投融资体制、碳排放指标交易、银行低碳贷款、低碳期权期货等金融工具的创新及运用的"碳金融"环境。推动银行、保险、证券等的低碳金融再创活动。

（2）推进银行业碳金融创新。要促进银行贷款向高碳产业低碳化企业倾斜，针对低碳中小企业贷款难的问题，政府、社会和企业可建立联合担保平台，解决能源绿色低碳发展融资担保贷款活动，开放多种权属质押贷款方式。

（3）创建低碳发展基金。由国资委牵头、企业参与、社会响应，引入商业化运营管理模式，将筹措到的资金用于支持低碳企业发展的"引子钱"，用多种方式促进重庆能源绿色发展。

（4）开发低碳保险系列产品。重庆市是国家授予的统筹城乡综合配套改革试验区，可先行设计符合能源绿色低碳发展规律的系列保险产品，以此撬动金融产品创新和产业结构的转型升级，给我国能源绿色低碳发展再保险积累丰富经验。

7.3.7　完善有利于化石能源绿色低碳高效利用的制度机制

重庆要汲取国际国内先进的能源绿色低碳发展经验，依据重庆自身的能源优势，制定能源绿色低碳技术创新战略。低碳技术创新要将重点放在关键性的实用技术如洁净煤技术、可再生能源开发技术、热电联产技术、煤气化联产技术、节能新技术，以及减排潜力大的前沿技术如碳捕捉和封存技术（CCS）、碳汇技术（CS）等方面（王韶华，2013）。由于这些技术在开发使用过程中，会给企业增加营运成本，乃至亏损造成资金周转困难，为鼓励企业开发利用上述节能减排新技术，政府可多方筹措资金，以财政专项补贴、税收抵免等多种方式的优惠政策措施消纳新技术，进一步制定地方法规，限制高碳能源高污染环境项目，鼓励企业开发利用高碳能源绿色低碳化制备的新型工艺技术，逐步完成重庆能源绿色低碳化发展的政策规制，以促进经济社会持续健康发展。

7.4　本章小结

本章主要是依据第 3 章、第 4 章、第 5 章、第 6 章的重庆能源绿色低碳发展的消费总量、消费结构、能源投入产出效率、低碳利用效能、化石能源废弃物排放等中存在的问题，主要影响因素分析以及重庆未来能源绿色低碳发展的需求预测、结合能源结构优化的数据包络分析结果，从能源消费结构优化、新能源开发和化石能源清洁利用技术、政策管理创新三个角度，提出相应的政策建议，以供相关部门决策参考，推进重庆能源绿色低碳可持续发展。

　　为提高重庆能源绿色低碳使用效率，要注重：①优化能源消费结构，大幅度降低煤炭和油料的消费比重，提高天然气和电力消费比重，加大能源保障体系建设；②大力推广清洁利用的煤化工技术和天然气化工新技术，加强 CO_2 利用与捕集技术的研发，加强新能源特别是动力电池与纯电动汽车的开发使用力度，加强化石能源开采造成的环境污染治理，降低生产生活中的 CO_2、SO_2 等废物排放；③加强能源供给侧结构性改革与能源需求结构优化引导，更好地消纳新能源，多层次、多维度、多环节集成改革，加快对接国家能源新战略，优化区域能源发展布局，提高城乡区域能源综合保障能力，提倡能源的节约和集约利用效能，大力推广绿色低碳能源利用新方案，完善能源政策规制及体制创新，支撑重庆能源绿色低碳可持续发展。

第8章 结论与展望

8.1 研究结论

笔者在立足重庆发展实践分析特别是各区县能源绿色低碳发展现状和存在的问题，以及借鉴国内外能源绿色低碳发展先进经验基础上，通过对重庆能源绿色低碳发展的一系列研究，可以得出以下几点结论：

（1）文献回顾。研究表明，重庆能源绿色低碳高效利用与持续发展研究尚处于起步阶段，没有形成系统的重庆能源绿色低碳发展与高效生态利用的理论体系和战略格局，关于能源消耗的产出效率评价，国内仍停留在范围比较狭小涉及指标较少的经济效率的评价阶段。

（2）阐明了能源绿色低碳发展的内涵。所谓能源绿色低碳发展，是指在充分满足经济社会发展对能源需求和确保生态安全的前提下，通过总量调控、结构优化、技术创新和制度完善等举措，最佳配置能源资源，最大限度地降低能源消耗和提高能源使用效率，最大可能减少温室气体和污染物排放，实现减缓气候变化的目标，不断提高人民生活和生态环境质量，促进人类可持续发展。

（3）将能源投入与经济、社会（含人口、科技）产出及环境承载的废气物排放22项指标，科学分组建立相关分析系统，运用SPSS19.0统计分析软件，成功地构建了能源与10多项经济、人口、环境容忍的"三废"排放、矿难事故、城镇化率、科技研究开发与专利成果等诸多因素产出的相关性分析体系，找出了能源与众因素间完全相关、高度相关、显著相关等相互依存的关系；同时，运用系统协调度综合评价模型，揭示能源消费与经济发展、经济结构、环境承载与保护之间的相互耦合关系，科学地测度了能源、经济、环境各因子之间协调度变化发展状态，为相关部门决策提供科学支撑。

（4）借鉴现有的研究成果，运用一元多组合非线性回归模型，灰色预测（1，1）模型，灰色神经网络模型，成功构建了重庆各类能源消耗量预测模型；同时运用层次分析法（AHP），确定了三种预测模型的权重系数，进行复合预测，产生了新的集成预测技术，从预测值与实际值比较，残差分析，相对平均误差分析，其预测模拟的客观事项的拟合度明显优于其他预测手段，拟合程度好，可用于"十三五"重庆能源需求量的预测。

（5）灵活运用数据包络（DEA）分析法，成功构建了重庆能源多投入多产出的DEA分析评价体系，对重庆2014年前30年间的能源投入与产出的绩效进行定量评价，获取了能源冗余投入的径向改进+松弛改进值、规模效应值、综合技术效率、纯技术效率值，以及DEA弱有效、DEA强有效、DEA完全有效达到生产前沿面，规模效率递减递增，揭示了重庆近 30 年间能源投入产出的效率变化发展规律等结论；同时构建了能源需求结构方程和乐观准测、等可能准则、悲观准则预测方案，运用能源投入与产出的 DEA 结果，深入进行了"十三五"重庆能源消费结构优化实证研究和 DEA 检验，探寻了重庆能源绿色低碳发展可能实现的优化方案：

一是在优化能源整体消费结构方面。2016—2020 年，煤炭平均每年增速控制在 3.77% 左右，低于 GDP 增速 5.23%，油料平均每年增速控制在 4.92% 左右，低于 GDP 增速 4.08%，天然气每年增速尽量达到 10.62%，高于 GDP 增速 1.62%，电力每年增速尽量达到 9.21%，高于 GDP 增速 0.21%。二是在优化电力内部结构方面。火电占电总耗的 60% 以下，水电占电总耗的 38% 以上，风电等清洁电力占电总耗的 2% 以上。三是在降低碳排放强度方面。2020 年每亿元 GDP 排放 CO_2 量为 0.862297 万吨，2016—2020 年五年内每亿元 GDP 排放 CO_2 速度下降 19.41%，可全面完成低碳发展与国家节能减排任务。四是在加强能源供应保障方面。到 2020 年保障重庆能源净调入煤炭 2263.8 万吨标准煤（以下为标准煤）、油料 1357.9 万吨、天然气 693.97 万吨、电力 1084.2 万吨，解决重庆能源供给缺口。五是在逐步提高重庆能源投入产出效率方面。从 20 世纪 80 年代的低效率到 90 年代的较高效率，再到 21 世纪初效率提高至"十二五"期末的高效率的渐进转变、不断发展提高的过程。到 2020 年各种能源的投入产出效率值均达到由 0.99999 到 1 的水平。

（6）重庆能源绿色低碳发展是重庆能源消费结构改革的必由之路。推动重庆能源绿色低碳发展，须要从优化能源消费结构，即从降低煤炭、油料消费比重入手，着力提高天然气和电力在生产生活消费方面的比重，切实加大能源保障体系建设与完善，加大高碳能源低碳化制备技术攻关力度，大力推广能源清洁利用特别是洁净煤技术（CCT）和清洁煤化工技术、天然气化工新技术，推广节能新技术，提高能源使用效率，大力开展新能源（动力电池、燃料电池）汽车的研发与推广使用，提高 CO_2 利用及捕集和储存的制备技术开发能力，探寻能源绿色低碳发展最优路径，切实加强能源供给侧结构改革与能源需求结构优化引导，更好消纳新能源，多层次、多维度、多环节集成改革，完善能源绿色低碳发展政策规制的机制体制创新，营造重庆能源绿色低碳发展的制度氛围，推动重庆经济社会可持续发展。

8.2 创新点及解决的关键问题

8.2.1 主要创新点

（1）系统分析了重庆能源绿色低碳发展与经济社会可持续发展的相关关系。笔者围绕能源消费与产出系统的复杂关系，构建了重庆能源与经济、环境与社会协调发展评价指标体系，采用 SPSS19.0 统计分析软件，在历年统计数据基础上系统地对煤炭、油料、天然气和电力投入与经济、社会、人口、环境保护等相关性及协调度进行分析，厘清了重庆能源与经济、环境与社会系统协调发展的内在关系及影响机理。

（2）综合预测了重庆能源绿色低碳发展的需求量。笔者集成多种方法，对重庆"十三五"能源绿色低碳发展需求量进行科学预测，将一元多组合非线性回归预测、灰色系统预测、灰色神经网络预测模型实证数据拟合客观事物的程度有机结合，并在比较研究各种预测方法的优势中，采用层次分析法（AHP）确定各种预测模型权重系数，进行系统的集成复合预测，以提高预测的拟合度和适用性，完善了预测技术体系。

（3）科学地提出了重庆能源绿色低碳发展结构优化方案，灵活运用数据包络分析技术，成功解决了 MaxDEA 数据包络分析不能完成决策单元（DMU）参数量必须大于投入和产出因素之和 3 倍的问题，对重庆能源消费进行结构优化研究。运用能源投入与产出的 DEA 结果，结合构建的能源需求结构方程和乐观准测、等可能准则、悲观准则预测方案，深入进行了"十三五"重庆能源消费结构优化实证研究和 DEA 检验，揭示能源结构优化规模效率递增、综合技术效率、纯技术效率递增变化发展趋势，探寻重庆能源绿色低碳发展方向，并提出了科学对策，使"十三五"重庆能源消费结构优化更具可操作性。

8.2.2　解决的关键问题

（1）对影响重庆"十三五"能源的供需进行了客观分析，从能源与经济、能源与环境、能源与人口、城镇化、科技投入等相关因素分析中，找到了影响未来重庆能源需求相关因素，从投资、市场、技术、制度等方面的分析中，找到了影响未来几年能源供给的主要因素，为探讨重庆"十三五"能源绿色低碳发展出路奠定了基础。

（2）科学准确地预测预算了重庆未来五年的能源需求。利用一元多因素组合理论、灰色理论、灰色神经网络理论，对重庆能源总量及煤炭、石油、天然气、电力进行了科学的预测，为重庆能源未来供需状况的判断提供了重要依据。同时，根据重庆区域经济社会的发展情况，对重庆未来能源需求进行了初步的判断。

（3）利用包络分析方法，对优化重庆过去几十年能源投入与经济社会产出的效率进行了客观的 DEA 测度与评价，获取了重庆 2014 年前 30 年间能源的冗余投入的径向改进值+松弛改进值，以及能源投入产出效率、规模效率、综合技术效率、纯技术效率值，揭示了重庆能源投入产出的规模效率不变、递减、递增和技术效率递增的变化规律，结合能源消费的结构方程及乐观准则、等可能准则、悲观准则预测制定的三种"十三五"重庆能源消费结构优化方案，找到了优化重庆能源消费结构的关键系数、比例关系、努力方向：那就是进一步降低煤炭和石油产品的使用比重，大幅提升天然气和电力的使用比重。

从乐观准则预测优化方案看，到 2020 年，煤炭、石油、天然气、电力分别达到 5216.48 万吨、1251.6 万吨、1642.75 万吨、1400.62 万吨标准煤，分别占比 54.84%、13.16%、17.27%、14.73%，经济总量实现年均 9%的增长目标，单位 GDP 的 CO_2 排放量达到降低 20%的国家目标。

从等可能准则预测进行能源结构优化方案看，能源消耗控制总量适度，煤炭和油料降低消耗的目标每年仅 1%、天然气平均每年提高 2%、电力平均每年提高 2.48%，到 2020 年煤消耗 5741.32 万吨标准煤，油料消耗 1404.32 万吨标准煤，天然气消耗 1968.15 万吨标准煤，电力消耗 1787.04 万吨标准煤，该方案在单位 GDP 的 CO_2 排放降低目标内的能源消费总量和结构优化比例适度，任务完成可行。

从悲观准则预测的结构优化方案，能源消耗控制量较宽松，但能源内部结构调整——煤炭和油料的降幅 2020 年要达到 14.6%，天然气 2020 年用量要提高 33.74%，电力 2020

年用量要提高 34.58% 才能完成国家下达的单位 GDP 的 CO_2 排放降低目标，其能源结构调整压力相当大。

总之三种方案均符合经济社会发展和节能减排要求，只要根据重庆实际选择最适合的方案实施，就能实现既定的发展目标。从三种方案比较和重庆实际情况来看，等可能准则的优化方案最能付诸实施。同时解决能源供给保障、电力内部结构优化火电降低至 60% 以下，水电和其他新型电力上升至 40% 以上，每亿元 GDP 的 CO_2 排放量在"十三五"时期降低 20% 以上，各项能源的投入产出效率值均达到由 0.99999 到 1 的水平。

8.3 进一步研究的方向

（1）进一步完善重庆能源消耗与经济社会产出的原始数据编报采集工作，为分区域开展能源消费预测与能源的投入产出的 DEA 分析，以客观测度各区的能源投入产出的规模效率和技术效率的变化规律，为科学指导重庆各区县的能源绿色低碳发展提供智能支撑。

（2）跟踪国内外先进的新能源开发与制备工艺技术，重点研究动力电池与纯电动汽车集成制造技术，逐渐提高锂电池汽车使用率，降低燃油汽车使用比重，以减少油料供给的依赖性，降低 CO_2 和 SO_2 等汽车尾气排放污染，探寻适合重庆实际的化石能源替代技术发展路径。

（3）进一步研究探索洁净煤技术（CCT）和清洁煤化工技术，以及 CO_2 利用与捕集储存技术，完善能源管理的体制创新，营造能源高效利用与低碳发展制度氛围。

参 考 文 献

［1］ Akarca A T, Long TV. Relationship between energy and GNP: a reexamination ［J］. Journal of Energy Finance & Development, 1980, 5 (2): 326-331.

［2］ Alshehry A S, Belloumi M. Investigating the Causal Relationship between Fossil Fuels Consumption and Economic Growth at Aggregate and Disaggregate Levels in Saudi Arabia ［J］. International Journal of Energy Economics & Policy, 2014, 4 (4): 531-545.

［3］ Bruyn S M D, Opschoor J B. Developments in the Throughput-Income Relationship: Theoretical and Empirical Observations ［J］. Ecological Economics, 1997, 20 (3): 255-268.

［4］ Duren R M, Miller C E. Measuring the carbon emissions of megacities ［J］. Nature Climate Change, 2012, 2 (8): 560-562.

［5］ Ekins P, Barker T. Carbon Taxes and Carbon Emissions Trading ［J］. Journal of Economic Surveys, 2001, 15 (3): 325-376.

［6］ Hossain S. An Econometric Analysis for CO_2 Emissions, Energy Consumption, Economic Growth, Foreign Trade and Urbanization of Japan ［J］. Low Carbon Economy, 2012, 03 (3): 92-105.

［7］ Kralikova R, Andrejiova M, Wessely E. Energy Saving Techniques and Strategies for Illumination in Industry ［J］. Procedia Engineering, 2015, 100: 187-195.

［8］ Lapillonne B, Chateau B. The medee models for long term energy demand forecasting ［J］. Socio-Economic Planning Sciences, 1981, 15 (81): 53-58.

［9］ Liddle B. Impact of population, age structure, and urbanization on carbon emissions/energy consumption: Evidence from macro-level, cross-country analyses ［J］. Population & Environment, 2014, 35 (3): 286-304.

［10］ Manoa D O, Oloo T, Kasaine S. The Efficiency of the Energy Saving Stoves in Amboseli Ecosystem-Analysis of Time, Energy and Carbon Emissions Savings ［J］. Open Journal of Energy Efficiency, 2017, 6: 87-96.

［11］ Mishra S, Singh H. Do macro-economic variables explain stock-market returns? Evidence using a semi-parametric approach ［J］. Journal of Asset Management. 2011, 13 (2): 115-127.

［12］ Olah G A, Goeppert A, Prakash G. Chemical Recycling of carbon dioxide to Methanol and Dimethyl Ether: From Greenhouse gas to Renewable, Environmentally Carbon Neutral Fuels and Synthetic Hydrocarbons ［J］. The Journal of Organic Chemistry, 2009, 74

（2）：487-498.

[13] Olah G A, Prakash S G K. Efficient and selective chemical recycling of carbon dioxide to methanol, dimethyl ether and derived products [P]. United States Patent US7608743B2. 2009-10-27.

[14] Ozturk H K, Ceylan H, Canyurt O E, et al. Electricity estimation using genetic algorithm approach: a case study of Turkey [J]. Energy, 2005, 30 (7): 1003-1012.

[15] Peterson T R, Stephens J C, Wilson E J. Public perception of and engagement with emerging low-carbon energy technologies: A literature review [J]. MRS Energy & Sustainability-A Review Journal, 2015, 2 (11): 1-14.

[16] Salas P. Literature Review of Energy-Economics Models, Regarding Technological Change and Uncertainty [Z]. 4CMR Working Paper Series 003, University of Cambridge, Department of Land Economy, Cambridge Centre for Climate Change Mitigation Research, 2013.

[17] Sonja Beyer. 实现 CO_2 的收集利用——可再生能源是推动 CO_2 工业化应用的动力 [J]. 流程工业, 2011 (5): 32-33.

[18] Spash C L, Lo A Y. Australia's Carbon Tax: A Sheep in Wolf's Clothing? [J]. Economic & Labour Relations Review, 2012, 23 (1): 67-85.

[19] Spash C L, Lo A Y. Australia's Carbon Tax: A Sheep in Wolf's Clothing? [J]. MPRA Paper, 2012, 23 (1): 67-85.

[20] Stern D I. A multivariate cointegration analysis of the role of energy in the US macroeconomy [J]. Energy Economics, 2000 (22): 267-283.

[21] Tiwari A. Primary Energy Consumption, CO_2 Emissions and Economic Growth: Evidence from India [J]. South East European Journal of Economics & Business, 2011, 6 (2): 99-117.

[22] Wilson P W. FEAR: A software package for frontier efficiency analysis with R [J]. Socio-Economic Planning Sciences, 2008, 42 (4): 247-254.

[23] Xue J, Zhu Y. Analyzing Energy Conservation and Carbon Emissions Reductions of China's 11th FYP Plan [M]. Springer International Publishing, 2013.

[24] Yu E S H, Jin J C. Cointegration tests of energy consumption, income, and employment [J]. Resources & Energy, 1992, 14 (3): 259-266.

[25] Yudken J S, Bassi A M. Climate change and U. S. competitiveness [J]. Issues in Science & Technology, 2009, 26 (1): 71-78.

[26] Zhang H, Qiu F, Wei Q, et al. Economic development and energy efficiency in Jilin Province, China [J]. Journal of Geographical Sciences, 2014, 24 (5): 875-888.

[27] Zhu Y. Energy Conservation and Emissions Reduction in Energy-Intensive and High-Carbon Sectors [M]. Springer International Publishing, 2013.

[28] 曹广喜, 杨灵娟. 基于间接碳排放的中国经济增长, 能源消耗与碳排放的关系研究——1995—2007 年细分行业面板数据 [J]. 软科学, 2012, 26 (9): 1-6.

[29] 曹瑞瑞, 蒋震. 上海市能源-经济-环境 (3E) 系统协调发展的实证研究 [J]. 统计与决策, 2015 (12): 134-136.

[30] 曾孟佳, 程兆麟. 改进 GA 神经网络在可持续发展水平研究中的应用 [J]. 系统工程理论与实践, 2007 (4): 120-125.

[31] 常军乾. 我国能源安全评价体系及对策研究 [D]. 北京: 中国地质大学 (北京), 2010.

[32] 陈飞, 程军, 姚光华, 等. 重庆地区煤层气资源开发模式研究 [J]. 煤矿开采, 2011, 16 (1): 28-31.

[33] 陈宏刚, 李凡. 中国洁净煤技术的研究与开发 [J]. 煤炭转化, 1997, 20 (3): 1-7.

[34] 陈薪. 李小春. CCS/CCUS 高碳能源低碳化的战略性选择 [J]. 低碳世界, 2013 (1): 30-33.

[35] 丛威. 我国煤炭产能调控动力机制及模式研究 [D]. 北京: 中国矿业大学 (北京), 2013.

[36] 戴东宝. 中国高碳能源低碳化初步研究 [D]. 北京: 中国科学院大学, 2011.

[37] 邓荟, 刘敏岚. 浅议社会主义法治理念推进生态文明建设 [J]. 法制博览, 2016 (4): 132-134.

[38] 丁宁. 中国化石能源生命周期清单分析 [J]. 中国环境科学, 2015, 35 (5): 1592-1600.

[39] 范凤岩, 雷涯邻. 能源、经济和环境 (3E) 系统研究综述 [J]. 生态经济, 2013 (12): 42-48.

[40] 方毅. 中国生态文明的 SST 理论研究 [D]. 北京: 中共中央党校, 2010.

[41] 付加锋, 蔡国田, 张雷. 基于 GM 和 BP 网络的我国能源消费量组合预测模型 [J]. 水电能源科学, 2006 (2): 1-5.

[42] 高宝, 傅泽强, 沈鹏, 等. 能源煤化工基地产业链评价与优化对策 [J]. 环境工程技术学报, 2012, 2 (5): 410-415.

[43] 高旻, 付海. 关于重庆市工业节能途径的思考与建议 [J]. 中国市场, 2014 (44): 116-117, 119.

[44] 韩永滨, 曹红梅. 我国化石能源与可再生能源协同发展的技术途径与政策建议 [J]. 中国能源, 2014, 36 (4): 25-29.

[45] 韩玥. 基于能源消费、经济增长与碳排放关系研究的能源政策探讨 [D]. 北京: 中国地质大学 (北京), 2012.

[46] 郝新东. 中美能源消费结构问题研究 [D]. 武汉: 武汉大学, 2013.

[47] 郝彦菲. 国际新能源发展现状及对我国的启示 [J]. 中国科技投资, 2010 (8): 44-46.

[48] 何芳. 重庆地区煤炭资源开发生态补偿机制研究 [D]. 重庆: 重庆大学, 2011.

[49] 胡洪彬, 吴玲玲. 十七大以来生态文明理论研究述评 [J]. 党政视野, 2010 (4): 15-20.

[50] 胡晓. 生态文明建设与重庆农业现代化 [J]. 重庆行政 (公共论坛), 2013, 14

（4）：27-28.

[51] 胡雪棉．基于 BP 神经网络的中国煤炭资源需求预测模型研究［D］．济南：山东财经大学，2008.

[52] 华一兵．重庆化工产业集群发展的影响因素及对策研究［D］．重庆：重庆大学，2007.

[53] 黄德春，董宇怡，刘炳胜．基于三阶段 DEA 模型中国区域能源效率分析［J］．资源科学，2012，34（4）：688-695.

[54] 籍艳丽，赵丽琴．一种效率测度的新方法：随机非参数数据包络分析法［J］．统计与决策，2011（5）：33-34.

[55] 江泽民．对中国能源问题的思考［J］．上海交通大学学报，2008（3）：345-359.

[56] 解秋凤．东西方生态伦理思想与生态文明建设［D］．泰安：山东农业大学，2010.

[57] 金涌，周禹成，胡山鹰．低碳理念指导的煤化工产业发展探讨［J］．化工学报，2012（1）：3-8.

[58] 孔锐．中国油气市场与战略储备研究［D］．成都：成都理工大学，2012.

[59] 黎永亮．基于可持续发展理论的能源资源价值研究［D］．哈尔滨：哈尔滨工业大学，2006.

[60] 李宝林．中国经济可持续发展之化石能源约束研究［D］．长春：吉林大学，2008.

[61] 李春秋，王彩霞．论生态文明建设的理论基础［J］．南京林业大学学报（人文社会科学版），2008（3）：7-12.

[62] 李国璋，江金荣，周彩云．全要素能源效率与环境污染关系研究［J］．中国人口·资源与环境，2010，20（4）：50-56.

[63] 李好管．煤化工技术进展及产业现状分析［J］．煤化工，2009，37（3）：1-6.

[64] 李红星．国内新型煤化工发展现状和前景分析［J］．现代化工，2014，34（8）：1-5，7.

[65] 李建武，陈其慎．能源安全与减排：双目标条件下的政策措施分析［J］．中国矿业，2010，19（5）：1-4.

[66] 李秋香．非线性预测方法在油气需求分析中的应用［D］．成都：成都理工大学，2014.

[67] 李维明．我国煤炭资源开发利用策略研究［D］．徐州：中国矿业大学，2010.

[68] 李晅煜．我国能源、经济、环境（3E）系统发展相关性分析与研究［D］．天津：天津大学，2009.

[69] 刘春蓉．广东低碳经济发展定量评价及路径研究［D］．北京：中国科学院大学，2014.

[70] 刘金连，张建宁．高成熟探区圈闭经济评价系统及其应用［J］．石油与天然气地质，2011，32（2）：280-286.

[71] 刘思峰，郭天榜．灰色系统理论及其应用［M］．5 版．北京：科学出版社，2010.

[72] 刘思峰．灰色系统理论的产生与发展［J］．南京航空航天大学学报，2004（2）：267-272.

[73] 刘亦文. 能源消费、碳排放与经济增长的可计算一般均衡分析 [D]. 长沙：湖南大学, 2013.

[74] 刘音颂. 生物强化技术处理煤制气废水中长链烷烃的效能及机理研究 [D]. 哈尔滨：哈尔滨工业大学, 2014.

[75] 刘再起, 陈春. 低碳经济与产业结构调整研究 [J]. 国外社会科学, 2010 (3)：21-27.

[76] 陆海波. 能源—经济—环境系统的可持续发展研究 [D]. 天津：天津大学, 2004.

[77] 马强. 基于 GA-BP 神经网络的矿产资源型城市可持续发展评价研究 [D]. 成都：成都理工大学, 2012.

[78] 马岩. 基于绿色矿业新理念的煤炭产业发展模式研究 [D]. 武汉：中国地质大学（武汉）, 2012.

[79] 马占新. 偏序集与数据包络分析——数据包络分析（第 4 卷）[M]. 北京：科学出版社, 2013.

[80] 毛明芳. 生态文明的内涵、特征与地位——生态文明理论研究综述 [J]. 中国浦东干部学院学报, 2010, 4 (5)：92-96.

[81] 苗韧, 周伏秋, 胡秀莲, 等. 中国能源可持续发展综合评价研究 [J]. 中国软科学, 2013 (4)：17-25.

[82] 聂洪光. 中国能源消费增长的问题及对策研究 [D]. 长春：吉林大学, 2013.

[83] 潘文砚. 中国低碳经济发展水平的多维评价及实证研究 [D]. 武汉：华中科技大学, 2014.

[84] 彭建良, 李新建, 王斌, 等. 能源消费量模拟分析和预测的神经网络方法 [J]. 系统工程理论与实践, 1998 (7)：77-84.

[85] 彭劲松. 如何把握习近平总书记对重庆发挥"三个作用"的要求 [J]. 党课参考, 2019 (Z3)：135-149.

[86] 钱利英. 3E 系统协调度评价模型比较及其应用研究 [D]. 长沙：湖南大学, 2013.

[87] 曲剑午. 碳排放约束下的中国煤炭总量控制目标研究 [D]. 北京：中国矿业大学（北京）, 2012.

[88] 邵蕾, 白洁, 孙西蒙. 协调"三化"发展, 建设生态文明——以重庆开县为例 [J]. 生产力研究, 2013 (6)：114-116, 123.

[89] 申宝宏, 赵路正. 高碳能源低碳化利用途径分析 [J]. 中国能源, 2010, 32 (1)：10-13.

[90] 是丽娜, 王国聘. 生态文明理论研究述评 [J]. 社会主义研究, 2008 (1)：11-13.

[91] 苏静, 胡宗义, 唐李伟. 我国能源—经济—环境（3E）系统协调度的地理空间分布与动态演进 [J]. 经济地理, 2013, 33 (9)：19-24, 30.

[92] 孙凡. 重庆市生态文明建设探析 [J]. 西南农业大学学报（社会科学版）, 2011, 9 (9)：1-4.

[93] 孙国文. 重庆市煤炭资源可供性形势分析及预测研究 [D]. 重庆：重庆大学, 2005.

[94] 孙艳艳. 我国能源效率与碳强度关系研究 [D]. 合肥：安徽农业大学, 2012.

［95］ 王炳. 新型煤炭资源型县域经济可持续发展研究［D］. 北京：中央民族大学，2011.

［96］ 王光林. 能源结构——经济结构与经济增长关系研究［D］. 重庆：重庆大学，2012.

［97］ 王建国，赵晓红. 低阶煤清洁高效梯级利用关键技术与示范［J］. 中国科学院院刊，2012（3）：382-388.

［98］ 王韶华. 基于低碳经济的我国能源结构优化研究［D］. 哈尔滨：哈尔滨工程大学，2013.

［99］ 王献红，王佛松. 二氧化碳的固定与利用［M］. 北京：化学工业出版社，2011.

［100］ 魏楚，沈满洪. 能源效率与能源生产率：基于 DEA 方法的省际数据比较［J］. 数量经济技术经济研究，2007（9）：110-121.

［101］ 吴爱坪. 煤及其热解产物中自由基的分析［D］. 上海：华东理工大学，2012.

［102］ 吴明明. 中国能源消费与经济增长关系研究［D］. 武汉：华中科技大学，2011.

［103］ 吴倩. 不确定性条件下的区域碳捕集与封存系统优化研究［D］. 北京：华北电力大学，2014.

［104］ 习近平主持召开全面推动长江经济带发展座谈会并发表重要讲话［DB/OL］. 新华社，责任编辑：李萌，http：//www. gov. cn/xinwen/2020-11/15/content_5561711. htm.

［105］ 徐国泉. 中国能源效率问题研究［D］. 大连：大连理工大学，2008.

［106］ 徐君，杜文，曾旗. 基于 BP 神经网络的煤炭企业可持续发展评价［J］. 西南交通大学学报，2005（3）：375-378，384.

［107］ 杨维新. 国际能源环境下的中国能源安全［D］. 上海：上海社会科学院，2006.

［108］ 杨小健. 城市可持续发展的模糊神经网络评价模型［J］. 价值工程，2007（2）：95-97.

［109］ 杨晓龙. 中国油气资源可持续发展研究［D］. 哈尔滨：哈尔滨理工大学，2006.

［110］ 杨颖. 中国低碳经济发展模式及政策支撑体系研究［D］. 武汉：中国地质大学（武汉），2012.

［111］ 杨玉含. 2000—2009 年中国居民生活能源消费与碳排放的区域差异分析［D］. 西宁：青海师范大学，2011.

［112］ 杨子晖. 经济增长、能源消费与二氧化碳排放的动态关系研究［J］. 世界经济，2011（6）：102-127.

［113］ 易红，王植，王志章. 生态文明视域下宜居城市构建路径探析：基于重庆的实证研究［J］. 城市观察，2014（6）：97-109.

［114］ 于妍. 生态文明建设视域下绿色发展研究［D］. 哈尔滨：哈尔滨理工大学，2014.

［115］ 俞可平. 科学发展观与生态文明［J］. 马克思主义与现实，2005（4）：4-5.

［116］ 袁宝荣，聂祚仁，狄向华，等. 中国化石能源生产的生命周期清单（Ⅰ）——能源消耗与直接排放［J］. 现代化工，2006（3）：59-62，64.

［117］ 张大伟. 我国页岩气探采与利用路径思考［J］. 资源导刊，2011（8）：7-8.

［118］ 张根明，向晓骥，王殊伟. 基于 BP 神经网络的中部六省可持续发展能力研究［J］. 国土与自然资源研究，2006（4）：24-25.

[119] 张慧敏．环境约束下吉林省能源经济协调发展研究［D］．北京：中国科学院大学，2014.

[120] 张娟娟，林建旺，林黎，等．基于 AHP 和 BP 神经网络的深部地热水可持续开发能力评价［J］．地下水，2008（6）：46-48，68.

[121] 张军委．重庆能源消费、碳排放量与经济增长［D］．重庆：重庆大学，2010.

[122] 张丽峰．中国能源供求预测模型及发展对策研究［D］．北京：首都经济贸易大学，2006.

[123] 张明．中国共产党生态文明理论发展及实践走向探究［J］．中共石家庄市委党校学报，2014，16（4）：25-29.

[124] 张青兰．马克思主义的生态文明观及其现实意义［J］．山东社会科学，2010（8）：133-135.

[125] 张尚坤．山东省油气资源开发利用对地区经济社会可持续发展影响研究［D］．北京：中国地质大学（北京），2006.

[126] 张晓慧．我国油气资源——社会经济系统协调发展研究［D］．青岛：中国石油大学，2008.

[127] 张艳．我国东部沿海区域能源安全评价及保障路径设计［D］．北京：中国地质大学（北京），2011.

[128] 张艳秋，张抗．对中国未来低碳能源约束下的能源构成和油气需求分析［J］．中外能源，2010（1）：15-22.

[129] 张玉巧．中国高碳产业低碳化转型制约因素及对策研究［D］．石家庄：河北师范大学，2012.

[130] 张跃军，魏一鸣．化石能源市场对国际碳市场的动态影响实证研究［J］．管理评论，2010（6）：34-41.

[131] 赵建军．论生态文明理论的时代价值［J］．中国特色社会主义研究，2012（4）：69-74.

[132] 赵涛，徐凤君，宝伟君，等．内蒙古自治区循环经济发展模式与评价体系研究［R］．内蒙古自治区，蒙西高新技术集团有限公司，2007-12-22.

[133] 赵永杰．低碳环境下我国一次能源消费结构演化研究［D］．青岛：中国石油大学（华东），2016.

[134] 中共重庆市委．关于制定重庆市国民经济和社会发展第十三个五年规划的建议．重庆日报，2015-11-23.

[135] 中共重庆市委，重庆市人民政府．关于加快推进生态文明建设的意见（渝委发［2014］19 号），2014-11-02.

[136] 周宏春，吴平．低碳背景下的中国能源战略［J］．徐州工程学院学报（社会科学版），2012，27（3）：16-24.

[137] 周凯．能源消费与经济增长关联关系的实证研究［D］．重庆：重庆大学，2013.

[138] 周丽．基于遗传算法的区域水资源优化配置研究［D］．郑州：郑州大学，2002.

［139］周妍．东北三省油气资源可持续发展研究［D］.长春：吉林大学，2007.

［140］朱柏龙．山西省能源低碳化发展影响因素及对策研究［D］.太原：山西财经大学，2015.

［141］朱明峰，洪天求，叶强．基于神经网络的资源型城市可持续发展指标体系［J］.中国科学技术大学学报，2005（3）：423-428.

［142］朱晓东，曹杰．基于 GM（1，1）模型的江苏制造业能源消耗需求预测研究［J］.阅江学刊，2010，2（2）：39-46.